Autores varios

Memorias geográficas sobre Sudamérica

Barcelona **2024**
Linkgua-ediciones.com

Créditos

Título original: Memorias geográficas sobre Sudamérica.

© 2024, Red ediciones S.L.

e-mail: info@Linkgua-ediciones.com

Diseño de cubierta: Michel Mallard.

ISBN tapa dura: 978-84-1126-779-3.
ISBN rústica: 978-84-9953-341-4.
ISBN ebook: 978-84-9953-340-7.

Cualquier forma de reproducción, distribución, comunicación pública o transformación de esta obra solo puede ser realizada con la autorización de sus titulares, salvo excepción prevista por la ley. Diríjase a CEDRO (Centro Español de Derechos Reprográficos, www.cedro.org) si necesita fotocopiar, escanear o hacer copias digitales de algún fragmento de esta obra.

Sumario

Créditos _____ 4

Proemio al itinerario de Buenos Aires a Córdoba
Pedro de Angelis _____ 9
    Observaciones de latitud practicadas en la ciudad de Córdoba del Tucumán, en el palacio viejo del obispo, en uno de los ángulos de la plaza principal, con un sextante de reflexión y un horizonte artificial. _____ 18

Memoria dirigida al señor márquez de Loreto, virrey y capitán general de las Provincias del Río de la Plata, sobre los obstáculos que han encontrado, y las ventajas que prometen los establecimientos proyectados en la costa patagónica Francisco de Viedma, gobernador e intendente de las provincias de Santa Cruz de la Sierra y Cochabamba, y comisario superintendente que fue de dichos establecimientos _____ 22
    Discurso preliminar a la memoria de Viedma sobre Patagonia _____ 22
    Memoria _____ 24
    Parte primera _____ 25
    Parte segunda _____ 33
    Parte tercera _____ 48

Memoria histórica, geográfica, política y económica sobre la provincia de misiones de indios guaranís por Gonzalo de Doblas teniente gobernador _____ 53
    Discurso preliminar a la Memoria sobre Misiones _____ 53
    Al señor don Félix de Azara _____ 56
    Primera parte. Descripción del país, de sus habitantes y producciones ___ 58
    Segunda parte. Plan general de gobierno, acomodado a las circunstancias de estos pueblos _____ 134

Nuevo plan de fronteras de la provincia de Buenos Aires, proyectado en 1816: con un informe sobre la necesidad de establecer una guardia en los manantiales de Casco, o laguna de Palantelén _____ 179

Proemio al plan de fronteras de García _____179
Nuevo plan de fronteras _____181
Informe sobre la necesidad de establecer una guardia en los Manantiales de Casco, o Laguna Palantelén _____203

Proyecto de traslación de las fronteras de Buenos Aires al Río Negro y Colorado _____ 207
    Advertencia del editor _____207
    Proyecto de traslación de las fronteras de Buenos Aires, etc. Representación al rey 207
    Itinerario de un nuevo camino descubierto por el capitán retirado don José Santiago Cerro y Zamudio, desde la ciudad de Buenos Aires hasta la de San Agustín de Talca, capital de la provincia de Maule, en Chile. _____214
    Excelentísimo señor virrey _____220

Reconocimiento del Fuerte del Carmen del Río Negro, y de los puntos adyacentes de la Costa Patagónica _____ 224
    Reconocimiento del Río Negro _____224

Libros a la carta _____ 231

Proemio al itinerario de Buenos Aires a Córdoba
Pedro de Angelis

Este ensayo debe mirarse con indulgencia, por ser el programa de una obra más extensa, que emprendió el autor cuando fue a incorporarse a la Tercera División de límites, de la que era el primer astrónomo. Su espíritu metódico y laborioso le había acostumbrado a no descuidar ningún detalle, y a registrarlos con fidelidad en sus libros de memoria. Hacia lo que Rousseau recomendaba a su *Emilio*, y lo que un escritor moderno[1] quisiera que todos hiciesen, considerándolo como un instrumento general de educación y perfeccionamiento.

Los mayores defectos de este trabajo son de haber quedado incompleto, y de tratar de la parte más conocida de las provincias argentinas. Ignoramos si el autor lo continuó hasta Santa Cruz de la Sierra: el cuaderno original de que nos hemos valido no contiene más de lo que hemos publicado, y nos parece probable que sea todo cuanto existe de este itinerario.

A pesar de su estado de imperfección no nos hemos animado a desecharlo. Profesamos el principio de la publicidad en el sentido más lato, porque los estragos que ha ocasionado el sistema contrario nos han convencido, que más vale exponerse a la censura de unos pocos lectores apáticos, que descontentar a los curiosos para quienes nada es indiferente. En un país donde los estudios geográficos están aun en su infancia, no son de desdeñarse los primeros pasos cuando son acertados, y tales nos parecen los de Souillac. Sus escritos no deslumbran por trozos exquisitos de erudición o elocuencia: no es un retor ni un filólogo él que habla; ni se espere tampoco hallar en ellos lo que la moderna escuela romántica llama cuadros y impresiones. La sencillez es su carácter distintivo, y para nosotros esta sencillez es un mérito, porque aun no ha llegado el tiempo de entregarnos a los viajeros sentimentales. Lo que más importa es reunir hechos para rectificar conjeturas, sacar el país de la oscuridad en que yace, y delinear su fisonomía actual para que sirva de término de comparación a sus progresos ulteriores. Estos trabajos, cuando se ejecutan con inteligencia, son como los cimientos, en que se requiere más solidez que elegancia. «Los itinerarios,

---
[1] Mr. Jullien, en su Biómetro.

dice oportunamente Buache, se han mirado siempre como uno de los fundamentos de la geografía, por ser los primeros elementos de que se hace uso para establecer la posición de los lugares, y los que pueden emplearse con más confianza, después de las observaciones astronómicas y las operaciones geométricas: son además los que pueden obtenerse en mayor número, y con más facilidad.»[2] ¡Y efectivamente cuanta luz no ha derramado sobre la geografía antigua de Europa el Itinerario del emperador Antonino, que no es más que una árida nomenclatura de poblaciones! Al menos el de Souillac contiene algunos datos científicos, que sobre ser importantes, porque fijan la latitud de Buenos Aires y Córdoba, acreditan el esmero con que los encargados de la última demarcación de límites procedían en estos reconocimientos.

Córdoba, por su posición central en un vasto territorio desconocido, es un punto geodésico del mayor interés, en el que pueden provisoriamente apoyarse los cálculos de distancias de los parajes limítrofes. Los resultados no serán exactos, ni es posible que lo sean mientras no se sometan a la revisión de los astrónomos; pero pueden hacer desaparecer muchos errores de la topografía de estas provincias.

El primero que tuvo la idea de trazar su itinerario fue el padre Chome, en una de sus cartas, escrita al padres Vantiennen, fecha 17 de mayo de 1738.[3] Su derrotero comprende desde Buenos Aires hasta San Ignacio de los Zamucos, en la provincia de Chiquitos, en donde hacia su habitual residencia.

Otro itinerario, más detallado, fue publicado con un título extraño por un natural del Cuzco, y (si hemos de prestar crédito a sus palabras) descendiente de los Incas. Esta obra poco conocida, y bastante rara,[4] contiene anécdotas curiosas, y algunas noticias interesantes sobre la historia del país.

---

2   *Observations sur la carte itinéraire des Romains, appelée communément Carte de Peutinger.* En el V. tomo de las Memorias del Instituto de Francia.
3   Inserta en el IV tomo de las Cartas Edificantes, edición de Madrid de 1754, pág. 243.
4   El Lazarillo de ciegos caminantes desde Buenos Aires hasta Lima, con sus itinerarios, etc., por Calixto Bustamante Carlos Inca, alias Concolorcorvo, natural del Cuzco. Gijón, 1773, in-8.o

Un tercer itinerario publicó Helms en un libro que ha recibido los honores de la reimpresión en Inglaterra.⁵ El autor describe su viaje desde Buenos Aires hasta Lima, adonde iba a ejercer las funciones de director de las minas del Perú, después de haberlo sido de las de Cracovia. Es escritor diligente, menos en los nombres que desfigura, como acostumbran hacerlo los extranjeros.⁶

Podría también aumentarse la lista de estos ensayos con la colección inédita de los informes que se practicaron en 1779 para establecer la nueva administración y factoría de tabacos en el antiguo virreinato de Buenos Aires.⁷ Aunque los comisionados se contrajesen al objeto de su misión, reunieron muchos datos sobre la estadística, y pusieron un particular cuidado en averiguar las distancias.

Ninguna de estas obras es perfecta, y sin embargo todas merecen ser consultadas, porque en cada una se hallan indicaciones y noticias que pueden aprovecharse.

Buenos Aires, 17 de diciembre de 1838.

Observación de la latitud de Buenos Aires.

Altura meridiana aparente del limbo superior del Sol	37°	31'	12"
Refracción substractiva, menos la paralaje del Sol	00	1	20

---

5   *Travels from Buenos-Ayres by Potosí to Lima*, etc., by Anthony Zachariah Helms. (Second edition) Londres, 1807, in-12.o
6   Entre estos corruptores de nombres merece un lugar distinguido el mayor Gillespie, por su obra titulada: «Gleanings and remarks, collected during many months residence at Buenos-Ayres. Leeds, 1819, in-8.º» Escribió Ensenada de Banagon, por Ensenada de Barragán: Río Chuelo y Chuello, por Riachuelo: Conchos, por Conchas: Arecifa, por Arrecifes: Capello del señor, por Capilla del señor: Fortuna de Areco, por Fortín de Areco: Pergimeno, por Pergamino:
    Roccas, por Rojas: Salta de Areca, por Salto de Areco: Milanquí, por Melincué: Frailem del Muerto, por Fraile Muerto: Calamacheyta, por Calamuchita: Cabeza del Tygere, por Cabeza del Tigre, etc.
7   Forma parte de nuestra biblioteca.

Altura meridiana verdadera de limbo superior del Sol	37	29	52
Semidiámetro aparente del Sol, substractivo	00	15	53
Altura verdadera del centro del Sol	37	13	59
Declinación septentrional, aditiva	18	9	15
Complemento de la latitud	55	23	14
Distancia del Ecuador al polo	90	00	00
Latitud de Buenos Aires, S	34	36	46

NOTA. Esta latitud es mayor que la del teniente de navío de la Real Armada, don Rosendo Rico Negrón, de 3 segundos; lo cual hace muy poco en la práctica de la náutica.

La refracción la he tomado de la tabla que trae Magallanes para las alturas de los astros, dentro y fuera de los trópicos.

La paralaje de que he usado, es la que resultó del paso de Venus por el disco solar, año de 1769, que fue de 8» 5.

El semidiámetro del Sol, y sus declinaciones, del Conocimiento del tiempo de este año; corrigiendo estas de 4h 2' 49», por la situación de dicha capital al occidente de París, (Observatorio real) según las mejores observaciones del primer satélite de Júpiter, practicadas por los comisarios de la primera y segunda división y por mí, en el ángulo del SO de la Plaza Nueva en mi casa. En la misma habitación se tomaron muchas alturas meridianas del Sol y estrellas de ambos hemisferios, con el cuarto de círculo astronómico de la segunda división (que estaba depositado en el Retiro), y por ellas resultó la misma latitud, con diferencia de pocos segundos menos: consistiendo tan pequeña variación en que las dos hechas últimamente con el sextante, fueron hechas en la calle de San Francisco, en casa de don Manuel Antonio Warnes (mi bienhechor), que está frente a la cocina de este convento, y más al S de mi casa, que está a la esquina de la Plaza Nueva de Amarita, lo que ya hace 7» 1/2. Lo cual da una prueba bien exacta del sextante que ha servido para las demás operaciones, y del cual me serviré en adelante.

Del mismo modo calcularé las demás latitudes que se me ofrecerán en el viaje, determinándolas por el Sol: por lo que advierto que en las demás solo anotaré los días que observé, las alturas meridianas aparentes del limbo superior de dicho astro, y las latitudes obtenidas, después de hecho el cálculo.

Para las observaciones del Sol, he hecho uso del horizonte artificial de agua; pero para las estrellas, de mercurio, por representar la imagen con más claridad.

Las diferencias de meridianos, para los demás pueblos, las he inferido de la estima, (que los españoles llaman fantasías) comparándola a uno de los planos de este virreinato, que construyó el célebre geógrafo y ingeniero, Brigadier don José Custodio de Saa Faria.

Mayo 17 de 1784. Limbo del Sol, y estrellas, alturas meridianas aparentes, limbo superior del Sol... 36° 06' 20»

De todo lo cual se deduce, 34° 36' 42» 5 de latitud austral, para la dicha ciudad de Buenos Aires.

De Buenos Aires para la puente del Río de las Conchas, que dista seis y media leguas de la capital, caminé por el rumbo del O 22° 30' SO de la aguja, cuya variación era de 17° 28'.

El origen del Río de las Conchas dista de la puente (que llaman de Márquez) 12 leguas. Se forma este río de varios arroyos, y entra en el de la Plata, a cuatro y media leguas: corre como NNE SSO.

La puente está construida sin arte, y con troncos de árboles: tiene de largo 23 pies, y de ancho 10, y pueden pasar en ella carros, carretas, etc.

De esta puente caminé para la Villa de Luján, la cual demora al O 3° SO, a la distancia de 3 leguas cortas.

De Luján a la estancia de don Pedro José Piñeiro hay 15 leguas: esta estancia queda al O 27° NO.

Al salir de la Villa de Luján se encuentra un río que lleva su nombre, con una puente de madera, que tiene 31 pasos de largo, y 10 de ancho.

De la estancia de don Pedro José Piñeiro al paso del Río de Arrecifes hay 5 leguas, que corre al O 6° NO.

El origen de este río está a 9 leguas del paso ya citado, en un paraje que llaman las Salinas; y su desagüe, en el Paraná, distante del mismo paso como 11 leguas, entre el Convento de Recoletos que llaman San Pedro, y el pueblo de indios que nombran el Varadero. Este río corre N S, según el rumbo que lleva.

Del paso del Río de Arrecifes a las Chacras hay 5 leguas, las cuales me demoraban al O 46° N. El paso de este río es algo dificultoso, porque la bajada es muy pendiente y expuesta: su anchura entre las orillas, como de 60 varas, su fondo firme.

De las Chacras a los Manantiales de Morales hay 8 leguas, los cuales demoraban al O 30° NO: en este paraje hay varios ranchos y postas.

De los Manantiales de Morales al pago del Arroyo Pavón hay 11 y cuarta leguas, al rumbo O 22° NO: a las 6 y media leguas se encuentra un arroyo que llaman del Medio, el cual corre NNE SSO: es angosto, bajas sus riberas, su agua dulce y limpia, su caudal de dos pies, su fondo de arena firme. La jurisdicción de Buenos Aires se extiende hasta este arroyo, desde donde empieza la de Santa Fe. A las 10 y media leguas se encuentra un arroyo, que llaman el Salado, cuya agua está empantanada: corre NNE SSO.

El Arroyo de Pavón es más ancho que el antecedente, que más abajo entra en este: su agua no es de mal gusto; su origen está inmediato, se forma en una cañada, y entra en el Paraná. Desde este paso se rectificó la demarcación de los Manantiales, y se demarcó la posta o estancia de Francisco Antonio, cuyo camino habíamos de seguir al O 16° NO.

Del Arroyo de Pavón nos dirigimos a la posta ya expresada, y anduvimos 7 leguas de buen camino, al rumbo ya citado. En este paraje hay pocos ganados y ranchos; pero hay bastante que comer en el campo por lo que se halla en él: como son mulitas, quirquinchos o peludos etc.

De este paraje marchamos para la posta de los Desmochados, que dista 8 leguas. Desde este punto se demarcó el paso del Arroyo Pavón al E 12° NE, distante 15 leguas; cuya demarcación es la que vale, por no haberse verificado el rumbo de la estancia de Francisco Antonio; y así desde Pavón deshice el rumbo corregido de O 12° SO, distancia 15 leguas.

La posta se halla al S del camino, y tiene varios ranchos buenos, con su huerta de fruta y hortaliza.

De los Desmochados a la Guardia de la Esquina hay 10 leguas cortas, y demora al O 10°, 30' SO. Desde que se sale de dicha posta, se empieza a costear por su parte meridional el río, que aquí denominan el Desmochado, que se sigue hasta pasarlo donde se dirá. El terreno de todo este lugar está muy poblado de ranchos y ganados. A las 7 leguas llegamos a su orilla, que nos pareció tener de ancho 60 varas, y ser de bastante profundidad: su corriente era suave y su agua limpia, aunque un poco salada. Este río entra en el Paraná por el Rincón de Savato, a distancia de 18 leguas.

Este paraje está en la jurisdicción de la ciudad de Santa Fe, que dista 40 leguas. Esta guardia divide las jurisdicciones de Santa Fe de la Vera Cruz, y de Córdoba del Tucumán.

De la Guardia de la Esquina a la posta del difunto Gutiérrez, hay 10 leguas: a las 3 leguas se llega a un pantano hoy transitable, (que llaman el Saladillo) y inmediatamente a un lugar que llaman la Cruz Alta: a las 7 leguas se hallan varios ranchos de estancias y chacras, que denominan la Cabeza del Tigre. Desde este paraje el terreno es arenisco, (pero no llega a guadales) y poblado de bosques y árboles de todos tamaños; cuando desde Buenos Aires apenas se ven algunos duraznos en las inmediaciones de los ranchos: siendo hasta aquí todo el terreno gredoso, y la capa de la tierra negra, cosa de uno a dos pies; más adelante la superficie es de arena, y lo interior, tierra negra. A las 4 leguas di con un grande arroyo, llamado el Saladillo, (bien que algunos me persuadieron que era el Río Cuarto, que entra en el Tercero) y como manifestaba traer mucha agua, me paré por ser tarde: la noche muy oscura y dicho río pantanoso.

Al amanecer pasé el Saladillo, cuyo fondo alcanzaba la cincha del caballo, y su anchura era de 48 pasos del caballo, su agua muy salada por causarlo la sierra de donde nace. A la media legua encontré el Fuerte del Saladillo, el cual es un cuadrado de estacas con sus cuatro baluartes terraplenados, sobre esto un tragante, y en él un cañón: tiene su foso con otras cortaduras que han formado de pequeño calibre: están con alguna seguridad 15 o 16 familias que se hallan establecidas en su proximidad. Lo guarnece un soldado o cabo, con nombre de comandante, y dos hombres, pagados, de los que viven en los ranchos.

Salí del expresado fuerte en demanda de la posta del Zanjón, siguiendo hasta aquí desde la Guardia de la Esquina en la dirección de la posta de Gutiérrez, O 6° NO: distancia computada, 21 y media leguas, que se reducen a 19 y una tercia: esta posta dista del Saladillo 7 leguas. Fui costeando el río por la banda mencionada, con buen camino, campo de pasto, poco ganado de hacienda, y abundancia de algarrobas en las cercanías del río.

Salí de la posta del Zanjón para la del Fraile Muerto, que dista 4 leguas al rumbo O 2° NO, y llegué al anochecer. Camino, campos, etc. lo mismo que por la mañana; con lo cual pasé allí aquella noche.

Antes de caminar rectifiqué la demarcación de la posta del Zanjón, que fue E 2° SE, que equivale a O 2° NO, en la cual tengo más confianza que en la anterior, y así los 11° los corregiré con 2°: y también demarqué el Paso de Ferreira, que es el del Río Tercero, al O 2° NO, a la distancia de 13 leguas.

El río está a una cuadra de la casa de postas, su caudal mediano, su fondo firme, sus márgenes casi a pique de terreno, muy seguro y sólido por ser gredoso: todo el camino es bueno y llano como el terreno, el pasto no sirve para los caballos: muchos árboles, chañares y sauces; los primeros sirven por su tamaño y calidad para fuego, estacadas y otros usos inferiores; los segundos, para carretas, y los terceros para tirantes. A las 6 leguas llegué a la posta llamada la Esquina de Medrano. Desde aquí seguí al Paso del Río Tercero, llamado de Ferreira, a las 13 leguas, a donde llegué de noche, y pasé a la banda septentrional, donde está la casa de posta: el camino, terreno, campos etc., son iguales a los de la mañana.

Toda la orilla del río está poblada de ranchos, en donde siempre crían sus ganados y labran la tierra. No hay dificultad en pasar el río, porque su fondo es firme y de arena, y su agua no excede de dos pies, su ancho 115 pasos de caballos, pero en las orillas llegará a 160: el agua es buena, tiene abundancia de pescado; como son, surubís, magurutices, sábalos, tarariras, bagres de tres clases, muchas bogas (no son como las de Europa), infinitos dorados, anguilas muy grandes, camarones, unos parecidos a sardinas, pero endentados.

El origen de este río me dijeron que estaba en las sierras más inmediatas de Córdoba, distante 40 leguas del Saladillo. A 22 leguas de aquí toma el nombre de Tercero, en donde tiene un salto, cuyas márgenes se estrechan tanto que se puede pasar, siempre que se quiera, de N a S, y no al contrario, por estar esta orilla más baja que la primera.

En estas inmediaciones se encuentra mucha caza, toda clase de patos, palomas, perdices, chorlitos, becacinas, loros, cotorras, periquitos, avestruces, chajás y otros: liebres en abundancia, venados, guanacos (de esta banda del N en adelante), biscachas, quirquinchos, de los que hay varias especies, como peludos, piches, matacos, mulitas, rubios, todos muy semejantes y de una misma especie, solo el último tiene la concha muy blanda. Hay también víboras, culebras y otros reptiles.

Distante una legua del paso, y a una cuadra y media del río, hacia el NE, se halla una laguna de nueve varas de profundidad, y 50 o 60 de ancho, casi circular, con infinito pescado.

Igualmente se hallan entro muchas, las yerbas medicinales siguientes: oruzú, zuma (raíces), canchalagua, jalapa, o lechetrema, ruibarbo, mostaza, perlilla, duraznillo, llantén, achicorias, malvavisco, hinojo y contra-yerba.

Desde aquí demarqué la posta del Fraile Muerto al SE, que corresponde en la derrota al NO: el rumbo demarcado desde dicha posta fue O 2° NO.

Salí por la mañana de la expresada posta del Río Tercero en demanda del Paso del Río Segundo, cuyo paso está en dirección de la posta de Impira: lo demarqué al N 35° O, distancia de aquel 20 leguas. A las 10 leguas se halla la posta nombrada de Tío Pugio, y de esta a la de Impira hay 5, la que pasada, fue necesario hacer alto. Todo el camino ha sido bueno, excepto más allá de Impira, donde hay un mal paso, muy pendiente y desigual. Los campos son de malos pastos, mucho bosque y árboles, algunos ranchos y demás como lo anterior.

Luego que amaneció continué mi camino por el Río Segundo, que solo distaba 5 leguas: este día fue cruel de viento, frío y nieve, por cuyo motivo no pude llegar a él hasta las once y media: el camino y demás es como el día antecedente.

A la una de la tarde pasé el río, y seguí para la ciudad de Córdoba, que dista 10 leguas, al rumbo del NO 3° O. Dicho río corre en su paso N 30° NE, S 30° SO: su caudal es menor que el del Tercero; como pie y medio de agua en su cauce, sus márgenes pobladas de los mismos árboles que el campo; tiene algunas especies de pescados: su nacimiento es en las sierras de Córdoba, que se descubren desde las inmediaciones del río, cuya parte septentrional demora al rumbo anotado. A las 5 leguas está una posta, y hasta las 7 y media leguas es buen camino, un poco pendiente, con bosque en el campo. A las 7 y media leguas empieza a bajar el terreno y camino, pero suavemente, hasta las 9 y media leguas de distancia, en donde hay que bajar una cuesta bastante pendiente, y de camino desigual. A las inmediaciones de todo el camino, hay espeso bosque que rodea a la ciudad por todas partes, la cual se halla en una profundidad. Llegué a ella a las diez.

Observaciones de latitud practicadas en la ciudad de Córdoba del Tucumán, en el palacio viejo del obispo, en uno de los ángulos de la plaza principal, con un sextante de reflexión y un horizonte artificial.

Día 30 de junio de 1784.

Altura meridiana, duplicada del limbo superior del Sol	71°	24'	00"
Su mitad	35	42	00
Refracción subs. (may.)	00	01	32
Semidiámetro - paralaje (conocimiento)	00	15	41
Altura verdadera	35	24	47
Declinación B, id.	23	8	6
Suma	58	32	53
Distancia del Ecuador al polo	90	00	00
Latitud austral de Córdoba	31	27	7
Variación NE media	15	20	00

Día 1.° de julio de 1784.

Altura duplicada meridiana del Sol	71	34	30
Su mitad	35	47	15
Refracción (-)	00	01	32
Altura aparente	32	45	43
Semidiámetro-paralaje (-)	00	15	41
Altura verdadera	35	30	02
Declinación B (+)	23	03	53
Suma	58	33	55
Arco del cuadrante	90	00	00
Latitud de Córdoba	31	26	05
Altura meridiana duplicada de Arturo	76	33	10
Su mitad	38	16	35

Refracción (-)	00	01	24	2
Diferencia proporcionada	38	15	10	8
Declinación B, corregida (+)	20	18	34	2
Suma	58	33	45	0
Aberración ± 7"5 8	00	00	00	0
Notación - 6 7 1				
Latitud de Córdoba	31	26	13	8

Día 5 de julio de 1784.
Altura meridiana duplicada del Sol 72 17 30
Mitad 36 08 45
Refracción (-) 00 01 31
Altura aparente 36 07 14
Semidiámetro (-) paralaje (-) 00 15 41
Altura verdadera 35 51 33
Declinación B (+) 22 42 58
Suma 58 34 31
Distancia del Ecuador al polo 90
Latitud de Córdoba 31 25 29

Resumen.

	31°	27'	7"	0
	31	26	13	8
Latitudes	31	26	5	0
	31	25	29	0

	125	44	54	8 : 4
Latitud media de Córdoba	31°	26'	14"	

Según se ve en la operación, se deduce que, tomando un medio entre las expresadas cuatro observaciones, resulta la verdadera latitud de Córdoba, y así se debe obrar siempre.

Práctica.

Declinación media para el día 1.º de enero de 1784.	20°	18'	41"
Variación hasta 1° de julio (-)	00	00	09 6
Declinación media para dicho día	20	18	34 4
Aberración en declinación (+)	00	00	07 6
Suma	20	18	42 0
Notación (-)	00	00	06 8
Declinación aparente	20	18	35 2

NOTA. Esta es la declinación que me ha servido para la observación de Arturo, que se hizo el día 1 de julio de este año; y así bajo el mismo sistema y elementos he procedido en las demás operaciones de esta especie.

Salí por la mañana del día 6 de julio de 1784, con dirección al Molino de Caroyo, distante 12 leguas al rumbo del N 13° O: inmediatamente pasé el Río de la Ciudad, al que dan el nombre de Primero: su fondo y inmediaciones son muy pedregosas, su caudal mediano, y de uno y medio pies de profundidad, siendo su agua regular: el camino es de pendientes, suave y de buen piso: el campo todo de bosque y árboles, más o menos poblado; hay algún pasto, pero según he examinado es mucho menos de la cantidad que se dice, y hay, como en todo, mucha ponderación. A las 10 leguas pasé el Río Seco, que lo estaba enteramente. A las 12 leguas llegué a un pequeño arroyo, que llaman la Acequia, porque lo es del molino, en donde hay un puentecito para poderlo pasar cómodamente: su agua es mediana. Los árboles del campo son, entre otros, algarrobos, chañar, quebrachos, espinillo y garabato. En las inmediaciones del expresado arroyo hay varios ranchos pobres.

Por la mañana me puse en marcha para el Totoral Chico, distante 10 leguas cortas: el camino es regular, de suaves bajadas y subidas, campos de bosque y árboles muy poblados por todas partes, dejando por muchas partes el camino, incapaz de pasar carruajes: el terreno arenoso en la superficie, y tierra negra en el fondo. Comprendo no haber la greda que en los campos de Buenos Aires, porque los árboles que en estos se crían tienen profundas raíces, y estas no se dilatan en aquella por su natural dureza. A la primera legua después de la salida, se ve en una pequeña colina inmediata y a la izquierda del camino; un conjunto de ranchos, que llaman la Hacienda de Caroya, perteneciente al colegio de Monserrat (fue de los Jesuitas). A las 2 leguas se pasa un cristalino arroyo de buena agua, después del cual hay otra hacienda, con una grande y buena capilla, que también era de los expulsos, y hoy de don Félix Correa vecino de Córdoba. A las 2 y media leguas hay otra hacienda con su capilla, correspondiente a don N. Figueroa: desde aquí no se halla ni ve más hacienda ni rancho hasta el Totoral Chico, en donde don Antonio Quintana, también vecino de Córdoba, tiene una buena casa: tampoco se halla agua, a lo que deben atribuirse las 7 y media leguas de despoblado.

Memoria dirigida al señor márquez de Loreto, virrey y capitán general de las Provincias del Río de la Plata, sobre los obstáculos que han encontrado, y las ventajas que prometen los establecimientos proyectados en la costa patagónica Francisco de Viedma, gobernador e intendente de las provincias de Santa Cruz de la Sierra y Cochabamba, y comisario superintendente que fue de dichos establecimientos

Discurso preliminar a la memoria de Viedma sobre Patagonia

Si todos los empleados que enviaba España a América hubiesen sido como el autor de la presente Memoria, hubieran progresado las colonias, y tal vez no hubiera sido tan general y vehemente el deseo de sustraerse de la dominación de la metrópoli. Miembro de una de las principales familias de Andalucía, y regidor o Veinticuatro del ayuntamiento de Jaén, su patria, don Francisco de Viedma disfrutaba en España de una consideración merecida.

El interés con que la Corte de Madrid empezaba a mirar sus establecimientos ultramarinos, y la actividad del ministro Gálvez, que presidía entonces el Consejo de Indias, iban cortando los abusos que se habían introducido en tan vasta y complicada máquina. El buen éxito que tuvo en México el plan de colonización de Sonora, inspiró a su autor el deseo de extenderlo a otras provincias, y Viedma fue encargado de plantificarlo en Patagonia.

Las circunstancias que acompañaron este nombramiento merecen ser referidas. Se excusaba Viedma por las muchas atenciones de familia, y por su ninguna aptitud para esta clase de empleos. Insistía el ministro, y volvía a excusarse el candidato. Por fin cansado Gálvez de la resistencia que encontraba en su protegido, mudó de conversación, y le preguntó en qué estado había dejado sus haciendas. Viedma, que ponía todo su orgullo en pasar por el primer agricultor de Andalucía, le contestó, que a fuerza de cuidados y trabajos había logrado llevarlas a un estado de prosperidad extraordinaria... «Esto es precisamente lo que quiere el rey que V. haga en Patagonia», le dijo el ministro, devolviéndole su renuncia.

Por primera vez esta porción considerable del antiguo virreinato de Buenos Aires contaba con el celo de un hábil administrador. Sus habitantes, desatendidos y entregados a sus propios recursos, no habían dado hasta entonces un paso fuera de la senda oscura y degradante de la vida salvaje. Las tentativas hechas por los Misioneros no solo habían sido limitadas, sino efímeras, y hasta el recuerdo de sus trabajos evangélicos se había borrado en aquellas regiones. La dificultad de sojuzgar los indígenas, y la ninguna utilidad que prometía una inmensa extensión de tierras incultas, despobladas y, según decían, estériles, las habían sustraído de la acción gubernativa de estas provincias. Los virreyes, satisfechos con tener en su dependencia a las fértiles campañas del Paraguay, y a los ricos valles del Perú, apartaban la vista de la parte meridional de su jurisdicción, que miraban como la Siberia de América. Este abandono, o mejor diremos desprecio, duró hasta que Viedma fue instalado en su cargo de Super-intendente de los establecimientos patagónicos. Desde entonces todo fue vida y actividad; y aunque tuviese el dolor de ver malogrado sus esfuerzos, no por esto renunció a la esperanza de hacer valer su experiencia para que se acogiesen sus indicaciones.

Entre los arbitrios que propone, y que nos han parecido oportunos y practicables, hay uno que debe llamar la atención del Gobierno, porque puede contribuir a aumentar los recursos del erario. Inculca Viedma en que se imite el ejemplo de la Corona de Portugal, que concedía licencias temporáneos a compañías establecidas, para ocuparse en la pesca de ballenas y lobos en la isla de Santa Catalina. El producto de este ramo debería ser de alguna importancia, si se calcula la extensión que tienen nuestras costas, y la prodigiosa abundancia de estos cetáceos.

También pondera la utilidad de ocupar la isla de Choelechel; y a este propósito no podemos dispensarnos de transcribir un trozo de su Memoria, para que se admire su previsión. «Tomando el sitio de Choelechel, ya aseguramos el pasaje para los indios de aquellas naciones (Peguenches y Araucanos) que son numerosísimos: le quitamos estos enemigos a los campos y fronteras de Buenos Aires; y vamos preparando la internación y demás importantes proyectos, que puede atraernos el Río Negro por la parte de Valdivia.» Estos sabios pensamientos fueron desatendidos, y solo al cabo de un medio siglo, el señor general Rosas ha tenido la gloria de realizarlos.

Promovido al gobierno de las importantes provincias de Cochabamba y Santa Cruz de la Sierra, él que esto escribía tuvo por sucesor en la superintendencia de Patagonia a su hermano don Antonio, que lo imitó en el vivo interés con que miró la prosperidad de aquellos establecimientos.

Viedma siguió administrando su nuevo departamento, y murió en Cochabamba en 1809, dejando sus bienes a una casa de hospicio para la educación de niños pobres, y fundando otra de huérfanas. Estos fueron sus servicios, toca a los Americanos a venerar su memoria.

El original de esta memoria se conserva en el archivo privado del señor doctor y Canónigo don Saturnino Segurola, que ha tenido la generosidad de franquearlo para su publicación.

Buenos Aires, 30 de enero de 1836.

Pedro de Angelis

Memoria
Dirigida al señor Márquez de Loreto, &a.
Excelentísimo señor:
El mucho amor con que he mirado los establecimientos patagónicos por el conocimiento que iba tomando de las ventajas que podían producir al Estado, me empañaba cada día más y más a sostenerlos y fomentarlos: pero ni mis constantes esfuerzos, ni las repetidas representaciones con que hacia ver su importancia por los descubrimientos y experiencias de la producción de sus terrenos, fueron capaces a contrarrestar el espíritu de oposición que les perseguía; y al fin triunfó esta, dejándolos reducidos al extremo que hoy se mira. No obstante, espero ha de ser la raíz que llegue a fomentar lo mucho que hemos perdido en su abandono; y a dar una verdadera luz y conocimiento de sus grandes ventajas por medio de las elevadas prendas que adornan a V. E., capaces solamente a restaurar unos establecimientos que pueden servir de muro incontrastable a los enemigos de la Corona, de seguridad a esta capital, de fomento a su comercio; y lo que es más, de medios para propagar nuestra Santa Religión, de extender el beneficio de la Redención a una prodigiosa multitud de idólatras, que la experiencia me ha hecho conocer son dóciles, y de quien sin temeridad se puede prometer una abundante mies a los obreros evangélicos.

Alienta más mi confianza el ver, que luego que tuve el honor de enterar a V. E. muy por encima de los acaecimientos de dichas poblaciones, sus proporciones y utilidades, le merecí grato oído, le encontré muy adicto y deseoso de enterarse radicalmente de todo ello; y como es un asunto tan vasto, que ni puede fiarse a informes verbales, ni retenerse estas noticias para un perfecto conocimiento, me mandó V. E. lo hiciese por escrito, en obsequio de tan superior precepto, en desahogo de mi amor al servicio del rey, y en bien común de estas provincias, me atrevo, con la confianza que dicta la verdad y la buena causa, a proponer a V. E., que los empeños que en todos tiempos ha tenido nuestra Corte en fijar poblaciones en la referida costa, han nacido de la ilustración que se tenía de las ventajas que había de traer al Estado y a la Religión; sin que deba mudarse de concepto, porque no haya correspondido el éxito a lo feliz del proyecto.

Que a pesar de la emulación con que se ha mirado siempre, será útil, como lo es en el día la subsistencia y fomento del que ha quedado en el Río Negro, por las prosperidades que atrae y se harán ver; proponiendo igualmente los medios y modos de fomentarlo sin dispendio del erario. Tres partes forman el plan de esta memoria. ¡Ojalá que yo acierte a desempeñarla según mis deseos, y como merece la importancia del asunto!

Parte primera
Desde que logró la España unir a sus dominios el vasto, fértil y riquísimo reino del Perú, siempre ha sido el objeto del infatigable celo de los reyes y sus ministros, el conservar inviolados sus fieles vasallos, y mejorar la disposición de las almas idólatras, para atraerlas a nuestra sagrada Religión. Al logro de estas importantes y benéficas ideas, con orden y permiso del Gobierno, se han hecho diferentes expediciones a descubrir las islas, costas y puertos de la mar del sur y tierras australes. Tales fueron las de Pedro Sarmiento de Gamboa en el ano de 1579, desde la ciudad o puerto de Lima, en la navegación que hizo por la mar del sur a la del norte, descubriendo las islas que componen el archipiélago de Chonos, el estrecho de Magallanes por donde cruzó, con los puertos, bahías, ensenadas, bajos, arrecifes y cuantas circunstancias ofrecen: por cuyos planos, relaciones, diarios y seguras noticias de haber pasado el Estrecho el corsario ingles, llamado

Francisco Drake, se determinó la segunda que se aprestó en España el año de 1580, de veinte y tres bajeles al mando de Diego Flores de Valdés, con destino de transportar tropas al reino de Chile, para el socorro de las guerras que había en él, y dejar en el estrecho de Magallanes la gente que iba a poblar bajo la dirección y mando de Sarmiento, la cual se hizo a la vela el siguiente de 1581, del puerto de Sanlúcar. Y habiendo sufrido muchas pérdidas, atrasos y arribadas, por los grandes temporales y otras contrariedades, al fin desde el río Janeiro resolvió el comandante, con acuerdo de los demás oficiales, que Diego de la Rivera con dos navíos y tres fragatas saliese para el Estrecho con la gente, víveres y efectos destinados a poblar. Que con efecto así se ejecutó: y habiendo entrado en aquel paraje cosa de media legua, echó en tierra 280 personas, por no querer pasar adelante, con pérdida de una de dichas embarcaciones, de la que solo pudieron salvar la artillería y víveres. Todo lo cual dejó a cargo de Sarmiento, y un bajel pequeño, único auxilio para tan grande empresa; retirándose con las demás naves, sin haber tornado otra providencia para el fomento y subsistencia de aquellas gentes.

Con tan reducidas fuerzas formó una población Sarmiento en el mismo sitio del desembarco, y otra llamada San Felipe en un puerto pequeño y hondable más en lo interior del Estrecho; las que no pudieron subsistir por el abandono con que se miró aquella miserable gente, pereciendo todos, a excepción de un soldado llamado Tomé Hernández, natural de Badajoz, que se salvó en una embarcación inglesa que pasaba por el Estrecho a la mar del sur. La expedición de los dos hermanos Nodales que cruzaron el Estrecho: la de los padres Cardiel, Quiroga y Strobl, con el capitán Olivares el año de 1746, con destino a reconocer, y poblar la bahía de San Julián: la del capitán de fragata don Francisco Pando, para los mismos reconocimientos: la de don Domingo Perler, oficial de igual clase con la de su mando, llamada el Chambequin Andaluz; y últimamente las que han salido de Montevideo y Buenos Aires, para formar poblaciones en la Bahía sin Fondo, o Punta de San Matías, donde desagua el Río Negro y de San Julián, desde diciembre del año pasado de 1778. He traído a la memoria estas expediciones por la serie de tiempo en que acaecieron, para demostrar los empeños de la Corona en fijar establecimientos en aquellos despoblados parajes.

El poco tiempo a que estoy ceñido, por lo que estrecha mi viaje, no me da margen a demostrar los grandes gastos que han ocasionado a la Corona, y las gentes que se han sacrificado en tan arduas empresas. Los diarios, relaciones y noticias darán una verdadera idea de esta aserción. Pero ¿qué hemos conseguido en tan repetidas tentativas? ¿Qué hemos sacado de tantos gastos y pérdidas tan considerables? —A la hora presente solo podemos decir, nada más que satisfacer nuestra curiosidad para franquear la puerta y el camino que queremos cerrar y defender a nuestros enemigos; y hacer imposible la reduc ción de las almas idólatras, que siempre ha sido el mayor desvelo de nuestros católicos y religiosísimos Monarcas.

¡Rara desgracia de nuestra nación, que tan sagrados fines tengan semejantes resultas! Las órdenes y disposiciones de la Corte jamás han faltado al logro de ellos: no se ha perdonado gasto, aun en medio de los tiempos más calamitosos que afligían a la España: pero la inconstancia, la emulación, la falta de sinceridad y el poco sufrimiento a los trabajos en todas ocasiones, han sido unos poderosos enemigos que han malogrado tan heroicas empresas.

Para convencimiento de esta verdad, hagamos crítica con los establecimientos y poblaciones que formó Sarmiento, y los de San Julián y Río Negro. Para aquellas salió una armada del puerto de Sanlúcar, al mando de Diego de Flores de 23 naves; y bien que no toda ella destinada a este fin, como va sentado, fue reforzada posteriormente en el Río Janeiro con cuatro galeones; y por las pérdidas que ocasionaron los temporales, no pudieron destinarse a la ejecución de dichas poblaciones más que dos navíos y tres fragatas, a las órdenes de Diego de Rivera. Este capitán, como cosa perdida, arroja o desembarca la gente que iba a poblar, media legua dentro del Estrecho, pierde una embarcación, no deja más resguardo ni auxilios a Sarmiento que un bajel pequeño para el socorro de aquellas gentes en tan remotas distancias y parajes, cuyos terrenos en mucho tiempo no podían producir frutos para su conservación y subsistencia. Se vuelve con las demás naos, sin hacer memoria de repetir los socorros. Con estas disposiciones, ¿qué fin habían de tener aquellos miserables? —Claro está. La pérdida de todos.

Veamos ahora cual fue la causa de estas desgracias, y de que se malograse un fin tan santo. ¿La inutilidad de aquellos terrenos, o las malas disposiciones de Diego de Rivera? —Bien se deja entender que estas últimas. Los terrenos ni podían producir, ni dar frutos en muchos años para que subsistiese la gente, ya por falta de ganados, que es el mayor vigor y alma de las poblaciones, y ya porque, para preparar las tierras con las labores de la agricultura, era menester observar los tiempos más adaptados a las sementeras, y tener los aperos y bueyes que pide la necesidad. Nada de esto reflexiona su inconstancia, y el poco sufrimiento a los trabajos de la navegación, que debía hacer por el Estrecho a Lima y a otros puertos para sostener, fomentar y asegurar las poblaciones. Se efectúa tan extraño y violento desembarco: se mira con indiferencia el servicio del rey, y el estado en que quedaban aquellos miserables, abusando de la lealtad, obediencia y valor con que despreciaron la muerte.

¿Qué más pudo hacer la Corte, en unos tiempos en que se hallaba afligida la España con los empeños que le ocasionaba la obstinada rebelión de los Flamencos, que aprontar tan respetable armada, y reforzarla posteriormente con cuatro galeones? Si Diego de Rivera hubiera desempeñado sus encargos con más previsión, con otro amor, o con más humanidad; repitiendo los auxilios con las embarcaciones de su mando, se hubieran fijado aquellas poblaciones; o por lo menos no se hubieran perdido tan leales y desgraciados españoles: pero su inconstancia, y el ningún sufrimiento a los trabajos, hicieron inútiles los esfuerzos del rey, y sacrificaron a estos infelices.

Aunque la experiencia de estos sucesos dieron a los sabios ministros, que con tanta gloria de la nación dirigen la monarquía, las luces y conocimientos, para que no llegasen a tener tan desgraciado fin estos últimos establecimientos de las Bahías sin Fondo y San Julián, no por eso han podido libertarse de iguales contrastes, que al fin lograron reducirlos a un extenuado esqueleto de la corta población del Río Negro.

A estos dos grandes motivos, que siempre han movido el religiosísimo corazón de los reyes para el logro de estos establecimientos, se unieron en la presente ocasión los fundados recelos de las noticias que recibió la corte de España, que intentaba la de Londres establecerse en la Bahía sin Fondo, o Punta de San Matías, donde desagua el río Negro, por los conocimientos que de estos parajes tomó Falkner, y suministró a aquel ministerio en su descripción patagónica. Con tan fundado motivo (aunque jamás ha desistido del intento de estas poblaciones), determinó el rey tuviesen efecto a toda costa en las dos expresadas bahías. A este fin nombró comisionados, y mandó familias de diferentes provincias de España, siendo su real voluntad, que se alistasen las más honradas, laboriosas y de mejor conducta.

Puesto en práctica este proyecto con la primera expedición que salió de Montevideo, al mando de don Juan de la Piedra, se descubrió el puerto de San José, donde quedó formado el primer provisional establecimiento; y por la poca agua que llevaban las embarcaciones, falta de caballos, bueyes y mulas para conducirla de las fuentes que se descubrieron, y mala calidad de los víveres, enfermó la gente, y faltó la constancia a esperar los socorros del Río de la Plata o del Río Negro, que a poco tiempo fue descubierto: obligando con los términos más violentos al comandante don Antonio de Viedma a que se retirase con casi el todo de la gente, a la plaza de Montevideo, en el paquebot Santa Teresa.

Este contrario suceso lo ocasionó la arribada que hizo a Buenos Aires don Basilio Villarino del Río Negro, donde le despachó el Super-intendente don Francisco de Viedma, para que socorriese el puerto de San José, con la mucha aguada que conducía el bergantín Nuestra Señora del Carmen y Animas, y la pérdida de la urca, llamada la Visitación, que estaba para hacerse a la vela en aquella bahía a conducir auxilios a la de San José: pues a haber logrado cualquiera de estos socorros, no se hubiera arraigado el escorbuto con muerte de 28 hombres; no se hubiera desamparado aquel puesto, ni ocasionado la pérdida de los efectos y víveres que allí quedaron.

Estos desgraciados principios alteraron y previnieron generalmente los ánimos de modo, que nada ha sido más odioso que los establecimientos patagónicos, y todos no han conspirado a otro fin que a destruirlos.

Los muchos trabajos que mediaron para fijar el de San Julián, ya en el tiempo que acampó la gente en el Puerto Deseado, donde la poca constancia y sufrimiento del oficial comandante de la tropa, y contador interino, sedujeron y intimidaron a los demás; en términos que por evitar mayores inconvenientes se vio obligado el Super-intendente don Antonio de Viedma mandarlos a disposición del excelentísimo señor don Juan José de Vertiz, noticiando los motivos de esta deliberación; y ya por las enfermedades que se padecieron en dicho puerto de San Julián, por el desabrigo, larga navegación, alimento de carnes saladas, y otras causas, acabaron de levantar el universal clamor contra ambos establecimientos; cuyas continuadas quejas y suspiros abrieron en el benignísimo corazón del señor Vertiz la brecha a que se dirigían; por la cual le llegaron a ocupar y impresionar con el mismo horror.

Aunque el establecimiento del Río Negro estuvo exento de las calamidades que sufrieron los otros, por sus excelentes aguas, abundante caza, y ganado vacuno con que nos socorrieron los indios, no por eso pudo librarse de iguales o mayores persecuciones. Desde los principios reinó en las principales cabezas un espíritu de emulación, de inconstancia, y ningún sufrimiento a los trabajos: de cuyas preocupaciones no estaban exentas las personas más caracterizadas, y todas juntas dirigían sus ideas a conmover los ánimos de la demás gente, para que se abandonase el puesto, cuyos intentos siempre fueron rebatidos por la constancia del Super-intendente.

Frustradas estas primeras tentativas, viendo que por el superior Gobierno de Buenos Aires se había sostenido y socorrido el establecimiento del extremo de necesidad en que se vio, prepararon las armas por otros medios para destruirlos. Ponderaban los muchos gastos que ocasionaba; la esterilidad de la tierra, que solo era útil en los cortos y reducidos pedazos que en la orilla del río bañaban sus inundaciones, no suficientes a mantener una población. La barra del río, que hacia imposible la navegación a los enemigos de la Corona, por cuyo motivo por naturaleza estaba defendida aquella entrada; no haberse descubierto la jurisdicción de Mendoza por la dificultad de navegar el Río Negro, a causa de su rápida corriente, y los muchos indios salvajes que transitaban y concurrían a aquellos parajes, cuyas invasiones serían frecuentes, y por ellas no florecerían los vecinos, quedando muy expuestos a ser víctima de estos infieles.

Sin embargo de haber dado diferentes informes el Super-intendente a dicho señor virrey, con toda sinceridad, solidez y conocimientos de cuantas circunstancias ofrecían aquellos parajes, remitiendo muestras de los frutos de sus terrenos, en que acreditaba su fertilidad, y de haber aprobado el mismo señor virrey, por orden de 15 de noviembre de 1780, el establecimiento expresado —

que todo promete que podrá hacerse una útil población; y de no resultar, según entiendo, otros fundados motivos que la hiciesen ilusoria, llegó a prevenirse de tal modo con las repetidas quejas y clamores, que nada le era más violento, ni más repugnante que dichos establecimientos. Tomáronse informes de los mismos contrarios, cuyas profesiones, experiencia y talento en algunos los hacen sospechosos, y nada útiles para calificar la verdad. La misma aversión, que incitaba los más violentos deseos para triunfar de sus influencias, era la maestra que dictaba estos informes.

Con la multitud de ellos hay noticias, bien que no seguras, de que se mandó formar una junta de los capitanes de navío y coroneles que existían en Montevideo, para que reconociéndolos, manifestasen su dictamen sobre la utilidad o inutilidad que ocasionaba a la Corona la prosecución de los establecimientos. Todos unánimes, se dice, estuvieron por este último: tales probanzas tenía la causa.

Con estos documentos y decisiones, sin esperar otras resultas, que la misma experiencia y descubrimientos podían calificar de sinceros o de infundados, se procuró impresionar el real ánimo del rey, y sus sabios ministros, cuyas resultas fue la real orden de 1.º de agosto del año anterior próximo, mandando abando

nar los establecimientos de San Julián y San José, y que solo subsistiese el del Río Negro, reducido al triste esqueleto con que manifiesta dicho señor virrey podía permanecer.

Cuando iban caminando a España estas justificaciones, llegó de la bahía de San Julián a la plaza de Montevideo el Super-intendente don Antonio de Viedma, y le presentó una información, que a su pedimento recibió el capitán de infantería don Félix Iriarte, compuesta de los pobladores de aquella colonia, en que unánimes declaran, con referencia a lo experimentado en los frutos de sus sementeras, que aquellos terrenos eran productivos para mantener la población.

El Super-intendente del Río Negro, con la cosecha del trigo de dicho año, que ascendió a 1269 fanegas y tres cuartillas, acreditó podía subsistir la población con sus frutos; y de resultas del reconocimiento de aquel río, que emprendió el segundo piloto de la real armada, don Basilio Villarino, internándose hasta muy cerca de Valdivia, proporciones de los parajes que anduvo, esperanzas que prometían los ríos que quedaron por reconocer, y la descubierta que a poco tiempo hizo el teniente de infantería don José de Salazar, abriendo camino por tierra desde dicho puerto de San José a dicho río, en oficio de 13 de octubre del mismo año, expuso al señor virrey lo importante de ambos establecimientos; fundando las razones y motivos en estas últimas resultas, que rebatían las objeciones de los informes y dictámenes, y a un mismo tiempo manifestando las utilidades que podían sacarse de ellos. Pero como todo llegó tarde, no bastó a contener la desgraciada suerte que sufren; que, aunque no tan infelices, como las de Sarmiento en el estrecho de Magallanes, han tenido casi la misma inutilidad los gastos, trabajos, pérdidas y muertes que costaron para llevarlas al estado en que se hallaban al tiempo de su abandono; pues el de San Julián ya tenía habitaciones para repararse con alguna comodidad de la inclemencia de los tiempos; cuyo abrigo cortó el escorbuto causado de los muchos fríos de aquel clima. Empezaban a producir sus terrenos, frutos para mantenerse; los indios cada día se iban domesticando y aficionándose a los nuestros, de modo que con fundados motivos podía esperarse la reducción dentro de pocos años de estos idólatras al gremio de nuestra Santa Fe; y por este medio, que tuviera el rey nuevas poblaciones de estos naturales, sirviendo el ejemplo de unos para sus convecinos a tan santo fin. Y últimamente, con poco más que se hubiera gastado, quedaba efectuada la población, y en términos de subsistir por sí, siempre que se le hubiera podido auxiliar con todo género de ganados, como único vigor de la agricultura, y alma de los pueblos. De forma que puede decirse expiró esta población cuando empezaba a tomar aliento, y a dar unas grandes pruebas de poder conseguir lo que con tanto anhelo y tan repetidamente ha intentado la Corte.

    Si reflexionamos en las poblaciones de Sierra Morena, encontraremos una segura hilación de los esfuerzos y oposiciones que habrán mediado contra los establecimientos patagónicos. En la formación de aquellas no podían mediar las grandes dificultades, riesgos y trabajos, que en los de estos, por estar en el centro de España, y no carecer de cuanto necesita el hombre para la conservación de su vida y desahogo del ánimo en la sociedad racional. Muy al contrario eran las proporciones de estos establecimientos. La carne salada, el mal tocino, la miniestra picada, y las harinas añejas por lo regular han sido el principal sustento de sus individuos. El trato racional reducido unos a otros, los riesgos muchos por los indios salvajes, y las habitaciones unos miserables ranchos, o barracas de paja, irresistibles a la inclemencia de las estaciones. Véase pues la desigualdad que media de unas a otras. En las de Sierra Morena no había más que hacer que edificar las casas, operación muy sencilla por los muchos materiales y operarios con que fueron sostenidos. Para el cultivo de las tierras se les facilitaron bueyes domados, y aperos excelentes que llenaban sus deseos. En las de la costa patagónica de todo carecíamos: el clima es riguroso de fríos, particularmente en San Julián, y solo encontrábamos al mayor auxilio donde debía recelarse el riesgo. Los indios salvajes nos sostuvieron y fomentaron en aquel puerto, socorriendo a los infelices pobladores con la carne de guanaco, sin cuyo auxilio hubieran perecido, y en el Río Negro, con las liebres, caballos y mucho ganado vacuno. Ahora pues, cotéjese las ventajas que gozaban los de Sierra Morena con las infelicidades de los de San Julián y Río Negro, y justamente podrá decirse que allí todo era gusto y alegría, y aquí todo infelicidad y tristeza. No obstante esta desigualdad, y estar a las inmediaciones de un rey el más sabio que logra el universo, se urdieron las intrigas y contradicciones que son notorias, de las cuales se puede inferir las que habrán mediado en tan dilatado hemisferio, donde únicamente los dos comisionados han sido y serán unas inexpugnables rocas en sostenerlo.

Parte segunda
La pesca de la ballena, el abasto de sal en la provincia de Buenos Aires, y proporcionar por este medio el comercio de carnes, de las muchas que se pierden en los inmensos campos del Río de la Plata, facilitar puerto para que arriben nuestros buques que navegan a la mar del sur, y se haga más suave y cómoda esta navegación, abrir camino por agua o por tierra para Valdivia y Chile, por donde con menos gastos y riesgos puede transitarse y introducirse el comercio que logra Buenos Aires; y últimamente reparar y extender el que tiene esta capital en el corambre de sus campañas, tal vez hasta el Río Negro, uniendo a esta importancia la seguridad de sus fronteras en que estriba el aumento de las poblaciones, sujeción de los indios y medios de atraerlos al verdadero conocimiento de Dios y bien del Estado, son las utili-

dades que con el tiempo podemos sacar y conseguir de la conservación del establecimiento del Río Negro. Lo vasto y asombroso de ellas, a la primera impresión, manifiesta un aspecto tan extraño que se mirará con el mayor desprecio. No obstante nada me acobarda, porque el amor y espíritu de patriotismo con que he mirado las justas, piadosas y benéficas intenciones del rey, en la ejecución de estos establecimientos, a todo arrostra.

Voy a satisfacer por la misma serie los particulares que llevo propuestos, con las razones y fundamentos que me asisten, sacados de la experiencia y conocimiento que he tomado de aquellos parajes.

Los Ingleses nos han abierto los ojos sobre el inagotable tesoro que trae la pesca de la ballena; pues de tan remotas regiones, y a tanto riesgo, se entregan a la discreción de los mares sin más puertos, sin más auxilios, ni más refrescos que la inseguridad de los elementos, y lo que conducen sus embarcaciones. Con estos trabajos y peligros hacen sus pesquerías, y sacan grandísimas utilidades de nosotros mismos, por medio del aceite que nos venden para carenar nuestros navíos: de modo que, siendo este comercio frutos de nuestros mares, somos peregrinos de él, y perdemos el dinero que nos cuesta, que debía quedar a beneficio del Estado, y el que podíamos adquirir por los mismos medios de esta nación y otras, cuyos intereses darían mucho aumento y gloria a la nuestra.

No quiero referir repetidos hechos de las veces que hemos encontrado en estos mares a los Ingleses ocupados en su pesquería, porque basta la presa que se les hizo el día 10 de marzo del año anterior próximo, de la fragata llamada el Mayo, sobre los 34 a 35 grados sur, que con otras de la misma nación estaban ocupadas en dicha faena, y las que reconocieron las fragatas Santa Sabina, y la Perpetua, en el viaje que acababan de hacer a Montevideo, conduciendo a V. E. Voy solamente a demostrar con cuan diferentes ventajas nos podemos aprovechar de estas utilidades por medio del establecimiento del Río Negro.

La tentativa que acaba de hacer don Francisco de Medina, vecino y del comercio de esta ciudad en el puerto de San José, con la fragata llamada la Ventura, (y antes el Mayo cuando fue de los Ingleses) nos da un verdadero conocimiento de las proporciones que presenta aquel puerto. Sin salir de él, arponearon 50 ballenas en un mes. Es verdad que se malogró esta loable empresa por la mala calidad de los arpones, y ineptitud de aquellos operarios.

Repitiendo iguales tentativas, reparadas las causas que la malograron, está todo vencido; y con los auxilios que le franquee el establecimiento del Río Negro en la venta de sus frutos, se hace más fácil y menos gravosa al interesado esta pesquería; y a un mismo tiempo logra cuanto necesita para desde aquel puerto, sin tocar en el Río de la Plata, hacer viaje con su cargamento a los de España. El establecimiento del Río Negro se va sosteniendo y prosperando con la salida de sus frutos, y por medio de ellos puede hacerse esta pesca, sin el gasto de mantener otras embarcaciones que las menores que se necesitan para ella. Las otras que son de mayor costo y gastos, en él intermedio que se proporcionan sus cargamentos, pueden ocuparse en conducir sal del Puerto de San José, o Río Negro a la capital de Buenos Aires y Montevideo; y por unas mismas operaciones, como accesorio, logra de este útil abasto la Provincia; su abundancia franquea comodidad para salar y beneficiar las carnes que se pierden en sus inmensas campañas, introduciendo este nuevo comercio en España, África u otros parajes de Europa: pues solo con el mucho consumo de nuestras armadas y presidios tendrán despacho, y se consigue evitar las extracciones de dinero que nos atrae la que compramos en el norte, quedando a beneficio del reino. Los interesados en la pesca de la ballena se aprovecharán de lo que puede rendirles este primer género. Los naturales de Buenos Aires y sus convecinas poblaciones en las matanzas de ganado, para el acopio de corambre, tienen esta nueva utilidad al aumento de sus jornales. Los dueños podrán sacar tal vez por este medio libres los costos de ellas, y los del Río Negro se ocupan en el trabajo de la saca y conducción de sal al muelle, que es otro apoyo grande a su subsistencia. Por estos medios ha de ir tomando incremento la población, y tal vez, viendo el fruto que se saca de estas nuevas plantaciones, se extiendan los españoles con sus pesquerías más hacia el sur, y nos descubran y faciliten algunos puertos con comodidad y proporción para arribar los buques que navegan a Lima, ya volviendo a fomentar el establecimiento de San Julián, pues la experiencia ha manifestado puede subsistir de sus frutos; ya reconociendo el estrecho de Magallanes con la exactitud que necesita y merece, donde todos los derroteros aseguran hay abundancia de maderas:

circunstancia que le acredita adaptada para poblar, sin que pueda causar prueba en contrario el efecto de las poblaciones que hizo Sarmiento, que no podían tener otras resultas con el método, forma y disposiciones que las intentaron.

En la Tierra del Fuego, que se compone de varias islas, el año de 1765, o 1766, se perdió el navío llamado la Concepción de Escurruchea, en las costas de una de ellas, cerca de 14 leguas de la boca del Estrecho. La tripulación que se salvó, hizo por si un barco de bastante porte para transportarse con sus provisiones a Buenos Aires; donde informaron a su gobernador don Pedro Ceballos, que los indios de esta isla habían sido muy humanos y caritativos, ayudándoles a pasar madera para la construcción del barco, y asistiéndoles en todo; con otras particularidades y noticias de aquellos parajes: de todo lo cual envió don Pedro Ceballos una relación exacta a la Corte, y propuso establecer una colonia en la isla. Pero, habiendo sido en ocasión que se trataba comprar a los franceses las Malvinas, no tuvo efecto esta propuesta.

Que estas noticias ofrecen muchas esperanzas de poder subsistir poblaciones en aquellos terrenos, y ser utilísimas al comercio, estado y religión, no puede dudarse.

La latitud de 52 grados y minutos, al polo, aunque es clima muy frío, no puede compararse con la situación de Suecia, Dinamarca y Rusia, que por estar a más de 70, no dejan de tener terrenos fértiles y abundantísimos. Querer sin el auxilio de ganados, sin el beneficio de la agricultura, sin la prueba de los experimentos, arreglar y perfeccionar la calidad de terrenos, con conocimiento de su intemperie al uso de las labores, y efecto de sus producciones, es tirar al blanco con los ojos cerrados. Los climas desiertos varían por el concurso de gentes y ganados que componen una estable población. Con los fuegos, alitos y calor de los vivientes, poco a poco se va templando la atmósfera, y produce en la tierra vapores, que le hacen más benigno y le atraen otra fertilidad.

Estos son los principios y fundamentos seguros, en que se han de sostener y apoyar unas empresas tan arduas, y unas dificultades que a la vista de todos se han graduado por imposibles. El establecimiento del Río Negro y fomento de la pesca de la ballena han de ser el único agente que con el tiempo insensiblemente las ha de allanar y vencer.

En el día, los que se dediquen a promover esta pesquería por su propia utilidad se han de ver obligados, el tiempo que dure, a mantener un puesto o establecimiento provisional en el puerto de San José para reparar su gente de la intemperie, y conservar los víveres, utensilios y efectos. Si a este comercio unen el de la sal, de la que allí abunda, es ocupación de todo el año. Para ello necesitan bueyes, y la carne fresca les sería muy provechosa y barata. A todo ofrecen proporción aquellos terrenos: fomentando la cría de ganado, puede abundar con el tiempo, en términos que se saque algún fruto de sus cueros y de las carnes; pues allí será muy fácil y barato este comercio, por la abundancia y excelente sal de sus salinas, y ser de superior calidad aquellas carnes a la de los campos de Montevideo y Buenos Aires, por lo salitroso de sus pastos. Este es otro incentivo que, unido a los antecedentes, prepara una población que haga útil aquel puerto para nuestros buques que navegan a la mar del sur en sus arribadas: pues con la inmediación del Río Negro pueden refrescar y abastecerse de cuanto necesiten, prosperando de esta suerte las navegaciones, cerrando a los Ingleses esta puerta por la cual tienen fácil entrada en aquel río, y por consiguiente en todo el reino del Perú, cortándoles los progresos que hacen, y pueden adelantar con las luces que nos han dado estos descubrimientos en la importantísima pesca de la ballena; como todo ello con mayor extensión le tengo expuesto a dicho señor Vertiz en mi citado oficio de 13 de octubre a que me remito.

Si nuestros españoles llegan a establecer este comercio con los accesorios que se proponen, en términos que produzca a la Corona los mismos o mayores intereses que saca la de Portugal de la isla de Santa Catalina, por las temporales licencias que concede a las compañías establecidas a este fin, puede ser el más eficaz, y proporcionado modo de ir reconociendo la costa y Estrecho, y adelantando las poblaciones.

Solo es facultativo de la potestad real conceder licencia temporal o absoluta para el aprovechamiento de estas pesquerías, como mares que pertenecen a sus dominios. Abiertos los ojos con conocimiento práctico de la mucha utilidad de este comercio, ha de atraer interesados a su aprovechamiento. Este es el estado en que puede sacar fruto la Corona, no por medio de los intereses que gira Portugal, sino por los reconocimientos y poblaciones en aquellos parajes más avanzados al sur, que tanto nos importa o interesa. Al que se aventaje en los más útiles, y nos demuestre puerto seguro para el abrigo de las embarcaciones, ofreciendo poblar, compénsesele estos gastos con la concesión de algún privilegio, o licencia para hacer su pesquería en el tiempo que parezca regular, con formal obligación y contrata de hipotecas. Únansele aquellas gracias que permite la real protección y soberanía, y de este modo, sin dispendio del real erario, conseguirá el rey hacer útiles estos despoblados dominios, preparando los medios de atraer a verdadero conocimiento tantas almas idólatras que los ocupan, en la propagación de la Fe y utilidad del Estado, y proporcionará diferentes ventajas a la navegación y comercio.

Aunque del estrecho de Magallanes y islas del Fuego nos es importantísimo un verdadero y exacto reconocimiento, por si permite puertos que nos faciliten aquel pasaje a la mar del sur, no debe despreciarse el golfo de San Jorge, que está situado a los 45 grados y minutos, para mirarlo con la indiferencia que hasta aquí.

El reconocimiento que en marzo de 1780 hicieron los pilotos de la expedición que salió al mando de don Antonio Viedma, para establecer en San Julián, solo reconocieron con la lancha del paquebot San Sebastián, unas 40 leguas por la banda del norte, tirando al oeste de dicho golfo. Por informes y noticias que se han tomado de los indios prácticos de sus inmediaciones, aseguran que a este rumbo llega muy cerca de las cordilleras, donde desaguan algunos arroyos de agua dulce, y que en el terreno que media a ellas, está el camino de los indios de San Julián para el río Tucamelel, o de la Encarnación. Esto se comprueba con el diario de Villarino del reconocimiento del Río Negro, en que refiere el viaje que acababan de hacer a las inmediaciones de aquel río los expresados indios. Si el ingles reconociera y se apoderara de este golfo, tendría entrada por él para Valdivia y otros pueblos del reino del Perú, y le sería fácil establecerse sin noticia nuestra. Abunda de gran número de ballenas, cuyo paraje proporciona esta pesca con mayores ventajas que otras. Estos fundamentos, que a ser ciertos manifiestan su importancia, alentarán a los interesados en la pesquería a su reconocimiento, el que nos ha de desengañar, y dar una verdadera luz de la importancia de aquel golfo, y comunicación que se teme. Lo cierto es que los indios de aquellos parajes transitan el Río Negro por el camino que se dice, y desde este río pasan a las fronteras de Buenos Aires.

Todas estas utilidades nos las ha de atraer la subsistencia y fomento de la población del Río Negro. Ella le ha de dar la mano al puerto de San José con sus frutos y ganados, y como por escala, han de salir estos auxilios para las demás poblaciones, descubriendo los caminos que transitan los indios, sus aguadas, campañas y montes hasta el Estrecho: pues de todos hay noticia, y solo ha faltado en el anterior ministerio el calor que se necesita en semejantes casos, para que en el tiempo que ambos Super-intendentes han estado en sus respectivas comisiones, hubieran reconocido la parte más principal de este continente.

La internación del comercio para Valdivia, Chile, Mendoza y otros parajes por el Río Negro, sería utilísima por la menor distancia que media comparada a la de Buenos Aires, por el auxilio de la navegación, y porque se presentan otras comodidades que pueden hacer más suaves las asperezas del camino.

Los más opuestos enemigos del establecimiento del Río Negro confiesan la utilidad de esta internación, pero lo dan por imposible, hablando con tanta valentía y seguridad, como si hubieran medido palmo a palmo aquellos caminos, y se hubieran enterado con un conocimiento práctico de la navegación del río.

No falta sujeto a quien se le debe hacer la justicia de confesarle instrucción y talento superior, que apoye y sostenga la misma imposibilidad, y me aseguran lo ha hecho manifiesto en un papel que entregó al superior Gobierno; el que por más diligencias no he podido obtener. Sería utilísimo que estas impugnaciones fueran recíprocas, y con conocimiento mutuo de ellas: porque de la contenciosa y racional oposición resulta el esclarecimiento de la verdad, que es la que apetecen y buscan los que procuran el acierto. Si tantos dictámenes que se tomaron para dar en tierra con los establecimientos, esto es, para disuadir al rey y sus ministros de la importancia de ellos, se les hubieran primero pasado a los Super-intendentes, para que en su vista informasen y respondiesen, entonces se hubieran tenido otras noticias y conocimientos que esclareciesen la verdad de todo. Por estos motivos se solicita y apetece el citado papel, pues son asuntos que no deben reservarse con tanto misterio de unos sujetos que han merecido la confianza del rey para el desempeño de tan importante comisión; mayormente cuando parece ha corrido entre personas que no tienen conexión con estas materias, por las cuales se me noticia aquellos puntos más esenciales de dicho papel, aunque en confuso, las que expondré para satisfacer y demostrar cuanto llevo propuesto.

Dos son las más poderosas objeciones que parece demuestra este sujeto, en las cuales apoya y sostiene los fundamentos de su oposición. La primera, la dificultosa navegación que hizo Villarino en el reconocimiento del Río Negro hasta el Catapuliché, donde llegó, que ella misma demuestra su inutilidad para el comercio. La segunda, graduar de intransitables las cordilleras, desde aquel paraje hasta Valdivia.

Por las mismas operaciones, expresadas en el diario de Villarino, demuestra este sujeto lo inaccesible del Río Negro en su navegación. Si hubiéramos de estar a aquel punto, a aquella estación, a aquel estado en que encontró y navegó el río Villarino, es menester confesar su inutilidad: pero si todo ello varía con la diferencia de tiempos, y con más repetidas pruebas que den una verdadera luz de los canales, arrecifes, saltos y corrientes del río, demostrando el modo de vencerlas con otros auxilios, parece en algún modo extraño que con tanta viveza, sin esperar a distinto conocimiento práctico, se condene y falle por inútil un asunto que tanto interesa a nuestra felicidad.

La navegación que hizo Villarino fue en la estación más contraria. Los cuarenta y cinco días que se detuvo en el Choelechel, esperando víveres para continuarla, le atrasó el tiempo, de modo que cuando llegó a la confluencia que hace el Diamante con el Río Negro, habían bajado las aguas, en términos que causaron lo penoso de su navegación. Esta falta descubrió saltos y arrecifes, y su vencimiento fue la mayor dificultad. Si se hubiese salido a este reconocimiento por el mes de julio, que es el tiempo en que principian las crecientes, y duran hasta marzo, sería menos dificultosa y más suave; no se descubrieran tantos saltos y arrecifes; y las canales no causarían tan vehementes corrientes, originadas de lo angosto de ellas, pues con la mayor agua se extiende el río y evita el ímpetu de sus efectos. Con el auxilio de los caballos o mulas (de que no pudo valerse Villarino, por los riesgos que se preveían de los indios, que son el atractivo de sus invasiones) se suavizaba y facilitaba la navegación, tirada de ellas a la sirga, recayendo el mucho trabajo de los marineros en las fuerzas y vigor de este ganado, desmontando y abriendo camino por las orillas del río a hacer útil estas operaciones.

Para tomar un verdadero conocimiento de todo esto, es menester distintas experiencias que la gravedad del caso lo pide: pues no debemos deferir a la relación de una precipitada y oscura tentativa, que por muchas razones puede engañarnos.

Es característico de todo descubridor ponderar las dificultades y trabajos que ha vencido para hacer valer su mérito, y aun sin faltar a la sinceridad y buena fe, aquellas primeras impresiones suelen causar en el hombre distintas apariencias a proporción de los afectos en que lo cogen. No sería extraño que a Villarino y los suyos, las soledades de aquellos parajes, falta de comunicación, y otros acasos, les produjesen un afecto o pasión odiosa, que en su imaginación elevase a encumbradas montañas de dificultades las colinas o barrancas accesibles.

Cuando descubrieron el Río Negro, el primer piloto de la real armada, don Manuel Bruñel, y el teniente de infantería don Pedro García, en la zumaca San Antonio la Oliveyra, fue tal la impresión que les causó la barra, que retrocedieron al puerto de San José, y dieron por imposible su entrada. Fue Villarino, y demostró lo contrario; y en el día se hace tan fácil, que con viento por la proa a bordos han entrado los bergantines. Si hubiéramos estado a la decisión y informes de aquellos sujetos no hubiéramos visto un desengaño tan claro.

La navegación del Río Negro no se nos presenta imposible, sino dificultosa: esto es accesorio a todos principios, pues las mayores facilidades que despreciamos en el día, en su origen costaría mucho trabajo y vencimiento.

El tiempo, y la demostración práctica de lo importante de esta entrada y camino, subsistiendo el establecimiento del Río Negro, han de dar luz a ir preparando y allanando tanto horror, tanta dificultad como se aparenta, extendiendo sus poblaciones río arriba, que servirán de escala a su comodidad; prepararán mayores intereses al comercio; contendrán el atrevimiento de los indios en los insultos y robos que experimentan las fronteras de Buenos Aires, serán los cimientos más sólidos en que se han de fundar las esperanzas de reducir estos infieles habitadores de los vastos y fértiles terrenos que componen el Huechuhuehuem y faldas de las cordilleras, hasta la Concepción de Chile, cuyas industriosas operaciones en el beneficio de las lanas, de que fabrican ponchos y mantas, el cultivo de la agricultura en que nos imitan, la población fija, aunque muy dispersa de sus domicilios, nos ofrecen las más vastas y felices ideas para la exaltación de nuestra santa Fe, y prosperidad del Estado; y puede llegue el día que a imitación nuestra se rían de estas aparentes dificultades.

Para satisfacer a la segunda objeción, necesitaría enteramente de las pruebas y fundamentos que le da su autor, pues en la primera adquirí algunas noticias que las saqué del diario que llevó Villarino en su navegación. Pero en esta, si es cierto que da por inaccesibles las cordilleras por aquellos parajes, no puedo atinar con ellos, porque no los ha de sacar de su vasta comprensión, ciencias y literatura, si no es en el de un desengaño físico, del que puede dar razón, y estar instruido el rústico más zafio.

Es cierto que las cordilleras son inaccesibles por muchos parajes. Los indios de San Julián contestan, que desde el Estrecho, tirando por la parte del norte, lo son aun para los brutos: lo mismo notó el Super-intendente don Antonio de Viedma cuando reconoció el río de Santa Cruz hasta su naciente[A], pero no debe entenderse con el rigor que piensa el autor, pues solo las encuentra accesibles por el camino que usamos por Mendoza a Chile. Son igualmente transitables desde Huechuhuehuem, o Catapuliché, por el Portillo, a los indios y ganados que conducen. La prueba que doy a esta afirmativa es la uniforme contestación de los indios habitadores de aquellos parajes, a quienes he preguntado con prolijidad repetidas veces, cuyas noticias se fueron comprobando con los descubrimientos de Villarino; ya con haber encontrado cerca del río Diamante, el ganado vacuno y caballar que llevaban los indios hurtado de las fronteras de Buenos Aires, para vender a Valdivia, donde habían ofrecido esta remesa un año antes; y ya por haberle informado estos infieles, cuando llegó al Catapuliché, que había bajado un cristiano de Valdivia, como un día de camino, donde se hallaba, para tratar y ajustar la compra de él, dándole individuales señas de su persona[B].

Todas estas pruebas son de hecho propio: las del autor han de ser de reflexiones y referencias, cuya desigualdad es notoria en la fe de una justificación que está apoyada tan legalmente. Pero enhorabuena, he de conceder la igualdad, que no tienen: en este caso, ¿no debíamos haber ocurrido a Valdivia a examinar y comprobar aquellas citas que eran un verdadero testimonio de la verdad? Pero ¿qué se hizo? Diferir en un todo a la autoridad del autor, como si las inaccesibles montañas, que formaba su imaginación y discurso, fuesen verdaderas.

Supuesto que hay pruebas expuestas a favor y en contra de lo inaccesible o transitable de las cordilleras por el Catapuliché, Huechuhuehuem a Valdivia, debemos estar en favor de estas últimas, a menos que un desengaño físico de personas sinceras y verdaderas hagan ver lo contrario. No podemos dejar de conocer, que nos presenta la naturaleza los dos caminos que llevo propuesto por agua y por tierra a dicha plaza y reino de Chile: pues en los tiempos oportunos no solo se puede navegar como llevo demostrado al paraje donde llegó Villarino, sino de la laguna Huechum-lauquen, o del límite de donde nace el río, que está un día de camino más distante. Desde este sitio a Valdivia echan los indios en mula tres días, por la aspereza de las montañas: tránsito muy corto, comparado con el que media por Mendoza a Chile, que nos franquea menos gastos y otras comodidades.

Desde el establecimiento del Río Negro a la laguna Huechum-lauquen por tierra, su distancia aun no llega a 160 leguas: hasta la punta del Diamante se puede abrir camino muy cómodo para carretas, por la orilla del mismo río, cuyas aguadas es el mayor socorro y alivio del ganado. A este sitio puede conceptuarse 120 leguas: desde él a dicha laguna 40, y desde esta a Valdivia 20; de modo, que siendo toda la distancia 180 leguas, las 120 es camino carretero muy suave y cómodo; las 40 con el tiempo tal vez se pondrán en igual disposición, aplicándose a suavizar algunos malos pasos; y las 20 restantes es el único malo que hay que transitar. Pero este, según lo explican los indios, no tiene aquellos voladeros y precipicios que el de Mendoza a Chile. Compárese, pues, lo dilatado de este desde Buenos Aires, que pasa de 500 leguas, lo penoso y arriesgado de la travesía de sus pampas, por la escasez de agua y indios, con lo corto y suave del que puede abrirse por el Río Negro, y de la seguridad de estos infieles, tomadas sus principales avenidas y puestos, que es otro de los asuntos que más importa a la prosperidad de Buenos Aires, como demostraré en su lugar, por medio de las expresadas poblaciones.

He hablado con concepto a lo que promote lo descubierto en el Río Negro para la plaza de Valdivia; prescindiendo del reconocimiento del río Diamante, o Sanquel, que por la observación hecha por el piloto Villarino, en la confluencia de este río con el Negro, de 38 grados 44 minutos y otras combinaciones y noticias, hay fundadas esperanzas, la tiene con el Tunuyan, que pasa por la ciudad de Mendoza, y a ser ciertas descubren iguales proporciones.

Llegamos ya al punto más importante, y en que estriba toda la felicidad de la Provincia; esto es, en reparar el destrozo de ganado que causan los indios en las dilatadas campañas y fronteras de Buenos Aires; en librar a aquellos infieles de tantas muertes, robos y cautiverios; en aprovechar los inmensos campos que de esta capital median al Río Negro, donde puede dilatarse y fomentarse la cría de ganado, que debe ser otro de los ramos que ha de sostener este establecimiento, y el apoyo de los demás. Los asuntos son gravísimos, pero la felicidad de ellos pende en una misma causa, cual es refrenar a los indios.

Por las noticias adquiridas del reconocimiento del río que hizo Villarino, hemos comprobado los informes que habían dado muchos indios, de no tener otro paso los de la nación Tehuelche, Villiches, Puelches, y otras naciones habitadoras del Huechuhuehuem, y inmediaciones de Valdivia en las cordilleras, que el sitio llamado el Choelechel, para transitar al Colorado, sierras de la Ventana, Tandil, Volcán, Cashuatí, y fronteras de Buenos Aires; por carecer de aguadas los otros parajes, y ser terrenos intransitables. La seguridad de estas particulares noticias me hizo creer se extendía a todas la naciones de indios, que nos causan tanto daño, y que tomando aquel paso estaban sujetos. Este concepto me estimulaba a repetir las instancias al señor virrey para ocuparle y asegurarle.

Posteriormente traté un indio muy ladino, y práctico de aquellos vastísimos terrenos, llamado José Yati, el que me desengañó, informándome, que el Choelechel era paso respectivamente de las naciones de indios que llevo citadas, pero no de todas, pues había otros dos caminos por donde venían, y se internaban: el uno caía a las Salinas, de donde se ha proveído de sal Buenos Aires con las carretas; y es transitado de los indios Peguenches, y

Aucases, cuyo cacique nombran Guchulap, y el otro, más al norte y no muy distante de la ciudad de Córdoba, que frecuentan los de nación Ranqueles.

El motivo de usar de diferentes caminos estas naciones, es por la enemistad que tienen unas con otras, y estar más inmediatos a sus tierras; pues de hacerse comunes en el tránsito, habían de atravesar por las de su convecinos.

Tomando el sitio del Choelechel, ya aseguramos el pasaje para los indios de aquellas naciones, que son numerosísimos: le quitamos estos enemigos a los campos y fronteras de Buenos Aires; y vamos proporcionando la internación, y demás importantes proyectos, que puede atraernos el Río Negro por la parte de Valdivia.

Los otros dos caminos es asunto que merece mayor atención en el día, porque no tenemos conocimiento físico de ellos, lo que no acaece con el de Choelechel: solo hablamos por informes y noticias de los indios, y se necesita un descubrimiento formal de estos parajes para tirar las líneas de su seguridad.

Aun sin la noticia de tan importantes motivos, en oficio de 31 de julio de 1781, propuse al señor virrey cuan útil era ir adquiriendo conocimiento de las nacio

nes de indios que habitaban los campos de Buenos Aires; sus albergues y retiros, donde se ponían a seguro, cuando se veían perseguidos, o atacados de nosotros; a cuyo intento había destinado a los peones, Antonio Godoy y Juan José Gonzáles, que con el pretexto de pasar a sus toldos a comprarles ganado, les llevasen aguardiente, abalorios, y yerba, con cuyas dádivas se iban familiarizando con unos, y tomando noticias de otros; único medio que podía vencer estas dificultades. Iguales diligencias manifesté a dicho excelentísimo señor serían útiles practicar desde la fronteras de Buenos Aires y sus guardias, destinando sujetos adaptados para el caso; con cuyos conocimientos era fácil con dos expediciones que salieran de esta capital y Río Negro contenerlos y refrenarlos.

Esta propuesta no mereció aprobación, y Godoy y Gonzáles habiéndolos mandado con cartas para S. E., y este haber sido el primero que se aventuró a transitar el camino por entre tantos indios, y dado conocimiento para el viaje que hizo el piloto don Pablo Sisur por tierra a dicho establecimiento, tuvieron ambos el desgraciado fin de parar en una cárcel, de cuya prisión los libró su propia inocencia.

No obstante el desprecio con que se trató mi propuesta, los continuados insultos y robos de los indios, obligaron al señor virrey a determinar las expediciones que han salido de Córdoba, Mendoza y esta capital; pero no del Río Negro, que es el paraje más inmediato a ellos. La causa no soy capaz de comprender aunque me dé mucha margen la oposición de los establecimientos. Dios quiera no se malogran estos gastos, por haber dejado libre aquel portillo.

Estas expediciones eran los mejores principios para descubrir y reconocer los dos citados pasos y caminos; porque las de Mendoza y Córdoba deben cruzarlos, y comunicando a sus respectivos comandantes las instrucciones y noticias, con un mismo gasto se levantaban planos de aquellos sitios, acompañándoles sujetos facultativos de sinceridad y verdad, y no llenos de la preocupación que reina de los establecimientos: si acaso se han internado, puede ser que sirvan de mucho sus noticias.

Tomado un verdadero conocimiento de estos pasos y caminos, podían fortificarse, y repararse, extendiendo a ellos las guardias de las fronteras, porque cortadas estas avenidas, y la del Choelechel, quedaban libres las demás campañas, y a Buenos Aires, y poblaciones del Río Negro se daban la mano por tierra para su comunicación, para la cría y fomento de ganado, y para la extensión de sus poblaciones. Véase pues, que ventajas tan grandes resultaban a la provincia, y aun a todo el reino el reconocimiento y seguridad de estos pasos.

Las inmensas indiadas que por ellos bajan a proveerse de caballos y ganados, es una langosta, o plaga de su destrucción: que a no ser unos campos tan dilatados y fértiles, no dejarían casta. El no acabar de apurarles, dan una segura idea de su abundancia y propagación; cesando esta causa será un aumento ventajosísimo para el comercio de la corambre, que, como fruto de la tierra, merece la primera atención por ser permanente y no precario. Las poblaciones de los campos de Buenos Aires irían tomando otro incremento y extensión, particularmente si se reuniesen a ellas los vecinos, que en despoblados dispersos habitan en chacras, como está mandado por repetidas reales cédulas: pues este disimulo es perjudicialísimo al bien espiritual de aquellas almas, y legislación real, porque carecen de instrucción cristiana en nuestros sagrados dogmas; rara vez frecuentan los santos sacramentos de la penitencia, y eucaristía, y casi no tienen, o reconocen a quien obedecer y temer: de modo que poco se diferencian de los indios salvajes.

Este método de gobierno es la destrucción de si mismos, porque la mucha extensión, que media de una chacra a otra, da margen a los indios para robar los ganados, cautivar y matar a sus habitadores, a cuyas desgracias coadyuvan en mayor parte los que frecuentemente se pasan a estos infieles, comunicándoles las noticias y caminos seguros a sus invasiones, de tal modo que ninguna malogran.

Enterado yo en el Río Negro por los mismos indios, y viajes que hicieron los dos expresados peones Godoy y Gonzáles, de esta maldad en los nuestros, han sido repetidas las instancias que he hecho al señor virrey, para que se les castigue con ejemplar rigor al que se aprenda haber incurrido en tan horroroso delito, y juntamente di cuenta a S. E. de uno de estos impíos que los dirigía: el que llegó a tal extremo su crueldad, que no estuvieron exentos de ella sus propios padres, a quien él mismo mató en una de las entradas que hizo con los indios.

Reducidos a poblaciones los vecinos de estas chacras, tendrán diferente instrucción y gobierno, y por medio de padrones donde se anoten, habrá conocimiento de los sujetos que falten en el pueblo, y podrá saberse con otra facilidad su paradero.

No puedo omitir, por el mucho conocimiento adquirido en los cinco años que he estado tratando estos salvajes en el Río Negro, cuan útil nos es el método que observan los franceses en sus Indias con semejantes bárbaros, y con cuanta razón nos lo recomienda el señor Ward en su proyecto económico. Sin tener yo las más leves noticias de estas reglas, las he seguido; y notoria es la buena armonía que he conservado con ellos, y lo útil que han sido al fomento del establecimiento: y no puede decirse que son de mejor índole aquellos que los de estos campos, porque allí han concurrido los que aquí nos dañan. Todos me han conservado una verdadera amistad y buena fe, a excepción de algún robo de caballos, de que aun entre nosotros mismos no estamos libres.

Esta experiencia demuestra la importancia de poner en las guardias, o pueblos que se establezcan, sujetos de afabilidad, talento y juicio para tratar con los indios y que a cambio de abalorios y otros efectos que no nos perjudiquen, se introduzca con ellos comercio de sus propios frutos; como son pieles de liebre, zorrillo, guanaco, y guaracha, riendas, plumeros, ponchos y otros efectos de que abundan: por estos medios con utilidad propia vamos conciliando y adquiriendo su amistad como lo hacen y logran los franceses.

Tengo demostrado el método y esperanzas de las muchas utilidades que podemos sacar del establecimiento del Río Negro, lo vasto y importante de ellas manifiesta la creación o formación de un nuevo reino. Todas acrecientan el comercio, aumentan, o forman un cuerpo de marina mercantil, que es el mayor nervio de la felicidad de una monarquía, y por consiguiente atraen el aumento de las poblaciones. Todo ello no puede emprenderse en la presente época, es menester poco a poco ir adelantando, y dándose la mano uno con otro, a proporción de sus prosperidades y ventajas. Un prudente, sabio y celoso Gobierno, inflamado con el espíritu de patriotismo, sin intermisión de otros entusiasmos, bajo de una protección real, cual logramos en el día, dedicada toda al aumento y felicidad de los vastos dominios que rige, serán las principales bases y columnas donde se apoyen, y sostengan el feliz éxito de estas demostradas utilidades.

Parte tercera

Los cortos principios del establecimiento del Río Negro, y sus obstinadas oposiciones, causa de tantos desperdicios y gastos, [C] le tienen tan en el aire, que al menor huracán, todo él da en tierra. Para su conservación y aumento, se necesita mucho tino y pulso, porque la real hacienda no se halla en estado de gastos, y la multitud de informes y papeles remitidos a la Corte, han entibiado aquel primer fervor con que se promovió, borrando en el real ánimo sus fundamentos y causas, y si ahora no se procura sostener, todo es perdido.

Estas reflexiones me hicieron, o por mejor decir, obligaron a dar el informe de 16 de febrero de este año, que por orden de 14 del mismo me pidió el señor virrey don Juan José de Vertiz, para arreglar el establecimiento en la forma que manda Su Majestad por la real orden de 1.º de agosto. La ciega obediencia y estado deplorable de estos asuntos no me dieron otro arbitrio, que manifestar el modo y forma de su reducción, dejando campo para que tan corta raíz fomentase, y produjese las grandes esperanzas que anteriormente tengo expresadas; pues de haber manifestado yo, que en aquel estado no podía subsistir, preparaba el huracán a su entera ruina.

Allí reformo el establecimiento al solo número de 12 familias; propongo los medios de su conservación y subsistencia, y abro campo con el fomento de la pesca de la ballena, y abasto de la sal para que se sostenga y prospere sin gasto de la real hacienda; y estos medios son los únicos que le han de sostener y fomentar, y los que deben merecer toda la atención del presente Gobierno.

Aunque el primero es de más importancia que el segundo, este es más pronto y fácil, porque el gasto de la Provincia no cesa; y impetrando orden de Su Majestad, para que no se permita en España embarque y conducción de este género a los puertos del Río de la Plata, y se prohiba el que las carretas salgan para las Salinas como hasta aquí se ha practicado, se queda este provecho a beneficio de aquella población, y sus vecinos, ocupados en las tareas de sus acopios y en el despacho de sus frutos, logran la provechosa utilidad de esta industria y comercio; que con la pesca de la ballena establecida en el puerto de San José será más importante.

Si el estado en que se hallan los indios, y expediciones nuestras en su alcance, obligaren a reforzar aquel puerto con más tropa, es otro fomento y utilidad de los vecinos: pues el dinero de su prest lo más queda a su beneficio; procurando ellos hacer fructíferos aquellos terrenos con la industria y trabajo de sus labores, tomando distinto método que el que han llevado, pues ya por su natural desidia y haraganería, y ya por las seducciones con que los desanimaban y entibiaban para que se aplicasen a la agricultura, asegurándoles que pronto los habían de sacar de aquel destino, y mudarlos a los amenísimos campos de Montevideo, que abundan de tanto ganado, que sin molestarse en poco tiempo lograrían enriquecerse, eran los que por todos medios procuraban hacer inútil la población. Y estas influencias les alentaban para dedicar sus clamores al señor Vertiz, ponderando la esterilidad de los terrenos, los peligros a que estaban expuestos los indios, y el rigor del Super-intendente: porque su fervor, eficacia y fatiga no los dejaba dormir en el ocio de su haraganería, y les obligaba a trabajar en la agricultura, por cuyos medios con las producciones de sus frutos ha verificado sus informes.

La conclusión de las obras del fuerte es otro medio que ha de coadyuvar en beneficio de los pobladores, porque el dinero que causen estos gastos, redunda como el prest de la tropa en su provecho, todo ello coadyuva a un mismo fin; pero es menester pobladores activos y industriosos; y este es uno de los puntos más esenciales que debe tener presente el Superior Gobierno, porque o poco o nada servirá se les proporcione trabajo y salida a sus frutos, si dan con hombres que no los aprovechan, antes sí los desprecian.

El gasto que debe reformarse es el que causan a la real hacienda los bergantines destinados a los establecimientos de cuenta del rey, porque este es el de mayor consideración, y solo es útil a sus respectivos patrones o capitanes. Por medio del comercio de sal y pesquería de la ballena se proporciona modo de abastecer el establecimiento de cuanto carezca y necesite, y facilitar el transporte de los destacamentos de operarios y tropa que se mude: para lo primero coadyuva su propio interés, porque estos géneros los venden en el establecimiento, y con sus utilidades sacan el costo del transporte de sal, y a cuenta de ellos pagarán los jornales de saca y conducción al muelle a los vecinos. Para lo segundo podrá estipularse por regalía de estas licencias; y cuando no, menos costo le ha de tener al rey pagar el flete cuando se le ofrezca, que mantener unas embarcaciones, que le han de importar el todo de cada una al año seis mil pesos, y el flete por mucho que suba no ha de llegar a quinientos.

Si tiene efecto el refuerzo de tropa en el Río Negro, tal vez se proporcionará ocasión que contenga a los indios, y libres de recelos los pobladores, puedan extenderse en el ejercicio de la agricultura, y cría de ganado; pues uno y otro han de ser los más sólidos cimientos en que estribe, y se asegure la población, atrayendo mayor número de vecinos, que por sí mismos formen cuerpos para resistirles, y escarmentarles en todo tiempo. Los terrenos, en la proporción que ofrece el río, valiéndose del arte, a poca costa se pueden beneficiar con el riego, como tengo demostrado al señor virrey en oficio de 26 de marzo del año próximo anterior, número 26; y aun sin los medios que allí propongo, si los vecinos son aplicados, con norias que muevan caballos pueden adelantar mucho; mayormente cuando allí no tienen costo, y es muy poco lo que cuesta este ganado.

Todo lo cual parece haber persuadido que los conatos y desvelos de nuestros católicos monarcas en proyectar y promover estos establecimientos, han sido efectos de un profundo conocimiento y estudio sobre la religión y la política; que estas dos bases de todo Gobierno ilustrado y cristiano, fueron el fundamento de las expediciones de Sarmiento. Las de los dos hermanos Nodales, la del capitán Olivares, con los padres Cardiel, Quiroga y Strobl; la del capital de fragata don Francisco Pando; la de don Domingo Perlier, y últimamente las que han salido de Montevideo y Buenos Aires, para las comisiones que se nos han confiado a los dos hermanos; que a pesar de todos los émulos que las quieren contradecir, siempre serán útiles estos establecimientos, por el fomento del comercio que proporcionan en la pesca de la ballena, en la conducción de sal a Buenas Aires, y salida de las carnes de los ganados que crían sus inmensas campañas; por facilitar puerto para hacer más suave la navegación y comercio a la mar del sur, por cerrar y defender la puerta a nuestros enemigos, asegurando lo interior del reino; por los progresos de la extensión de sus poblaciones, porque ellas serán la mejor trinchera que contendrá a los indios salvajes, que a manera de un torrente impetuoso cada día inundan estos campos, llevándose tras sí innumerable ganado caballar y vacuno, asolando las tristes habitaciones de los vecinos fronterizos a esta capital, haciendo que los caminos no sean seguros, y víctima de su furor a muchos desgraciados, que perecen inhumanamente cada día a sus manos, de un modo horrible y espantoso. Y finalmente podrá conseguirse la mayor de las utilidades, que consiste en hacer hombres, y hombres cristianos a este gran número de salvajes. Utilidades que pueden conciliarse sin el dispendio del real erario, y que son las que me propuse describir en las tres partes de esta memoria, en la cual si hubiese alguna expresión menos digna, debe ser atribuida al ardiente celo con que miro estos establecimientos, pues mi ánimo jamás ha sido zaherir con mis expresiones a persona alguna. Todas ellas las sujeto a la superior corrección de V. E.; lisonjeándome, que atendiendo al buen fin con que están dictadas, ha de disimular cualquier defecto que se encuentre. Sí, señor excelentísimo, ¿cómo podré yo dudar que en el ánimo V. E., tengan benigna acogida unos pensamientos dirigidos a la prosperidad del Estado, y al aumento de la religión? V. E., que pesa todas las cosas en la balanza del saber, alcanza mejor que yo, qué materia se le propone para emplear toda la actividad de su celo hacia el real servicio. Ella puede hacer una gloriosa época en los tiempos felices del mando de V. E., quien como siempre hará lo mejor. Buenos Aires, 1.º de mayo de 1784.

Francisco de Viedma

Memoria histórica, geográfica, política y económica sobre la provincia de misiones de indios guaranís por Gonzalo de Doblas teniente gobernador

Discurso preliminar a la Memoria sobre Misiones

El aislamiento en que vivían los padres de la Compañía de Jesús en sus misiones del Paraguay, cuyo acceso impedían a los mismos españoles, ha hecho ignorar hasta ahora el plan de esta singular república, y los arbitrios de que se valían para gobernarla. Las relaciones que se publicaron para justificar su supresión no merecen crédito, por el espíritu que presidió a su redacción y el objeto que se propusieron los que las divulgaban. Ninguno de los miembros de aquella orden famosa se empeñó en rebatir estas calumnias; sea que los desalentase la desgracia, sea por la necesidad que sienten los que sufren males inmerecidos de buscar algún alivio en objetos nuevos y fantásticos. Sin desamparar el estudio, y conservando todos los hábitos de una vida laboriosa y arreglada, los Jesuitas perdieron de vista sus neófitos, y tomaron parte en los trabajos científicos y literarios que ilustraron los últimos años de la pasada centuria. En Roma, en Boloña, en Venecia, se hicieron admirar en las academias los que habían sido declarados enemigos de la sociedad y del trono.

Estos méritos no bastaron a restablecer su crédito, ni a librarlos del anatema de sus perseguidores. Los hombres más imparciales hacían justicia a los individuos, sin aprobar el espíritu de su instituto, sobre todo en lo concerniente a su modo de administrar las misiones del Paraguay.

Lo que más contribuyó a acreditar estas calumnias fue la publicación de una obra, titulada Reino Jesuítico del Paraguay,[8] que el padre Bernardo Ibáñez escribió bajo el influjo de sentimientos rencorosos, después de haber sido expulsado de las Misiones por sus intrigas con el marqués de Valdelirios en tiempo de la guerra guaranítica. Este impostor llegó a Madrid cuando se meditaba la destrucción de su orden, y se coligó con sus enemigos, denigrando a sus propios hermanos. Le salió al encuentro el padre Muriel en su apéndice a la traducción latina de la obra del padre Charlevoix; pero el

---

8   La publicó el Ministerio español en el tomo IV de la Colección de documentos relativos a la expulsión de los Jesuitas, Madrid, 1770, en 4.º

idioma en que redactó sus notas, y el poco interés que inspiraba entonces esta apología, la dejaron ignorada en el público, para quien el silencio suele ser prueba de culpabilidad en los acusados.

Con estas prevenciones, que eran generales en Europa, llegó a Buenos Aires don Félix de Azara, uno de los comisarios españoles para la última demarcación de límites. Empeñado en recoger materiales para la publicación de su obra sobre la historia política y natural de estas provincias, solicitó del administrador de uno de los departamentos de Misiones, que había examinado con más esmero el carácter de los indios y el de sus instituciones, un informe detallado de su origen y progresos, indicando los arbitrios que, a su juicio, podían emplearse para sacarlos de su abatimiento.

Para formase una idea de los males que acarreó a estos pueblos la supresión de la Compañía de Jesús, basta echar la vista al siguiente estado comparativo de su situación en 1768, cuando salieron de las manos de sus doctrineros, y en 1772, cuando pasaron a las de don Juan Ángel de Lascano, su administrador general.

Año	Ganado de rodeo.	bueyes.	caballos.	yeguas.	potros.	mulas.	burros.	burros echores.	ovejas.
1768.	743,608	44,114	31,603	64,352	3,256	12,705	6,058	1,411	225,486
1772.	158,699	25,493	18,149	34,605	4,619	8,145	5,083	109	93,739
Falla	584,909	18,621	13,454	29,747	4,560	975	1,302	29,747	

La población disminuyó, si no en los mismos términos, al menos de un modo notable, llegando por último hasta dejar yermos los pueblos y solitarios sus campos. El de Candelaria, donde residía el autor de este informe, una de las principales reducciones de los Jesuitas, es en el día un montón de ruinas, y el mismo aspecto de desolación presentan los demás pueblos. Esta decadencia, que no podía atribuirse a los estragos de la guerra, que nunca asoló aquella provincia, era efecto inmediato de los vicios, o más bien de la incompatibilidad del nuevo régimen que se estableció en los pueblos de Misiones con el genio desidioso y apático de sus habitantes. El autor de la memoria da a esta conjetura toda la fuerza de una verdad, apoyándola en una serie de observaciones sobre las inclinaciones y hábitos de sus administrados.

Sagaz en sus investigaciones, y exento del espíritu de rutina que prevalecía en su época, descubre con una severa imparcialidad todos los defectos del nuevo gobierno económico, introducido por España en los pueblos de Misiones, y propone otro en que no supo evitarlos, substituyendo al sistema de comunidad, que formaba la base del régimen Jesuítico, el de factoría, que solo difiere en el nombre.

Las objeciones que le hizo Azara sobre esta parte de su memoria le parecieron tan convincentes que le obligaron a refundirla en un nuevo escrito, que tituló: Disertación que trata del estado decadente en que se hallan los pueblos de Misiones, con los medios convenientes a su reparación. Como estos pensamientos han dejado de ser aplicables a la situación presente de aquellos pueblos, hemos prescindido de publicarlos, contentándonos con haberlos mencionado para acreditar el celo perseverante de don Gonzalo de Doblas.

Nacido en 1744, en el seno de una familia distinguida de la villa de Iznájar en el reino de Andalucía, abandonó la carrera del comercio, a que lo destinaban sus padres, para dedicarse al servicio público. Pasó a América en el año de 1768, y por una singular coincidencia se embarcó en el mismo jabeque que llevaba al gobernador Bucareli la cédula de supresión de la Compañía de Jesús, cuyas tareas estaba destinado a continuar en sus establecimientos de Misiones.

Su carácter afable y una razón despejada le ganaron la benevolencia del virrey Vertiz, que en 1781 le nombró teniente de gobernador del departamento de Concepción. En la memoria inédita que acabamos de citar, da cuenta él mismo de las disposiciones en que se hallaba cuando tomó posesión de su empleo. «Lo primero que se presentó a mi examen y consideración fueron las infelicidades y miserias de aquellos naturales, que bajo de un clima excelente y en terrenos fertilísimos, con cuantas proporciones se pueden apetecer por las comodidades de la vida y del comercio, se hallaban reducidos al estado más infeliz a que pueden bajar los hombres... Sentía que unos seres inteligentes y racionales, iguales míos por naturaleza, estuviesen, sin culpa suya, sumergidos en la ignorancia y privados de disfrutar de los derechos y halagos de la sociedad, y de las mismas producciones que les prodigaba su suelo natal».

Estas reflexiones envolvían un problema interesante, que emprendió a examinar, y de cuya solución se ocupó con más fervor para satisfacer los deseos de Azara. A más de la copia que puso en manos de este jefe, sacó otras para los brigadieres Alvear, Lecoq, Varela, y para los virreyes Loreto y Avilés, que la juzgaron distintamente. Pero Varela a su regreso a España la elevó al conocimiento del rey, que se manifestó dispuesto a adoptar en gran parte el plan de reforma trazado por el autor.

Mientras esto sucedía en Madrid, Doblas fue reemplazado en su gobierno, y llamado a plantificar la población de Quilmes. Antes de salir de Misiones fue a reconocer la Isla de Apipé en el Paraná, y llegó a su destino poco antes de la segunda invasión de los ingleses, contra la que presentó también un plan de defensa.

Tantos méritos, contraídos en una larga y laboriosa carrera, no le merecieron más recompensa que la de recibir los despachos de teniente coronel; bajando al sepulcro, a principios de 1809, lleno de inquietudes sobre la suerte futura de su familia, a quien solo legaba un nombre sin tacha.

Gran parte de estos recuerdos, honrosos para su memoria, se hubieran borrado sin el laudable empeño del señor canónigo doctor don Saturnino Segurola de acopiar en su biblioteca el fruto de tantos trabajos, y de franquearla generosamente a los que quieren aprovecharla.

Buenos Aires, noviembre de 1836.

Pedro de Angelis

Al señor don Félix de Azara
capitán de fragata de la Real Armada, y comandante de la tercera partida de la demarcación de límites con Portugal por la provincia del Paraguay.

Muy señor mío:
Aunque mi deseo y la obligación de servir a usted me han estimulado a formar con la mayor brevedad la relación de noticias que usted me dejó encargadas cuando se retiraba de estos pueblos después de verificadas

sus observaciones astronómicas, mis muchas ocupaciones, que le han sido notorias, me han impedido por algún tiempo el aplicarme a esta gustosa ocupación; pero, al fin, en los intervalos que los asuntos de mi obligación me dejan libres, y hurtando algunos ratos al preciso tiempo de mi descanso, determiné aplicarme con empeño y tesón, para no retardar más lo que tal vez le estará haciendo falta para perfeccionar su obra. Algo dilatado será este papel; pero, de todas las noticias que yo amontonare en él, podrá usted elegir las que le sean más oportunas, y desechar las menos necesarias; y si entre ellas encuentra usted algunas que puedan ser útiles al servicio del rey, bien de estos naturales, o engrandecimiento del estado, podrá usted valerse de ellas en los términos que tenga por conveniente; pues me compadezco de ver una provincia tan fértil como ésta, y que ni sus habitadores ni el rey disfruten las conveniencias y adelantamientos que les está ofreciendo.

Si mi intento fuera dar a usted una historia completa de esta provincia, sería preciso comenzar a lo menos desde que fueron reducidos estos naturales a poblaciones, y describir los diferentes parajes a que en distintas ocasiones han sido trasladados los más de los pueblos, con otras particularidades y noticias que hicieran amena la lectura. Esto pedía mucho tiempo para examinar los varios escritos que hay sobre ello, juntar las tradiciones de los naturales y, entresacando lo más conforme a la verdad, desechar lo que ha sido introducido por voluntad o interés de los escritores; pero, no siendo mi ánimo otro que el de instruir a usted de aquellas noticias que conceptúo pueden convenirle, o redundar en beneficio de estos naturales y aumento del real erario, me ceñiré a solo aquello que me parece conduce a este fin; y si a usted le conviniese para otros particulares algunas noticias más, podrá pedírmelas, con la seguridad de que no perdonaré fatiga ni diligencia hasta conseguir el satisfacer a usted.

Su atento y seguro servidor,

Gonzalo de Doblas.

Primera parte. Descripción del país, de sus habitantes y producciones

Esta provincia de Misiones está situada entre los 26.º y 30.º de latitud meridional, y entre los 319.º y 323.º de longitud, contados desde la isla de Ferro. Se compone de treinta pueblos de indios, de la nación Guaraní, comúnmente llamados Tapes; su número en todos los pueblos ascendía el año de 1717 a 121.168 almas, en treinta y una reducciones que entonces había, según lo refiere el padre Juan Patricio Fernández, de la Compañía de Jesús, en su *Relación histórica de los Chiquitos*. El año de 1744 se contaban en los treinta pueblos que hay al presente 84.606 almas, según se hallan numeradas en un mapa de esta provincia impreso en Viena. Al tiempo del extrañamiento de los Jesuitas, curas de estos pueblos, se hallaron más de 100.000 almas; y al presente pueden computarse, los que existen numerados, en 60.000 almas, y en más de 8 o 10.000 los que no están empadronados, porque andan fugitivos de sus propios pueblos, dispersos en la misma provincia, y fuera de ella, en las jurisdicciones del Paraguay, Corrientes, Santa Fe, Buenos Aires, Montevideo, Arroyo de la China, Gualeguay y otras partes. El temperamento es benigno y saludable, y aunque se distinguen las estaciones de invierno y estío, ni uno ni otro son rigurosos, sucediendo en esta provincia lo que es común a la de Buenos Aires y del Paraguay, de experimentarse muchos días de calor en el rigor del invierno, y otros fríos en el verano. Es el aire más húmedo que seco, a causa de los muchos bosques y ríos, y en los pueblos inmediatos a ellos se experimentan en el invierno frecuentes neblinas, que duran hasta las 10 del día. Son frecuentes los huracanes, y mucho más las tormentas de truenos, en que caen algunas centellas, y no se experimentan terremotos. La tierra es regularmente doblada, no se encuentran cerros de mucha elevación, ni llanuras dilatadas; tampoco hay serranías, y las que principian entre el Paraná y Uruguay, cerca de los pueblos de San José y Santa Ana, pasando por el de los Mártires, y siguiendo hacia el este, por el del Corpus y el de San Javier, son de poca elevación, y todas ellas están cubiertas de bosques inaccesibles por su espesura. En lo restante de la provincia hay muchas isletas de árboles, unas en las cumbres de los cerrillos y otras en los terrenos más bajos y orillas de los arroyos y ríos, dejando lo demás de la tierra enteramente limpio; de modo que donde hay árboles es tanta la espesura desde su orilla, y tan cubiertos de maleza, que es muy dificultoso el entrar a ellos, y en los terrenos descubiertos apenas se ve un árbol. En estos bosques, así en los que se hallan en las alturas como en los valles o quebradas, se encuentran muchas maderas de varias especies, a propósito para construcción de embarcaciones, fábricas de casas y muebles; algunas bastante preciosas, que para especificarlas todas se necesitaba una prolija relación que omito, porque hasta con que usted sepa que en maderas y frutas silvestres son estos montes unos mismos con la provincia del Paraguay. No obstante, si usted necesita la noticia extensiva de todas ellas, con su aviso la formaré y se la remitiré.

Toda la provincia la atraviesan los dos grandes ríos, Paraná y Uruguay, acercándose entre sí desde Corpus a Candelaria el Paraná, y desde San Javier hasta cerca de Apóstoles el Uruguay, de modo que entre uno y otro apenas mediará de 15 a 18 leguas comunes. En ellos desaguan muchos riachuelos y arroyos, que dentro de la misma provincia tienen su origen y que son a propósito para fomentar la agricultura con el beneficio de los regados; así estos arroyos, como las muchas fuentes que hay en todas partes, deben su origen a algún pantano grande o chico, según el caudal del manantial de que se forma.

La calidad de la tierra es gredosa, mezclada con cieno o tierra hortense, con mucho esmeril y alguna arena; su color es rojo casi como la almagra, y solo en algunos bajíos se halla tierra negra, que al parecer es compuesta de los residuos de los vegetales que por la humedad de los sitios crecen y se multiplican allí más que en otras partes. Es asimismo muy pedregosa y generalmente fértil, principalmente en las faldas de los cerros cerca de los montes y en los rozados; y sin embargo de lo poco que los naturales cultivan la tierra para sembrarla, recogen abundantes cosechas, particularmente de toda especie de legumbres. El trigo, aunque no rinde tanto como en Buenos Aires, con todo se recogen buenas cosechas, siendo lo regular dar diez por una. El arroz se cría bien, y viene con abundancia, el maíz lo mismo, y todo cuanto se siembra produce bien. Lo mismo sucede con los demás frutos comerciables. Los árboles de la yerba nombrada del Paraguay, se crían muy bien en los mismos pueblos, y todos tienen inmediatos a ellos algunos yerbales que han plantado y cultivan, de los que benefician todos los años para su gasto, y remitir a Buenos Aires. A estos naturales les es mucho más fácil y cómodo que a los vecinos del Paraguay el extraer de los yerbales silvestres grandes porciones de yerba, porque, además de estar no muy lejos los montes, tienen la comodidad de traerla por los ríos. El algodón se cría bien y produce con abundancia; la caña de azúcar, aunque no con tanta generalidad como en el Paraguay, en algunos pueblos se cosecha mejor que en aquella provincia. El cacao es sin comparación de mejor calidad el que se beneficia en estos pueblos que en el Paraguay. El añil se cría muy frondoso, aunque hasta ahora no se sabe su calidad, porque falta quien lo beneficie. Las batatas y mandiocas son el principal renglón para el alimento de estos naturales; y, en fin, cuantas simientes se arrojan a la tierra producen con abundancia; de modo que, si hubiera estímulo que obligara a los hombres a aplicarse a la agricultura, no faltarían en todo el año en las huertas cuantas verduras se recogen en las de los otros países en las varias estaciones del año. Lo mismo digo de las frutas, todos los frutales se crían y fructifican bien, particularmente los naranjos y limones, que crecen hasta llegar a una corpulencia desmedida. Las vides se crían bien, y dan muy buena uva, y en otros tiempos se ha hecho algún vino en los pueblos que lo han intentado; particularmente en el pueblo de la Cruz, en donde consta se hacía bastante y muy bueno en tiempo de los ex-jesuitas. Los ganados de todas especies se conservan y multiplican muy bien; y, en fin, por cuantos lados se miren estos terrenos se encontrarán los más fértiles y de mejores proporciones para formar una provincia la más comerciante; y, por consiguiente, si no la más rica, a lo menos la más cómoda de todo este virreinato.

Inmediato al Paraná, en una y otra banda, cerca de los pueblos de Candelaria y Santa Ana, hay minas de exquisito cobre; pero, aunque se trabajaron después de la expulsión, fueron abandonadas, porque no alcanzaban las utilidades a sufragar los costos; y aunque se asegura que las hay de azogue y de otros metales, hasta ahora no he visto prueba que me convenza de su existencia. También hay en muchos parajes minas de cristal de roca muy superior; éste se cría en el corazón de pedernales huecos de varios tamaños, y que en mi concepto crecen. Allí están embutidas las piedras por toda la circunferencia interior como los granos de una granada, pero dejando hueco en el centro, hacia donde todas terminan en punta con varias superficies, tan iguales que parece que con arte han sido colocadas y labradas. Algunas de estas piedras son moradas, tan diáfanas y duras que no me queda duda son amatistas finas; y es de creer que, si en los parajes donde se hallan en la superficie de la tierra se buscasen en su interior, tal vez se encontrarían algunas de valor.

En toda la provincia hay canteras de piedra para edificios, muy dóciles de labrar y de mucha consistencia para permanecer. De estas canteras sacaron los ex-jesuitas algunas columnas de cuatro y aún más varas de largo, muy sólidas y de superficie muy igual; en algunas son las piedras de la propiedad de las pizarras, compuestas de varias vetas que se desunen con mucha facilidad, formándose lozas de superficie tan igual que no es menester labrarlas. En el pórtico de la iglesia de San Ignacio Miní hay tres de estas losas, que la mayor tiene más de quince pies de largo y diez de ancho, y las otras dos son poco menores. Otra especie de piedra hay muy tosca, pero facilísima de labrar, y según su peso y algunas señales de ella parece vena de fierro, y es la que más comúnmente se emplea en las paredes de los edificios.

Las yerbas medicinales que se encuentran son muchas; los indios las usan en sus enfermedades, dándoles nombres propios en su idioma, pero el beneficio de su conocimiento no se podrá lograr con utilidad entretanto no se destine un inteligente que descubra sus virtudes y determine sus usos.

De los renglones más necesarios a la conservación y comodidad de los hombres solo faltan dos en esta provincia, que son la sal y la cal; del primero es preciso abastecerse de Buenos Aires o del Paraguay, y el segundo se suple, para blanquear las iglesias y habitaciones, con caracoles grandes calcinados, que los hay en los campos con mucha abundancia, y de ellos se hace exquisita cal, pero ésta solo alcanza para blanquear y no más.

En esta provincia son muy pocos los insectos que incomodan a los hombres. Las pulgas, chinches y piojos son raros. Mosquitos apenas se ve alguno dentro de las habitaciones, aunque en el campo los hay de varias especies que incomodan a los animales y a los hombres. La única molestia que hay en los pueblos es la de los que llaman piques, que son unos insectos que se introducen por el cutis en los pies, allí toman incremento y multiplican su especie prodigiosamente; pero, además de la facilidad de extraerlos, en teniendo un poco de aseo en las habitaciones se pasan muchos meses sin experimentar esta molestia.

Hay también víboras de muchas especies, y algunas de mortal veneno, pero no son tantas como se dice, y en los poblados raras veces se ve alguna.

En los montes y campos se crían tigres, leopardos, zorras, antas y avestruces, pero por lo regular no molestan a los hombres. Hay asimismo muchas aves particulares, como son loros, que los hay de muchas especies, guacamayos, cuervos blancos y tucanes; estos últimos son del tamaño de una paloma, y su pico tiene de largo una sesma de vara, y dos pulgadas y media de grueso; es también muy abundante de palomas torcazas, tórtolas, patos grandes y chicos, y muchos pájaros pequeños comestibles.

El clima es tan saludable que apenas se encuentra otro que lo sea más, aun para los forasteros; solo los que se entregan al vicio de la incontinencia experimentan los estragos del mal venéreo de que los naturales están bastante tocados, aunque en ellos no se experimentan los fuertes efectos que en los españoles; y aunque en algunas estaciones del año, particularmente en el otoño, se experimentan fiebres intermitentes, que aquí llaman chuccho, son de tan poca malicia que si alguno muere es por falta de asistencia. Solo las viruelas y el sarampión son los que causan estragos horrorosos; bien es que éstos provienen en parte de que, pasándose muchos años sin experimentarse estas epidemias, cuando acometen, como son pocos los que viven que las hayan tenido, y se extiende prontamente el contagio, no se halla quien asista a los enfermos, porque todos huyen de que se les comuniquen, con que no es mucho que mueran casi todos, siendo maravilla el que escape alguno a esfuerzos de la naturaleza. Yo me compadezco mucho de la miseria que padecen en sus enfermedades; y aunque he procurado proporcionarles los auxilios que me han parecido oportunos para su alivio en todas sus dolencias, no lo he podido conseguir como lo he deseado, porque cuanto se destina para los enfermos lo consumen los mismos por cuya mano se le suministra, sin que hayan bastado cuantas providencias y arbitrios he imaginado para evitarlo.

En toda esta provincia no he visto ni tengo noticia haya ningún loco ni demente; son raros los paralíticos y defectuosos y no se experimentan muchas enfermedades crónicas.

Esta provincia se compone de pueblos, todos ellos tan semejantes los unos a los otros que visto uno están vistos los demás; y aunque usted los tiene observados, le mando el plano del de Candelaria y el de Concepción, para que pueda satisfacer la curiosidad de otros. Sus casas son de teja, a excepción de los de San Cosme y Jesús, que la mayor parte son de paja. La figura de los edificios o casas de los indios es la de un galpón de 50 a 60 varas de largo y 10 de ancho, inclusos los corredores que tienen en contorno; son muy bajas, y cada galpón se divide en 8 o 10 divisiones. Las iglesias son bastante suntuosas y grandes, pero de irregular arquitectura y poca duración, por lo corruptible de sus materiales que son de madera. Los ornamentos, vasos sagrados, alhajas de plata y oro de que son servidas, son tantas, y en algunas tan preciosas, que pueden competir con las mejores catedrales de América. Las casas principales, llamadas comúnmente colegios, son muy capaces y cómodas, regularmente situadas en parajes de deliciosa vista.

Son estos naturales de regular estatura y disposición; su color es moreno algo pálido, particularmente las mujeres, las que, sin embargo de andar todas descalzas y casi desnudas, y estar ordinariamente ocupadas desde niñas en los trabajos de agricultura, como son carpidos y otros, se admira lo pequeño y bien formado de sus pies y manos, y buena disposición de sus cuerpos. Son todos de regular habilidad y comprensión en cuanto se les aplica; comprenden más por la vista que por el oído; cualesquiera cosa que se les pone por delante, la imitan con bastante perfección; pero, por más que se les explique lo que no ven, no aciertan con ello. Son tan humildes y obedientes, particularmente a los españoles, y a los que reconocen superiores, que obedecen ciegamente y sin examen cuanto se les manda. Son tenidos comúnmente por perezosos, fundándose en que es preciso compelerlos con rigor al trabajo, no tan solo para lo que es de comunidad, sino también para lo que es propio de ellos. También son tenidos por ladrones diestros, y, en efecto, el menos notado de este vicio es el que no busca la ocasión, porque al que se le presenta no la pierde.

Es grande la inclinación que tienen estos indios a saber, de modo que siempre que se les proporciona ocasión de instruirse la aprovechan. Todo aquello que ven ejecutar a los españoles procuran imitarlo, y ponen atentos oídos cuando en su idioma se los refieren algunos puntos de historia, o se les hace relación de algunas particularidades de Europa, refiriéndolas ellos entre sí con gusto y admiración. Pero la lástima es que tienen cerradas las puertas a toda instrucción; ellos no entienden nuestro idioma, y en el suyo no hay quien les dé noticia de nada, sino únicamente de las cosas más precisas de la religión; no tienen libros en que aprender, ni objetos que mirar, con que es preciso que su imaginativa esté perpetuamente en inacción, y por consiguiente vivan envueltos en las tinieblas de la ignorancia.

Asimismo es grande en ellos la inclinación a tratar y contratar continuamente, cambiar unas cosas por otras; pero, como no tienen conocimiento del verdadero valor de ellas, por casualidad se verifica un trato con igualdad, y sucede muy frecuente el engañarlos algunos españoles de pocas obligaciones que clandestinamente tratan con ellos, sin que el gobierno ni los administradores puedan remediarlo; porque, aunque muchas veces se les hace ver el engaño que han padecido, no hay forma de persuadirlos a que no compren ni vendan por sí solos, teniendo por mengua el que los consideren incapaces de comprar y vender. Pero algunos, que en esta parte se han aventajado a los demás, no es fácil el que los engañen, pues saben muy bien darle la estimación a las cosas que poseen.

Todos ellos son inclinados a mandar y anhelar por cualesquiera empleo y ocupación por despreciable que sea; y procuran desempeñarlo el tiempo que les dura, y manifiestan mucho sentimiento cuando, fuera de tiempo y por algún motivo que hayan dado, se les priva del empleo, teniéndolo por mengua y deshonor; sienten asimismo las palabras injuriosas, y el estar en desgracia del que los manda, de modo que, en cometiendo alguna falta, aunque sean los muchachos, desean que luego los azoten, y no los maltraten de palabras, para volver a la gracia de sus superiores. Es en ellos circunstancia apreciable para emplearlos la elocuencia y persuasiva, y tienen en poco al que le falta esta prerrogativa, aunque tenga otras recomendables; se precian mucho de vergonzosos y pundonorosos, pero por falta de educación y de ideas no saben usar rectamente de estas virtudes. En ellos no es deshonor el emplearse en oficios ruines, aun los que acaban de obtener los empleos más honoríficos, porque no conocen ni distinguen lo noble de lo uno, ni lo ruin de lo otro. Tampoco es deshonor el que los azoten cada día, bien es que, si esto lo fuera, muy raro sería el que no se considerara deshonrado. La incontinencia de las mujeres, así solteras como casadas, se mira con indiferencia; aun los mismos maridos paran poco la consideración en eso, y así se entregan las mujeres al apetito de los hombres, particularmente si son españoles o mandarines, con poca repugnancia y ciega obediencia, tal es la disposición de su ánimo a obedecer a todos los que consideran superiores. Son inclinados estos naturales, como todos los indios, a la embriaguez, pero no la practican, porque no tienen proporciones para ello, y porque se castiga al que se embriaga; si alguno cae en este vicio es por causa de algunos inconsiderados españoles, que por obsequiarlos les dan bebida. Son también muy amantes de la música, a cuyo ejercicio se aplican sin ser compelidos, y así en cada pueblo hay infinidad de músicos; los tambores y todo instrumento estrepitoso son muy de su gusto, y así les acompañan para todo. No hay faena a que no se destinen tres o cuatro tamboriles que estén tocando entre tanto los otros trabajan, y se conoce desmayo en ellos cuando no tocan al tiempo que faenan. Son muy sufridos en todos los trabajos; apenas se les oirá quejarse, ni aun cuando rigurosamente los azotan, ni cuando por algún descuido son heridos de algún gran golpe en los obrajes o faenas. Lo mismo sucede en sus enfermedades, por agudos e intensos que sean sus dolores, solo se les conoce porque ellos lo dicen cuando se les pregunta, o porque a la naturaleza del mal son inseparables algunas señales de sentimiento; pero ellos los sufren con una constancia y serenidad que admira. Yo me dedico bastante a visitar los enfermos, y en estas visitas, y en las veces que acompaño al Santísimo Sacramento cuando se les da por viático, nunca he visto ni a un solo enfermo desasosegado; siempre fijos en la hamaca o catre sobre un cuero, que es regularmente su cama, parecen difuntos, según la quietud con que se mantienen; solo se conoce están vivos por el movimiento de los ojos, o por lo que responden cuando se les pregunta; así permanecen hasta que mueren o sanan.

En sus casas se tratan con mucha indecencia y desaseo; regularmente andan desnudos los padres y las madres delante de los hijos e hijas, aun siendo adultos, y éstos lo mismo delante de sus padres; y no tan solamente los de una propia familia, sino también los de otras que viven dentro de una sola habitación, pues son inclinados a vivir muchos juntos. Esto parece lo hacen porque en ello encuentran alguna conveniencia, pues con un solo fogón guisan la comida, se calientan y alumbran, y aun juntan sus viandas y comen juntos; y como todo esto lo hacen dentro de la vivienda en que asisten, la tienen tan inmunda, negra, llena de humo y hediondez, que es repugnante entrar en ellas, y contribuye no poco a su desaseo y abatimiento.

Los indios tratan regularmente a sus mujeres, y las tienen como muy inferiores a ellos, y las obligan a todo género de trabajo, así en sus chacras en las labranzas y carpidos, como en sus casas en hilados y traer a ellas todo lo necesario para la comida y disponerla, excusándose ellos cuanto pueden del trabajo y cargándole a la mujer, a la que no pocas veces maltratan inhumanamente, pareciéndoles le es lícito y pueden hacerlo, y de esto es rara la vez que la mujer se queja, aun sabiendo que la justicia castiga severamente a los que así se portan.

Los padres de familia cuidan poco o nada de la educación de los hijos, ni de su alimento y vestuario, porque de todo ha de cuidar el común, quien a su placer los emplea donde y conforme les parece, desde que son capaces de hacer algo; tampoco anhelan por adquirir bienes que dejarles a sus hijos, ni tienen idea de lo que es herencia, ni aun de la propiedad actual de las cosas, porque la costumbre de dejarlas, y de verlas dejar de otros para ir a donde el común los destina, les hace mirarlas con indiferencia y abandonarlas sin sentimiento. Resisten con notable constancia el trabajo y la hambre, pasándose muchas veces todo el día trabajando, sin haberse desayunado y sin manifestar flaqueza; pero al mismo tiempo admira lo que comen cuando lo tienen. El vestido regular en las mujeres es una especie de saco de lienzo de algodón, a que llaman tipoy, sin mangas ni cuello, sino solo unas puntadas por una de sus bocas con que lo acomodan al cuerpo; otras forman con lo mismo una camisa larga a manera de una alba que es algo más decente, aunque ya esto está bastante mejorado.

Son estos naturales muy amantes al rey, y muy obedientes a todo cuanto se les manda en su real nombre; en los cabildos el común modo de explicarse y de persuadir a los otros a que hagan lo que deben es decirles que así lo manda Dios y el rey. Cuando alguno viene a pedir alguna gracia o justicia, su introducción es: «Dios y el rey os ha mandado para que nos amparéis como a pobres miserables que somos, y así en su real nombre os suplicamos, etc.». Y de este modo se explican en todos sus razonamientos, trayendo siempre juntos a Dios y al rey.

Del mismo modo aman a los españoles, y viven persuadidos que cuanto bien poseen lo deben a ellos, pareciéndoles que si los desamparasen perecerían; y se maravillan de que dejemos nuestras casas, parientes y amigos solo por venir (como ellos dicen) a cumplir la voluntad de Dios y del rey en beneficio suyo.

Estos pueblos, desde su reducción, se han mantenido y mantienen en comunidad; y aunque este método de gobierno sería útil a los principios, después no ha servido, en mi concepto, sino a impedir los progresos de policía y civilidad, los que subsistirán del mismo modo, entre tanto no se mude de gobierno, dando entera libertad a los indios como dicta la misma naturaleza. Pero antes de tratar de esto será bueno el dar a usted una idea de lo que fue esta comunidad en tiempo de los Jesuitas que la establecieron, y lo que es al presente desde su expulsión, con las consecuencias precisas que se siguen de ella.

Como la vida de estos naturales, en su gentilidad, era el andar errantes por los montes en pequeñas familias o cacicazgos, alimentándose de frutas silvestres, miel de abejas, que las hay en los montes de muchas especies, de los animales que cazaban, y tal vez de algunas semillas que sembraban; fue preciso, para reducirlos a pueblos y educarlos en nuestra santa fe, el proporcionarles el sustento fuera de los montes en que antes lo encontraban. Para esto parece no se presentaba mejor método, atendiendo a su rudeza, que el que eligieron aquellos primeros doctrineros, que fue constituirse cada uno en su reducción como padre temporal de sus neófitos, persuadiéndolos y obligándolos a sembrar de común, recoger y guardar sus frutos, y distribuírselos con economía, de modo que no les faltase en todo el año; y así en todo lo demás que establecieron con el tiempo, y que uniformemente practicaban en todos estos pueblos.

Por algunos cuadernos que existen del tiempo de los expatriados, por la costumbre de los indios y por las noticias que con facilidad se adquieren, se sabe con toda certeza que el gobierno de estos pueblos, al tiempo de la expulsión, era el siguiente. En cada pueblo había un corregidor indio, un teniente de corregidor, dos alcaldes y algunos regidores, y otros individuos de cabildo, todos sujetos enteramente a la dirección y voluntad del cura. Así mismo, había una casa grande contigua a la iglesia, con muchas viviendas, oficinas y almacenes, a la que llamaban colegio, que servía de vivienda a los padres, de almacenar los frutos y efectos de sus manufacturas y de oficinas para todos los oficios que mantenían. Cada pueblo tenía su estancia o estancias, bien provistas de ganados de todas especies, todo al cargo del cura que administraba los bienes de comunidad.

A los indios en aquel tiempo no se les permitía propiedad en cosa alguna, pues, aunque a todos se les obligaba a tener chacras propias, y se les daba tiempo para que las cultivasen, éstas habían de ser del tamaño que el padre quería y en el paraje que él señalaba, y sus frutos los habían de consumir y gastar conforme a la voluntad del padre; y, en fin, en un todo habían de vivir sin libertad.

Cada semana señalaban los tres primeros días para que todos los indios trabajasen para la comunidad, en los trabajos que el padre disponía, y los tres restantes habían de ir a trabajar a sus chacras, lo que asimismo celaba el padre que lo cumplieran, castigando a los que faltaban a ello.

Para los tejedores y demás empleados en oficios o faenas, como asimismo para las viudas, huérfanos y viejos, sembraban una grande chacra, cultivándola como lo demás de comunidad, y sus frutos los repartían entre aquellos para quien se sembraba.

A las indias repartían regularmente diez y ocho onzas de algodón a la semana, en dos porciones y en distintos días, las que traían en los mismos, seis onzas de hilo en dos ovillos. En esto había alguna diferencia de unos pueblos a otros, como asimismo en la cantidad de algodón; pues, si el hilo había de ser para lienzo grueso, la tarea era como queda dicho, pero, si había de ser para mediano o delgado, era menor, proporcionado a la calidad del hilo. Y como los carpidos de los algodonales y de otros sembrados los habían de hacer las indias, cuando las ocupaban en estos trabajos no les daban tarea de algodón sino a las embarazadas, a las que estaban criando y a otras que tenían legítimo impedimento para salir al campo. Lo mismo hacían con los muchachos y muchachas, que corrían, hasta que se casaban, al cargo del padre, así en el alimento y vestido como en la educación y aplicación al trabajo.

Tenían en cada pueblo una casa en que recogían a las indias de mal vivir, a los enfermos habituales y viejos impedidos; allí los sustentaban y vestían, aplicando cada uno a lo que podían.

Cuidaban de los enfermos con aquella asistencia que las circunstancias permitían; la falta de médico la suplían con enfermeros, que llamaban curusuyás, que a lo más sabían sangrar y aplicar algunos remedios que el padre le decía eran buenos, o a ellos les parecía lo eran. Éstos tenían obligación de visitar a menudo los enfermos, cuidar que la comida, que el padre les hacía disponer, se les llevase y comiesen, y principalmente el avisar al cura cuando les parecía estaba alguno de peligro, para que le administrase los santos sacramentos, pues los de casa, por más inmediatos que fueran, se consideraban desobligados de esto.

Todos los frutos de comunidad se recogían y almacenaban en el colegio, de los cuales los que eran comerciables los despachaban fuera de la provincia, la mayor parte a Buenos Aires, y con su producto pagaban los tributos, diezmos, etc. El sobrante lo retornaban en efectos para el consumo de los pueblos, de los que mucha parte se invertía en adornos y alhajas de las iglesias, en algunos efectos comerciables, y una no pequeña parte en comprar vestidos costosísimos, que más servían de ridiculizar que de adorno en sus festividades.

Uno de los mayores cuidados de los curas, y tal vez el mayor, era el mantener una perfecta igualdad entre todos los indios, así en el traje como en la asistencia a los trabajos; de modo que el corregidor y corregidora habían de ser los primeros en concurrir al paraje en donde debían acudir todos, y así los demás de cabildo y sus mujeres. A ninguno permitían calzado, ni distinguirse en la ropa, ni modo de traerla, todos habían de ser iguales, y solo se distinguía el cabildo en las varas y bastones, y los días de fiesta o de función en los vestidos que la comunidad tenía guardados para aquellas ocasiones. Los caciques eran regularmente los más miserables; raro es de los de aquel tiempo el que sabe leer; y no los ocupaban en empleo alguno, o, si lo hacían, era con alguno muy raro. Así, se conoció al tiempo de la expulsión que en los treinta pueblos solo había tres o cuatro caciques corregidores; sin duda recelaban que, juntándose a la veneración que los indios tienen a sus caciques, la que les correspondía por el empleo, quisieran tener más autoridad que la que en aquel tiempo convenía.

Cada semana daban, dos o tres días, ración de carne, o conforme el pueblo podía, y en los demás les daban menestras o carne en las faenas, particularmente a los muchachos y muchachas, a quienes siempre les daban cocida la comida; y en los años estériles, en que no recogían lo preciso en sus chacras, les repartían de la comunidad lo necesario para que no padeciesen; y lo mismo hacían con el vestuario, al que ocurrían conforme la necesidad pedía.

Ya usted ve, amigo mío, que éste era un régimen excelente practicado con pupilos, o por un padre con sus hijos entretanto están bajo la patria potestad, pero no para formar pueblos con ánimo de que sus habitadores adelantaran en cultura y policía, según ha sido en todos tiempos la voluntad del rey. Así se practicaba, y las consecuencias fueron las mismas que se debían esperar. No podía ocultársele esto a sus curas, ni al cuerpo de la religión que los gobernaba, pero sus fines particulares tenían el primer lugar en todo lo que ejecutaban, y así preferían este método, separando por medio de él a los indios de todo lo que pudiera sacarlos de su ignorancia y abatimiento.

Con este régimen, y la economía jesuítica, no es de admirar que, en más de ciento y cincuenta años que hace están fundados estos pueblos, acopiasen los fondos que tenían al tiempo de su extrañamiento, así en las iglesias como en lo que se llama fondo de comunidad. Yo por mi parte no me admiro de lo que había, atendiendo a lo fértil de esta provincia y la mucha subordinación de los indios, que, con tenerles negado absolutamente el trato con los españoles, no conocían otra autoridad que la de los jesuitas, y así hacían cuanto querían de ellos.

Ya que he manifestado a usted del mejor modo que he podido lo que fueron estos indios en tiempo de sus antiguos curas, diré a usted lo que han sido y son hasta el presente, en el nuevo gobierno.

Después que fueron expulsados los Jesuitas, curas a cuyo cargo corrían estos pueblos tanto en lo espiritual como en lo temporal, se estableció en ellos el método de gobierno que aún subsiste, bajo las reglas y ordenanzas que formó el excelentísimo señor don Francisco Bucareli, gobernador y capitán general de Buenos Aires, las que, después de algunas mutaciones, vinieron a fijarse en los términos siguientes:

Se estableció un gobernador con jurisdicción sobre los treinta pueblos, equiparada a la que tienen por las leyes los corregidores y alcaldes mayores de pueblos de indios, pero subordinado al gobierno de Buenos Aires. Al mismo tiempo se establecieron tres tenientazgos subordinados al gobernador, pero con la misma jurisdicción los tenientes en sus respectivos departamentos, haciéndoles responsables, así al gobernador como a los tenientes, de las resultas de la parte que a cada uno se le encargaba, según se expresa en las citadas ordenanzas.

Para cada pueblo se nombró un Administrador español que manejase sus bienes, cuidase de sus aumentos, dirigiese a los naturales, así en sus faenas como en el giro y distribución que debe darse a los bienes de comunidad, teniendo obligación de dar cuenta de todo cuanto se le pidiere, con otros varios cargos que constan de las ordenanzas y órdenes expedidas posteriormente, a los que les señaló de sueldo 300 pesos al año y la manutención.

Asimismo se pusieron en cada pueblo dos religiosos con título de cura y compañero, para que cuidasen de la dirección de las almas y del culto divino, prohibiéndoles toda mezcla en los asuntos temporales, señalándole al cura 300 pesos de sínodo, y al compañero 250 pesos, y que a uno y otro les suministrase el pueblo el alimento. Esta asignación se les rebajó a ambos religiosos, señalando a cada uno 200 pesos por real cédula de 5 de octubre de 1778.

En las mismas ordenanzas se previene que en cada pueblo se continúe el nombramiento de un corregidor indio, dos alcaldes, cuatro regidores, un alguacil mayor, dos alcaldes de la hermandad y un mayordomo, con otros oficios correspondientes a la iglesia, como son un sacristán, tres cantores y dos fiscales, que cuiden de aquellos ministerios propios de su destino, y estas elecciones las confirma el gobernador de los pueblos.

El nombramiento de corregidores tocaba, según las ordenanzas, al gobernador de Buenos Aires, y cada corregidor no debía serlo por más tiempo que el de tres años; pero no se observan estos puntos, pues el gobernador de Misiones nombra los corregidores, y éstos toman posesión en clase de perpetuos, de modo que solo por algún defecto se les priva del empleo, y así hay todavía en los pueblos corregidores que lo eran en tiempo de los jesuitas. Puede ser que esta práctica se haya seguido porque no es fácil encontrar en los pueblos muchos indios que puedan desempeñar el cargo de corregidores, pero, por cualquiera motivo que se haya seguido, debe tenerse por un abuso perjudicialísimo a los indios, pues priva a otros de la esperanza de conseguir este empleo, haciéndose acreedores a él con su aplicación y buenos procedimientos. Lo que tal vez no ponen en ejecución porque no esperan ningún premio, y se da lugar a los indios corregidores a que se hagan despóticos, y a que opriman a los otros, seguros de que su empleo no tiene término, lo que no sucedería si supieran que les había de durar solo tres años; y si pasados éstos no se encontraba absolutamente otro en el pueblo capaz de ser corregidor, ningún inconveniente había en volverlo a proponer, después de haber dado los descargos que pudieran resultarle de los tres años de su empleo.

A todos los indios e indias se les dejó sujetos a la comunidad, como lo estaban en tiempo de sus precedentes curas, considerándolos incapaces de poder subsistir de otro modo; el gobierno y dirección de toda la comunidad se depositó en el corregidor y cabildo, ayudados y dirigidos del administrador español, y sujetos en un todo al gobernador o tenientes a quienes correspondiese el inmediato mando, dándose reglas en la misma ordenanza para el mejor manejo de los bienes y sus adelantamientos, como también para desterrar de los naturales la rudeza y abatimiento en que habían sido educados, infundiéndoles ideas políticas y racionales que les excitasen el deseo de una felicidad que no conocían, y a que les está convidando la fertilidad de sus terrenos, con otras muchas y sabias reglas que allí se establecen.

Para que el sobrante de los frutos y efectos que se recogen y benefician en estos pueblos se expendiesen con aquella estimación más ventajosa a los pueblos, se estableció un Administrador general en la ciudad de Buenos Aires, dándole reglas equitativas y muy útiles para que, puestos los frutos y efectos en una sola mano, no perdiesen la estimación, como sucedería distribuidos en las de muchos; y que por mano de éste se surtiesen los pueblos de lo necesario, pagasen los reales tributos según los padrones, a razón de un peso por cada tributario, y enterase a la iglesia los diezmos que están regulados a 100 pesos cada pueblo.

Aunque desde los principios se conoció que lo que más había influido para la incapacidad de estos indios era el haberlos tenido sujetos a la comunidad y no haberles inspirado otras ideas que las de la sumisión y obediencia, tratándolos como a hijos de familia menores de edad, no pudiendo ilustrar sus entendimientos para que desde luego aprendiesen a trabajar para ellos, tratar y comerciar unos con otros con sus frutos y efectos, conchabándose los de menos habilidad con los más expertos y laboriosos, y a verificar todos aquellos medios y arbitrios que se practican entre gente civilizada, tratando y comerciando, no tan solamente entre sí, sino también con los forasteros, que es en lo que consiste el aumento y felicidad de los pueblos y naciones; no pudiendo, como digo, darles a conocer desde luego estas ventajas, pareció lo más conveniente el dejarlos por entonces sujetos a la misma comunidad, como lo habían estado, hasta que con el tiempo se hiciesen más capaces. Pero, como el principal motivo que los tenía reducidos a la incapacidad era la sujeción a la comunidad, subsistiendo ésta, subsistía siempre el impedimento de sacarlos de tan miserable estado; y así se ha experimentado que, por más que se ha trabajado, es muy poco lo que se ha adelantado en el particular.

Establecido el gobierno en los términos que sumariamente va explicado, fueron colocados al principio, para administradores, unos hombres cuales los deparó la suerte. Eran los más de éstos de tan poca habilidad como los mismos indios; y como, aun los expertos, eran bisoños en aquel manejo, y no tenían a quien imitar ni consultar, se mantenían en la mayor inacción. Al mismo tiempo los indios, no acostumbrados a moverse a nada sin ser mandados y aun obligados, como los administradores nada o muy poco disponían, ellos tampoco hacían nada; de modo que solo se daban prisa para mandar traer de las estancias crecidas mitas de ganado, a lo que los administradores no se oponían, porque ni sabían cómo debían manejar lo que tenían a su cargo, ni tenían valor para oponerse a los indios, ni aun sabían lo que ellos hacían. De este modo en pocos años disiparon y consumieron cuanto había en los pueblos y estancias, sin pensar en trabajar ni reponer lo que consumían. A esto se siguió la grande epidemia de viruelas que causó la desolación de los pueblos, que quedaron sin indios ni hacienda. Cuando el Gobierno conoció el daño, ya no tenía otro remedio que aplicarse a repararlo del mejor modo posible. Para esto se removieron todos aquellos administradores inútiles, sustituyéndolos con otros de más habilidad y mejor conducta; se trató de obligar a los indios al trabajo, poniendo el mayor empeño en el restablecimiento de las estancias, y, en fin, se adoptaron todos aquellos medios que parecieron conducentes; y efectivamente con ellos se consiguió, si no en todos los pueblos, en los más, el volverlos a poner en una medianía que promete algún alivio a sus naturales, y mayores adelantamientos en lo futuro.

Este atraso se les siguió a los pueblos por no haber verificado lo que se previene en las mismas ordenanzas, y es que cada año en el tiempo más oportuno se celebrase en Candelaria una Junta general, compuesta del gobernador, los tenientes, los corregidores y administradores de todos los pueblos, para que en ella se examinen con los libros de acuerdos que deben tener todos ellos, y las disposiciones acordadas semanalmente por los cabildos y administradores, sus efectos y consecuencias, proponiendo cada uno lo que considere más útil a los pueblos, acordando y determinando lo que a la misma Junta te pareciese más conveniente, de la cual debían resultar los estados anuales que debían remitirse al Gobierno de Buenos Aires, con los informes necesarios y las propuestas que en beneficio de los pueblos tuviesen por convenientes. Pero esta Junta, tan esencial y conveniente a los pueblos, no se ha verificado ni una sola vez; los motivos que la han impedido los ignoro, y el único que se presenta a mi idea es la dificultad de juntarse todos, por la distancia que hay de los pueblos más distantes. Pero haciéndose cargo que algunos administradores por solo concurrir a alguna función dejan su pueblo y van a otro, que dista tal vez más leguas que las que hay desde los más apartados al de Candelaria, no se hallará dificultad en que todos concurrieran a la Junta. Pero, aun dado caso que este motivo se estime como suficiente, con facilidad se allanaba por otro método que surtiría los mismos efectos, y era el que cada teniente en su distrito formase una junta particular de los de su jurisdicción, y con sus resultas uno o dos administradores y otros tantos corregidores de su satisfacción pasasen a Candelaria, en donde juntos todos los tenientes con sus asociados, y lo resultivo de sus juntas, formaran la general con el gobernador, evitando así los inconvenientes que pudieran seguirse de concurrir todos, y sin duda tendría los mismos efectos que si se celebrase como se previene en las ordenanzas. Si esta Junta hubiera tenido efecto, seguramente no hubieran experimentado los pueblos aquellos atrasos que tuvieron a los principios, y las cosas se hubieran arreglado en mejor pie del que se hallan; pues, tomando de cada uno aquello que había tenido mejor éxito, se establecerían con conocimiento las reglas más oportunas para lo futuro; allí se conocería el mérito y aplicación de cada uno, y se desecharían todos aquellos que por su impericia u otros motivos diesen lugar a ello, y se trabajaría con más uniformidad y acierto.

Como a los principios de nada se cuidaba, y después fue preciso atender solamente a poblar de ganados las estancias, se descuidaron los otros objetos que se encargan en las ordenanzas, y que exigían la atención de todo buen gobierno. Se ha desatendido la reparación y aumento de los edificios, así de las casas principales llamadas colegios, como de particulares de los indios, de modo que los pueblos se han arruinado y las iglesias algunas amenazan ruina. Los yerbales que se cultivan junto a los pueblos se han dejado casi perder, no haciendo otra cosa que sacarles cuanta utilidad han podido, sin cuidar de reponer con nuevas plantas las que se iban perdiendo o envejeciendo, por aplicar la poca gente que había quedado a otras labores, de que en el mismo año se recoge la utilidad.

Tampoco se ha cuidado de introducir el aseo en las personas y casas de estas gentes, ni el que se traten con honestidad, descuidando también el suministrarles aun lo preciso para su subsistencia, pues por atender al restablecimiento de las estancias fue preciso abandonar todo lo demás.

Como la experiencia dio a conocer la incapacidad de los indios y su propensión a gastarlo todo y no trabajar, fue preciso que las providencias del gobierno ampliasen las facultades a los administradores, subordinándoles en cierto modo a los corregidores y cabildos, para que así obligasen a los demás indios al trabajo y moderasen los gastos. Con estas providencias, en las que siempre se ha procurado en lo posible salvar el espíritu de las ordenanzas, se ha venido por último a fijar la práctica de gobierno que al presente se observa, la que en muchos puntos se aparta bastante de las ordenanzas, pero la necesidad ha dado lugar a ello.

Aunque por las ordenanzas se establece que la dirección del pueblo haya de correr a cargo del corregidor y cabildo, y que el administrador solo sea un director que les aconseje y persuada lo mejor, y que nada debe hacerse sin que sea dispuesto y acordado por el cabildo, no sucede así, pues los administradores son los que tienen toda la superioridad, sirviendo los corregidores y cabildos solamente de ejecutores de las disposiciones que el administrador les da, sin que en ellas se encuentre repugnancia en practicar cuanto el administrador les dicta, ni tampoco en asentir a cualquiera trato que el administrador celebra, firmando cuantos papeles les ponen delante y consintiendo gustosos y sin examen en todo lo que el administrador quiera hacer de ellos y de su pueblo.

Y aunque es circunstancia precisa que todos los tratos que hacen los administradores los ha de autorizar con su permiso el gobernador o teniente a quienes corresponda el inmediato mando, como no siempre pueden enterarse de la calidad de lo que se compra, que lo regular es ganado vacuno o caballar, no puede saber si efectivamente es de la calidad que se le propone en la propuesta, ni sirve comisionar a otro para que presencie la entrega, porque o ha de ser de la parte interesada, o con facilidad puede ser sobornado, y los indios, que por interesados debían ser los más celosos, son los que más procuran ocultar sus mismos perjuicios, con que es preciso estar a la buena fe del administrador, sin que se encuentre medio de atajar los fraudes si él es de mala conciencia. A lo que puede agregarse la permisión o condescendencia del inmediato superior que, si tal sucediera en algún tiempo, yendo a la parte con los administradores, podrían con facilidad destruir los intereses de los indios; y éstos firmarían gustosos los documentos que acrediten la legítima inversión de sus caudales, aunque supieran y conocieran que se convertían en utilidades de otros.

Siendo el administrador, como lo es en las presentes circunstancias, el superior en el pueblo, él determina por sí solo todo cuanto se ha de hacer, a él se le presenta el corregidor y cabildo como súbditos, de él reciben las órdenes y a él dan cuenta de la ejecución y resultas. Por su informe y a su pedimento confiere el gobierno los empleos, porque, como la ocupación de éstos es más en las faenas que en la administración de justicia, el que el administrador propone para corregidor, a ése se nombra, y lo mismo los demás empleos y ocupaciones del pueblo.

Las faenas de los pueblos se reducen a podar, arar y carpir los algodonales, recoger el algodón, resembrarlos cuando se han perdido muchas matas, o sembrarlos de nuevo cuando se envejecen o hay necesidad. Estos trabajos se ejecutan por los indios (el arar, sembrar y podar), pero el carpir y recoger el algodón se hace con las indias, muchachos y muchachas. Las sementeras de trigo, maíz y toda clase de legumbres se verifican en la misma conformidad que el cultivo de los algodonales. Cuando los yerbales del pueblo están en sazón, se ocupan en el beneficio de la yerba, como en todo lo demás, cada uno a lo que puede o alcanzan sus fuerzas, y lo mismo en otras faenas menores de agricultura, para lo cual se destina la mitad del tiempo, y la otra mitad para que acudan a sus chacras particulares y se proporcionen su subsistencia. Pero, aunque regularmente se dice que se les deja a los indios la mitad del tiempo para sus particulares labores, siempre la comunidad cercena muchos días, de modo que apenas les quedará la tercera parte para ellos.

Las indias se ocupan regularmente en hilar para la comunidad, a las que se les reparten dos tareas a la semana, o tres cuando lo pide la necesidad. En cada tarea se les da diez onzas de algodón para que traigan tres de hilo, y se procura no ocuparlas en otra cosa; pero, en las ocasiones de carpidos y otras seme

jantes, destinan a ellas, cuando no a todas, las más robustas y que no están embarazadas ni criando; y las que no van a carpir se ejercitan en hilar.

Los indios de oficios, como son tejedores de lienzos, carpinteros, rosarieros y otros, que siempre se mantienen más por costumbre que por utilidad, trabajan en sus oficios el tiempo que deben hacerlo para la comunidad, y el restante van a sus chacras, que es preciso las tengan, pues de lo contrario no podrían subsistir. Solo los tejedores permanecen algo más en sus oficios, del que no se les permite se aparten hasta que concluyan la pieza comenzada, y entonces se les da cinco varas de lienzo y una o dos semanas libres, para que vayan a sus chacras, y después vuelven a su ocupación.

Un pueblo que tenga 300 indios de trabajo, y correspondiente número de indias, muchachos y muchachas, con un administrador de buena conducta, se puede regular la cosecha de un año bueno en los frutos siguientes: 800

arrobas de algodón, otras tantas de yerba, 100 fanegas de trigo, 200 de todas las demás especies de grano, incluso el maíz, 50 arrobas de tabaco, otras tantas de miel, y 15.000 varas de lienzo. En lo que conocerá usted que, a excepción de los lienzos, en que el hilado es obra de las indias, todo lo demás podría verificarse con 25 o 50 peones bien distribuidos, mayormente en estos pueblos cuyos terrenos son muy fértiles, y que abundan de bueyes y todas las providencias para hacer ventajosas las faenas; pero solo se tira a pasar el tiempo, como manifestaré a usted.

Como las estancias son el nervio principal que asegura la subsistencia de los pueblos, se ha puesto en ellas y se pone el principal cuidado; y en efecto se ha conseguido el que las más estén en un ventajoso estado comparadas con el que tenían ahora diez años; y, aunque se admire el buen gobierno que ahora tienen respecto al que entonces tenían, ¿quién negará que es perjudicialísimo el crecido número de indios que hay en cada estancia? En la que menos hay 30 indios, que con sus mujeres, muchachos y muchachas regularmente pasan de 70 personas, aunque no tengan que cuidar arriba de 20.000 animales de todas especies, cuando entre españoles con una docena de peones estaría bien servida una estancia semejante. Así consumen cada año más de 400 reses, fuera de las terneras que roban, y que precisamente han de ser muchas, cuando nunca pasa la yerra de la sexta parte del ganado que hay, siendo así que pudiera llegar cuando menos a la cuarta parte. Pero no hay arbitrio para remediar este desorden en las presentes circunstancias, porque, de quererlos apremiar, luego se experimenta la deserción.

Cada semana se les da, dos o tres días, ración de carne en el pueblo, según la posibilidad de él. Regularmente se mata para cada cien personas un toro, y los despojos de todos se distribuyen a los muchachos y muchachas.

Además de las reses que se distribuyen los días de ración, se matan cada día una o dos reses para el consumo diario de los curas, administrador, enfermos, corregidor, mayordomos, los de oficios, y generalmente los sirvientes del colegio, que son en gran número.

También se consumen varias reses en las faenas de comunidad, pues regularmente se les da de comer a mediodía, o al tiempo de retirarse del trabajo, mayormente cuando la faena es algo pesada. De modo que a un pueblo que tiene 300 indios de trabajo se le puede regular de consumo 2.000 reses al año.

Asimismo, todas las menestras que recogen se consumen en dar de comer a los muchachos y muchachas, y en suplir a algunos para que siembren.

En los pueblos que están bien asistidos se les da cada año de vestir a los muchachos y muchachas, a los impedidos, viejos y viejas, y regularmente a los que se les nota desnudez, que son aquellos y aquellas que no son de provecho para sí ni para la comunidad, en cuyos socorros, y las mortajas, que también se dan, puede regularse el consumo de un pueblo de indios del número insinuado en 4.000 varas al año.

También se les da ración de yerba, pero en el pueblo que más no pasa de 300 arrobas al año.

De los demás frutos y efectos es muy poco lo que disfrutan los indios; el trigo, el tabaco, la miel, la azúcar que se beneficia o se compra, lo comestible que de Buenos Aires viene, comprado con el caudal de los indios, todo se consume en la casa principal; solo el corregidor, los de cabildo y los enfermos disfrutan alguna cortedad de estos efectos.

Esto es lo que los pueblos mejor arreglados, y que mejor asisten a los indios, distribuyen anualmente, cuyos frutos, regulado su valor por los precios más subidos de estos pueblos, pueden ascender a 5.000 pesos, a los que, agregando los reales tributos, diezmos, sueldo del administrador y gasto de iglesia, podrá computarse todo el gasto en 8.000 pesos al año.

Un pueblo de 300 indios de trabajo podrá tener 1.200 almas entre chicos y grandes, con que, teniendo presente que desde cinco años para arriba todos trabajan lo que pueden, y que los muchachos y muchachas no tienen días libres, se podrá regular en 800 trabajadores que emplean la mitad del año en beneficio de la comunidad; repartiendo entre ellos los 8.000 pesos de gastos precisos, toca a cada uno 10 pesos. Ahora bien, ¿en qué podrá usted ejercitar a un indio o india en esta provincia tan fértil y de tantas proporciones, que trabajando con una mediana aplicación no produzca su trabajo cuando menos 40 o 50 pesos en la mitad de un año? Agregue usted a esto el producto de las estancias que, llegando a 20.000 cabezas de ganado mayor, ha de rendir, fuera de gastos y costos, 3.000 pesos cuando menos cada año; y hallará usted que el no adelantarse los pueblos es, o porque la inacción de estos naturales es mucha, o porque el consumo y desperdicio de la casa principal es grande; uno y otro sucede, como manifestaré en su lugar.

Hasta ahora he referido a usted sencillamente el modo con que se gobiernan estos pueblos sin manifestarle las vejaciones, opresiones y violencias que sufren los naturales, todo ello consecuencia precisa de la comunidad a que viven sujetos; materia es ésta de tanta consideración que debiera tratarse por otra pluma más elocuente que la mía, pero escribo solamente para usted, que sabrá poner en mejor orden lo que yo desaliñadamente le noticiare. Volveré a tomar el hilo desde el principio, para su mayor claridad e inteligencia.

Puesto el gobierno particular de cada pueblo a cargo de un administrador secular que cuidase de la temporalidad, y de dos religiosos que doctrinasen a los indios, les administrasen los santos sacramentos y atendiesen a la dirección de sus almas, se dividió el mando, que antes estaba en una sola persona que cuidaba de lo espiritual y temporal. Estos religiosos fueron elegidos y nombrados conforme se encontraron; los más eran muy mozos, y sin prudencia ni conocimiento. Los indios, acostumbrados a obedecer solamente a sus curas, miraban al principio con indiferencia cuanto los administradores les dictaban, de modo que nada se hacía sin consultarlo primero al padre. De estos principios nacieron las grandes discordias entre curas y administradores, y que contribuyeron en gran parte a la ruina de los pueblos, como se queja don Francisco Bruno de Zavala en la representación que hizo a Su Majestad el año de 1774. Los curas se hicieron dueños de las casas principales, nombradas colegios, no permitiendo vivir en ellas a los administradores; lo mismo hicieron con las huertas y sus frutales, de todo pretendían disponer a su arbitrio; y como los indios estaban de su parte conseguían cuanto se les antojaba. Procuróse poner remedio a estas imprudentes pretensiones de los religiosos con algunas providencias de gobierno, pero no se adelantaba un paso en ello sin ocasionar a los indios muchas vejaciones y molestias; porque, adictos siempre a obedecer a los religiosos, y no cesando éstos de influirles máximas contrarias a la paz, era preciso usar del rigor con ellos para sujetarlos al gobierno.

Consiguiose al fin el hacer conocer a los indios que solo en las cosas concernientes a su salvación debían prestar atentos oídos a sus curas, y en lo demás a sus administradores; pero no por esto cesaron las discordias entre administradores y curas, porque, como unos y otros viven en una misma casa y con cierta dependencia en sus funciones, jamás se conformaban en sus distribuciones. Los curas querían que los indios asistiesen todos los días a la misa y al rosario, a la hora que se les antojaba, que muchas veces era bastante intempestiva; los administradores se lo impedían, unas veces con razón y otras sin ella, y lo que resultaba era que el cura mandaba azotar a los que obedecían al administrador, y el administrador a los que obedecían al cura; y unos y otros castigos se ejecutaban en los miserables indios, sin más culpa que obedecer al que les acomodaba mejor el obedecer; hasta los mismos corregidores y cabildantes no estaban libres de estas vejaciones, que no pocas veces se vieron apaleados y maltratados de los curas y administradores, sin saber a qué partido arrimarse. Esta persecución no es tanta en el día, y, aunque una y otra vez se experimenta, no es con tanto escándalo.

Por motivos menores y particulares se encendían cada día, y aún se encienden, grandes incomodidades entre curas y administradores; como los pueblos tienen obligación de alimentar a los curas, y esto corre a cargo de los administradores, éstos, estando enemistados como regularmente sucede, tienen ocasión de vengarse del cura haciéndole esperar, dándole lo peor y escaso, y por otros medios dictados por el espíritu de venganza. Bien es que no siempre tienen razón los curas para quejarse, pues solicitan que la comida sea con tanta abundancia que les sobre para dar de comer, además de los muchachos que les sirven, a seis u ocho que suelen agregárseles.

Como en los pueblos no hay maestros de oficios que trabajen para el que quiera comprarles su obra, ni aun se puede conchabar un peón sin dar cuenta al administrador, porque todos están sujetos a la comunidad, ni los indios saben vender su trabajo, ni hay cómo suplirse de las precisas necesidades, la práctica que se observa es: si uno de los empleados tiene necesidad de un par de zapatos, llama al zapatero, le da los materiales y le dice le haga zapatos; él los hace y los trae, y si le dan algo lo recibe, y si no se va sin pedir nada; lo mismo sucede con todas las demás necesidades. Si el cura ocupa al zapatero o a otro, y está mal con el administrador, si éste lo sabe, inmediatamente lo despacha a los trabajos de comunidad, para que retarde o no haga la obra; luego lo sabe el cura, y está armada la zambra, y de todas las resultas las paga el indio o los indios, a los que se persiguen porque otros los protegen.

Aunque en las ordenanzas se previene que para el servicio de la iglesia se destine un sacristán y tres cantores, lo que se practica es que en estos ministerios se ocupan dos sacristanes mayores con otros tres o cuatro menores y diez o doce muchachos para acólitos, con más una infinidad de músicos, que, aunque estos últimos no dejan de ocuparse en otras cosas, siempre es preciso tener algunos a mano para lo que se ofrezca; y no estando prontos, o pareciéndole al cura pocos los que acuden, ya hay riña sobre que se tira a arruinar el culto divino. También la hay muy frecuente sobre que algunos curas quieran tener ocupados todo el día a los sacristanes y acólitos en su beneficio.

Los bienes de los indios son tratados como sus personas; distribuyéndose éstos con la mayor escasez entre los indios necesitados, y aun enfermos, se gastan con la mayor profusión, no tan solamente entre los españoles empleados, sino también con cuantos pasajeros llegan, y que tal vez sin motivo ninguno se detienen en los pueblos los días que quieren, facilitándoles cuantas comodidades se les antoja, lo que reciben como cosa que de justicia se les debe, y de no hacerlo así se muestran quejosos de los administradores que no los han tratado (dicen) como deben; y aunque el gobierno ha dado algunas disposiciones sobre esto, ningún efecto han surtido.

Regularmente se tienen empleados uno o más indios para cuidar cada especie de frutos o efectos de los que se trabajan o benefician; pero, con todo, es increíble lo que se desperdicia y pierde, ya sea por impericia o descuido de los mismos indios, o por abandono de los administradores. ¿Quién creerá que llegando a 2.000, y aun a más, las reses que se consumen cada año en un pueblo, se gasten todos los cueros de ellas en sacos y otros ministerios? Pues ello es así, todos los dejan perderse, pudiendo con su beneficio y venta acrecentar los haberes de la comunidad. Lo mismo sucede con todo lo demás, sin encontrar medio para remediarlo.

Para el administrador y los religiosos, que tiene el pueblo obligación de alimentar, hay ocupados dentro del colegio más de 50 personas. A usted le parecerá ponderación, pues no lo es, y si no haga usted la cuenta: para uno o dos almudes de trigo que se amasan cada día se emplean dos o tres atahoneros, donde hay atahona, que donde no la hay se emplean seis lo menos, y cuatro o seis panaderos; en la cocina lo menos se emplean seis, y, si los religiosos cocinan, apartan otros tantos; dos lo menos de hortelanos, dos de aguateros, cuatro o más de refectoleros, y uno o dos cuidadores de los caballos de cada persona. Todos éstos alternan por semana con otros tantos, y ni unos ni otros trabajan para la comunidad, porque la semana libre es para ellos; a lo que agregará usted los muchachos sirvientes, que cada uno tiene dos lo menos, y verá usted qué cuenta tan abultada saca. Además de esto, todos los sábados ha de traer cada persona un palo para la leña del consumo de la semana.

Donde también se denota la facilidad con que se disipan los bienes de los indios es en las fiestas anuales de los santos patronos de los pueblos. No baja lo que se gasta, en las más reducidas, del valor de 300 a 400 pesos; y de éstos los que disfrutan menos son los indios, a los que solo se da carne en abundancia esos días, y algún corto regalillo que se les distribuye; pero para los religiosos, administradores y otros españoles que concurren, como también para el gobernador o tenientes, si asisten, hay abundantes y exquisitas comidas, y regalos llamados tupambaes. Esta costumbre o abuso la hallé establecida, y se practicaba en el tiempo de los jesuitas; y aunque desde luego me repugnó y lo di a entender, como se me encargó siguiera en todo el método de mi antecesor, y vi que así en los pueblos del inmediato mando del gobernador como en los demás tenientazgos se practicaba lo mismo, no tuve por conveniente el hacer yo novedad en una cosa en que tienen imbuidos a los indios, que hacen un grande obsequio al santo de aquel día en repartir parte de sus bienes entre quienes no lo necesitan, y sería mejor los repartieran a los necesitados, y se ofenden si alguno rehúsa el recibir su regalo; en fin, ello va así hasta que Dios provea de remedio.

Otros muchos males y perjuicios se les siguen a los indios, así en sus bienes como en sus personas, pero por no ser tan comunes y frecuentes se omiten; pero es preciso advertir que los perjuicios referidos hasta ahora, aunque tienen su origen en la sujeción a la comunidad, su aumento lo ha ocasionado la imprudencia o mala versación de algunos de los que los administran y dirigen, y así no ha sido en todos los pueblos igual el desorden, sino en unos más que en otros. Pero los que ahora expresaré son comunes a todos los pueblos, y en mi inteligencia irremediables, aunque en todos los ministerios se empleasen hombres cuales convenía; porque estos males son inseparables del estado a que están reducidos por la comunidad, y que solo podrán libertarse de ellos con la total extinción de aquésta.

Luego que los muchachos entran en la edad de 4 para 5 años, ya los toma a su cargo la comunidad, la que tiene nombrados dos o más indios con nombre de alcaldes y secretarios de los muchachos; éstos tienen la matrícula de todos ellos, y cuidan de recogerlos todos los días por la mañana temprano, tal vez al alba, los llevan a la puerta de la iglesia a rezar, allí los tienen hasta que se dice la misa, y después los distribuyen a los trabajos u ocupaciones que les están señaladas, y dejando en el pueblo los aprendices de música y de primeras letras, los de los tejedores y demás oficios, conducen los restantes a carpir, o al trabajo que les tienen señalado; a las 2 o las 3 de la tarde los vuelven a traer y los tienen juntos, hasta que, habiendo rezado el rosario en la iglesia, les permiten que se vuelvan a sus casas.

La elección de oficios o destinos que se les da a los muchachos, no es a la voluntad de sus padres, sino de los que los gobiernan o los necesitan; para la música elige el maestro de ella los que le parecen más a propósito; los curas emplean los que mejor les parece para acólitos y sirvientes suyos; lo mismo en los demás oficios y ocupaciones, sin que a sus padres les quede el arbitrio de repugnarlo. Pero no les causa ningún sentimiento, porque, como ellos se criaron con la misma educación, y no conocen otra, viven tan desprendidos de sus hijos desde que llegan a la dicha edad que de nada cuidan de ellos, ni procuran el señalarles la doctrina cristiana y buenas costumbres, ni el alimentarlos y vestirlos. Si no vienen a casa a la hora que los sueltan sus cuidadores, tampoco los solicitan ni buscan, ni aunque se huyan del pueblo hacen diligencia de buscarlos y traerlos, pues se consideran desobligados de todo, y aun se tendrían por dignos de represión si tomasen a su cargo aquel cuidado. Lo mismo sucede con las muchachas, las que igualmente están al cargo de dos o más indios viejos con el mismo título de alcaldes y secretarios; éstas hasta los diez o doce años no tienen otra ocupación que carpir, recoger algodón al tiempo de la cosecha y otras ocupaciones de agricultura correspondientes a su edad; y en llegando a dicha edad se les aplica (cuando no hay mucho que hacer en las chacras) a que hilen, sin cuidar de darles ninguna otra enseñanza; pues, aunque la costura es tan propia de su sexo, es rara la que sabe ni aun malamente coser, y estos oficios regularmente los hacen los sacristanes y músicos; en todo lo demás se practica con las muchachas lo mismo que con los muchachos, hasta que se casan.

Ya usted conocerá que con esta educación es imposible el que conserven honestidad, ni aun tengan idea de esta virtud; así pierden hasta el nativo pudor, andan con libertad por donde quieren, sin que sus padres se lo impidan, porque no tienen dominio en ellos; se prostituyen muy jóvenes, y se entregan al vicio de la incontinencia, de modo que cuando se casan ya están relajadas, y aun perdida la fecundidad, y así se menoscaba considerablemente la población.

Como en todos tiempos ha sido tan frecuente entre estos naturales el azotarlos, tienen tan perdido el horror a los azotes, tanto los que castigan como los que son castigados, o los que los ven, que ninguna moción les causa el azotar, ser azotados o verlo ejecutar; y así castigan con la mayor inhumanidad a las criaturas en todas las ocupaciones a que los destinan, acostumbrándolos de este modo a sufrir con la mayor indiferencia los azotes, en cualesquiera tiempo o edad.

Con esta separación o enajenamiento que padecen los padres de los hijos, y que en su imaginación la tienen tan anticipada que desde que nacen los crían para aquel destino, no tiene lugar en ellos aquel cariño que vemos en los padres y madres que se han criado y crían a sus hijos con el régimen y educación que se acostumbra entre los españoles; y así, aunque vean maltratar a sus hijos, se les da poco o ningún cuidado, y del mismo modo miran los hijos a sus padres, como que ni los necesitan ni esperan nada de ellos.

Luego que los muchachos llegan a la edad de poderse casar, no retardan mucho el verificarlo, ya porque sus padres o el cura les dicen que se casen, o porque los estímulos de la concupiscencia les incitan a ello. Los más se casan con la que les dicen que se casen, pues hasta en esto tienen tan cautiva la voluntad que no se atreven a hacer elección de la que ha de ser su mujer.

Desde que se casan, así él como ella, salen de la potestad que tenían y entran en otra. A los secretarios de hombres toca desde entonces el tener en su matrícula al varón, y los de mujeres a ella. Lo primero a que se le obliga es a formar chacra propia, y si tiene oficio regularmente lo aplican a él, si no sigue las faenas de comunidad en los días que se destinan para ellas. A la mujer le reparten tarea como a todas, o la emplean en otras cosas, según lo dispone la comunidad.

Como estos matrimonios se efectúan sin que de parte de los contrayentes haya precedido aquella inclinación que une las voluntades, se juntan como dos brutos, con solo el fin de saciar el apetito de la sensualidad; y como la comunidad dispone a su arbitrio de sus personas, nunca pueden conocer ni disfrutar de aquellas conveniencias que proporciona el matrimonio, ni mirarlo como un vínculo que les facilita el cuidarse mutuamente para su felicidad y la de su prole, y así se miran regularmente con indiferencia hasta la muerte; en la que, cuando sucede la de alguno, tiene poco o ningún sentimiento, porque no pierden ninguna conveniencia ni bienestar.

Con la misma indiferencia que miran los maridos a sus mujeres, y éstas a sus maridos, y ambos a sus hijos, y éstos a sus padres, con la misma miran unos y otros a los bienes que han adquirido o pueden adquirir, porque éstos no les pueden servir sino de peso y embarazo, y de ningún modo de conveniencia. Considere usted un indio que, desnudo de todas las impresiones que ha causado la educación a los demás, de genio activo y laborioso, y que llevado de la viveza de su natural, con las conveniencias que le facilita su pueblo de darle tierras para sembrar y bueyes para que las labren, quiere aprovecharse de la fertilidad de la tierra para proporcionarse una vida cómoda, empleando su actividad en los días que le deja libre la comunidad; que en efecto prepare un gran terreno, y lo siembre de todas aquellas semillas que pueden rendirle según su deseo; la estación del año le favorece, y, por último, aunque a costa de muchos afanes, por verse solo sin poder conchabar a otros que le ayuden, ni aun valerse cuando quisiera de la ayuda de su mujer, porque la comunidad la tiene ocupada, ni aun de su persona que también la emplea la comunidad; por último, digo, recoge una cosecha tres o cuatro veces mayor que lo que él necesita para el sustento de su persona y familia en todo el año; ¿y qué hará éste de aquellos frutos? Venderlos a otros. ¿Y quiénes son estos otros? Los demás indios de su pueblo, o de otros pueblos. ¿Y éstos qué le darán por ellos? Nada tienen suyo, otros frutos semejantes a los suyos. Extraerlos fuera de la provincia no puede, porque o no tiene cómo poderlo hacer, o son mayores los costos que su valor, con que se ve precisado o a dejarlos perder, o a darlos a necesitados. Conociendo éste por experiencia que nada le ha servido su trabajo en aquel año, y no permitiéndole su genio el mantenerse en ociosidad, determina sembrar un buen algodonal, un cañaveral y un tabacal, persuadido de que el algodón, la miel o azúcar, y el tabaco son efectos comerciables. Pónelo en ejecución como lo determina, y consigue verlo todo logrado; el algodón y la caña no dan fruto, o muy poco, el primer año, y el tabaco es preciso, desde que comienza a sazonar hasta concluir su beneficio, no apartarse de él ni un instante; y como él tiene que acudir a los trabajos de comunidad, lo que recogió los días que tuvo para su utilidad se le pierde en los que dejó de atender, y al fin o no recoge nada, o recoge poco y malo. Al siguiente año, que esperaba tener algún beneficio del algodón y la caña, lo destinan de peón a la estancia o a los yerbales, o a otro paraje en que debe permanecer mucho tiempo; todo lo abandona y va a donde lo mandan, dejando todo su trabajo perdido.

Animales no puede tener ni criar, porque él no los puede cuidar siempre, por la obligación que tiene de acudir a la comunidad, ni conchabar a otros, porque todos están sujetos lo mismo.

Ahora bien, ¿qué hará este indio?, ¿y qué harán todos?, pues en poco o mucho están viendo y experimentando cada día esto mismo; la respuesta es clara, desmayar, entregarse a la ociosidad y el abandono de todo, y, cuando más, contentarse con sembrar aquello poco que le parece suficiente para su alimento, o que baste para libertarse del castigo que le darían si no sembrase, y si el año no favorece, como es poco lo sembrado, no les alcanza para nada lo que recogen. Así sucede y sucederá entretanto vivan como hasta aquí.

Agregue usted a esto las ideas tan bajas que tienen de sí mismos, el poco conocimiento de la vida acomodada de los que poseen bienes, y de las distinciones y honras que éstos logran entre los demás hombres, y el no tener ambición de dejar a sus hijos herencia después de su muerte, porque de esto ni idea ni noticia tienen; y concluirá usted que de necesidad forzosa los indios han de vivir en una continua ociosidad entretanto vivan en comunidad.

Si los indios miran don indiferencia los bienes suyos propios, los de comunidad los miran con aborrecimiento, y por consiguiente el tiempo que se les emplea en beneficio de ella es lo mismo para ellos que destinarlos para galeras. La costumbre en que se han criado, su mucha sumisión y el miedo del azote son los que les hacen sujetar a ello; y así cuesta un sumo trabajo el juntarlos y conducirlos a las faenas. Para cada ocupación es necesario nombrar un cuidador; hay cuidadores de los tejedores, de los carpinteros, de los herreros, de los cocineros, de los sacristanes, de los carniceros y, en fin, de todos los oficios. Lo mismo es menester en los trabajos de los chacareros de todas especies; y, como todos son indios, es preciso poner sobre estos cuidadores otros que reparen si aquéllos cumplen con su encargo. Estos segundos cuidadores regularmente son los alcaldes y regidores, de los que se tiene la misma confianza, con corta diferencia, que de los primeros; y así es preciso que el corregidor cuide de hacerlos cumplir. Pero, aun con esto, es preciso que el administrador cele sobre el corregidor y todos los demás para que hagan algo, que, por más cuidado que ponga, nunca se trabaja ni aun la cuarta parte de lo que se pudiera; pues antes que salgan del pueblo dan regularmente las ocho de la mañana, y solo a las nueve, o después, comienzan a trabajar, lo que ejecutan como forzados. A las tres de la tarde ya dejan el trabajo y se vuelven, habiendo hecho poco más de nada.

Agregue usted a esto el crecido número de personas que se quedan ociosas, que cuando menos son más de la tercera parte, si no llega a la mitad, unos por empleados en cosas que no son necesarias en el colegio, otros que se fingen enfermos, otros que el corregidor y cabildantes ocultan y libertan de los trabajos de comunidad para emplearlos en sus chacras particulares, a más del crecido número de cuidadores, y verá usted los que quedan para trabajar, y cómo así los que trabajan y los que los cuidan no aspiran a más que a libertarse del castigo o represión, y en pareciéndoles que han hecho lo que basta para libertarse, ya no se mueven.

En la recogida de los frutos sucede el mismo desorden; los primeros que roban son los cuidadores, y, para que por los otros se les disimule, permiten a todos hagan lo mismo; de modo que, como son muchos, y la cosecha corta, en no habiendo mucho cuidado por parte del administrador roban cuando menos la mitad de lo que se recoge.

Pero ¿qué extraño es que así suceda si el corregidor y todos los demás de cabildo no tienen sueldo ni gratificación señalada por sus oficios? Es preciso que ellos se la proporcionen, ya sea robando a la comunidad, ya empleando clandestinamente indios en sus chacras; lo cierto es que todos los que tienen oficios, entretanto les dura, se asean y tienen sus casas con abundancia de todo, sin que se les pueda impedir este desorden. Porque, aunque entre todos ellos se sabe, ninguno es capaz de atreverse a denunciarles por no caer en desgracia y persecución de los que los mandan, y porque así los estrechan menos al trabajo.

La repugnancia y oposición que los indios tienen a la comunidad nace de dos principios; el uno es inseparable de toda comunidad de cualesquiera clase de gentes que se componga. Así lo vemos en las religiones, que, como cualesquiera de sus individuos pueden excusarse sin nota de los actos de comunidad de que no esperan premio, lo hacen, y se aplican con gusto de lo que conocen les ha de proporcionar adelantamientos; y el mejor prelado para ellos es el que con más profusión asiste a la comunidad, más que conozcan que después les ha de hacer falta. Lo mismo sucede a los indios, que, como saben que de su aplicación lo que les resulta es trabajo y no premio, siempre que pueden excusarse con algún pretexto que los liberte del castigo, se excusan, y el mejor día para ellos es aquél en que se gasta parte de los bienes de la comunidad, aunque sea con extraños, por lo que a ellos les toca en aquella función. Parecidos en esto a los hijos de familia, que nunca están más contentos que el día en que su padre da un convite a sus amigos, que, por lo que participan, quisieran se repitiese todos los días, sin reflexionar que lo que el padre disipa les ha de hacer falta en sus herencias. ¿Pero, para qué me canso en símiles, cuando es patente a todo el mundo que los bienes de comunidad no los miran los individuos que la componen como propios, sino para disiparlos, porque les falta la propiedad en particular?

El segundo motivo que causa a los indios el aborrecimiento a sus comunidades es el ver que de los efectos y frutos más preciosos que se recogen y almacenan no tienen más parte en ellos que el haberlos cultivado y recogido; ellos siembran, cultivan y benefician la caña para la miel y azúcar, lo mismo el tabaco y trigo; ellos ven o saben que de Buenos Aires mandan sal, que ellos tanto apetecen, y otros efectos comprados con el importe de los frutos que produce su trabajo, y que todo se guarda en los almacenes, de donde no vuelve a salir para ellos; conque no es mucho que a vista de esto desmayen y aun aborrezcan todo cuanto se dirige a bien de la comunidad.

A todos los hombres nos estimulan dos motivos para obrar bien: la esperanza del premio y el miedo del castigo son los polos a que se dirige la recta razón y en los que se sustenta nuestra felicidad. Para los indios no hay sino un polo en que estribar, que es el miedo del castigo; conque si éste les falta nada se hace y todo da en tierra; y así es preciso estar con el azote levantado, descargándolo continuamente en estos infelices sin haber remedio para evitar este rigor. Y lo peor es que, con pretexto de castigar las faltas de asistencia a los trabajos de comunidad, castigan el corregidor y los de cabildo a muchos sin otro motivo que el de vengar sus particulares agravios o sentimientos, que es otra opresión que padecen estos infelices.

Aunque el gobierno sabe estos desórdenes y le toca remediarlos, por más empeño que ponga no es posible conseguirlo; porque, si se reprende al corregidor y cabildo por alguno de estos hechos, y se le quieren limitar sus facultades, éstos, por no verse segunda vez reprendidos, toleran las faltas que se cometen, no prestan aquella actividad que se requiere para hacer trabajar a gente forzada. Los indios conocen la falta de autoridad de su corregidor y cabildo, les pierden el miedo, que es el único motivo que les obliga a trabajar, y todo se convierte en desorden. El administrador se queja de que nada se hace, el corregidor se disculpa con que los indios no le obedecen, porque no le tienen miedo, y todo para en que es preciso dejar al corregidor y cabildo obrar con libertad, porque el pueblo no se pierda.

Del aborrecimiento que los indios tienen a la comunidad, de la corta asistencia que tienen de ésta y de las vejaciones que reciben de los corregidores y cabildos resulta la mayor parte de la deserción que se experimenta en los pueblos; la que es tanta que se puede computar que en el día está fuera de sus pueblos cuando menos la octava parte de los naturales que existen. Éstos están dispersos en las jurisdicciones de Buenos Aires, Montevideo, Santa Fe, Bajada, Gualeguay, Arroyo de la China, terrenos de Yapeyú, Corrientes y Paraguay, cuyos parajes aseguran todos están llenos de indios Tapes; y muchos de los prófugos de los pueblos permanecen en esta provincia de Misiones, pasados de unos pueblos a otros, en los que los tienen ocultos en sus chacras los mismos indios.

Los perjuicios que se ocasionan de estas deserciones son muchos, y algunos de la mayor consideración. De los reales tributos se hace inverificable la recaudación; la decadencia de los pueblos, así en la populación, que se disminuye con la falta de ellos y de su posteridad, como en la de sus bienes, privándose del trabajo de los desertores, es considerable; pero lo más doloroso es el daño espiritual que se experimenta en ellos y que pide se solicite remedio.

Los indios que se desertan llevan regularmente alguna india que no es su mujer, con la que vive como si lo fuera; y, ya salga de la provincia o se quede en ella, en todas partes pasan por casados, porque aquéllos a que se agregan, sean indios o españoles, solo cuidan de disfrutar de su trabajo, sin reparar en que vivan como cristianos o no. Y así ni procuran que oigan misa, ni el que se confiesen, ni que ejerciten ningún acto de cristianos, pues saben que si los quieren obligar a ello se van a otra parte y los dejan; conque, por no privarse del servicio que les hacen, los dejan vivir como infieles.

Los que se van solos, abandonando a sus mujeres y familias, y lo mismo las indias que también se huyen solas, en cualesquiera parte que se establecen procuran, si pueden, casarse; luego es muy creíble que este desorden haya sido más frecuente en los años anteriores, por poco cuidado de los curas de españoles en las informaciones, o por testigos falsos que afirman la soltura; en los mismos pueblos se ha visto también este desorden. El señor Malbar en su general visita dejó proveído en forma de auto a todos los curas de españoles no pudiesen casar a ningún indio sin dar primeramente parte a sus propios curas. De esta acertada providencia se puede inferir que en el día no será tanto el exceso; pero, cuando esto no suceda, sucede el que el indio que se ahuyenta, dejando a su mujer, o la india que deja a su marido, el que permanece en el pueblo queda sin que jamás pueda tomar estado, aunque haya enviudado; porque, como se ignora dónde se halla el fugitivo, se ignora también si es vivo o muerto, y así no pueden pasar a segundas nupcias, de lo que resulta vivir siempre en continuo amancebamiento, con ruina de sus almas ocasionada de estas deserciones.

Tengo noticia que en Santa Fe y Corrientes, y aun dentro de los mismos pueblos, está sucediendo que los curas han casado indios con negras y mulatas esclavas, y, como las leyes previenen que la mujer del indio y sus hijos sean del pueblo de él, y por otra parte la esclava debe seguir a su amo y los hijos son esclavos, no sé cómo pueda componerse esto; al mismo tiempo el indio habrá de seguir a la mujer, y entonces se perjudican los reales tributos, y el pueblo con su falta y la de la posteridad; y me parece que éste es un punto que pide remedio.

Éste es el estado presente de estos pueblos en lo general, y al que viven reducidos estos naturales.

Ya que he manifestado a usted lo que han sido y son en general estos pueblos y su gobierno, quiero decir algo en particular de los del departamento de mi cargo, con la satisfacción de que hablo con quien los ha visto y comparado con el resto de los demás pueblos de esta provincia, y que puedo confirmar cuanto dijere, con la autoridad del señor don Pedro Melo de Portugal, gobernador Intendente y capitán general de esa provincia del Paraguay, que también los ha visto, cuya narración podrá servir de confirmación de cuanto llevo dicho, y de anticipación para lo que dijere cuando trate de los medios que me parecen oportunos para mejorar el gobierno de estos pueblos, aumento del real erario, y felicidad de estos naturales, a quienes deseo la mayor prosperidad.

A mediados del año de 1781 me encargué del mando de este departamento, que se componía de ocho pueblos, incluso el de Nuestra Señora de Candelaria, que ahora se ha separado por pertenecer al obispado del Paraguay, y por consiguiente a su gobierno e intendencia, quedándome ahora los de San Carlos, San José, Apóstoles, Concepción, Santos Mártires, Santa María la Mayor y San Francisco Javier. Estos pueblos por su situación son los de menos proporciones para su adelantamiento: no tienen yerbales silvestres, campos para vaquerías, ni cómo extraer maderas, porque, por lo peligroso del Uruguay, sobre cuya costa están sus montes, nunca se ha intentado enviar a Buenos Aires; conque solo la agricultura e industria les han de producir su subsistencia. Además de esto, son todos ellos de muy corto número de habitadores; el año de 1781 tenían 8.752 almas y 1.822 tributarios, según los padrones que formó mi antecesor, el teniente de dragones don Juan Valiente.

Por los años de 1773 y 74 estuvieron estos pueblos en la última miseria, solo el pueblo de Concepción tenía algún ganado en sus estancias, en las de los demás era muy poco el que había. Los almacenes de todos estaban vacíos, el chacarerío arruinado, sin algodonales ni cosa que les pudiera producir para su subsistencia. Pero la solicitud de dicho mi antecedente les proporcionó el volver a poblar sus estancias, hizo plantar algodonales y puso en regular estado todos los pueblos a él encomendados, de modo que a mi ingreso tenían las estancias de los ocho pueblos más de 100.000 cabezas de ganado vacuno y caballar, y demás especies en buen estado, y el chacarerío y algodonales bastante adelantados, bien que estaban empeñados en más de 90.000 pesos de comercio, resto del importe de los ganados acopiados para poblar las estancias. En lo demás estaban bastante atrasados, sus almacenes enteramente vacíos, las casas, así las principales nombradas colegios como las particulares de los indios, caídas o muy deterioradas; mucha desnudez, ninguna civilidad, en fin, en sus costumbres y preocupaciones convenían con los demás pueblos en los términos que queda dicho.

Al principio apliqué todo mi cuidado en granjearme la voluntad y confianza de todos los individuos del departamento, no tan solamente de los indios, sino también de los curas y administradores; y lo logré tan cumplidamente que hasta el presente nadie me ha ocasionado quebranto de consideración; todos desean complacerme, y así consigo cuanto deseo.

Conociendo que de las enemistades de curas y administradores resultaba parte de la ruina de los pueblos, o estorbaba su adelantamiento, procuré ante todas cosas arrancar de raíz el espíritu de discordia, estableciendo con algunos reglamentos una paz sólida, que cada día se ha asegurado más y más. Es verdad que alguna u otra vez ha habido algunos disgustos entre curas y administradores, pero éstos han sido de poca consideración, y con facilidad se han disipado sin que haya sido menester dar parte a la superioridad, adonde antes era preciso acudir a menudo.

Procuré también que a los corregidores y cabildos se les tratara con aquella atención que encargan las leyes, y que ninguna persona de ninguna calidad se atreviese a faltar al respeto debido a ninguno de sus individuos, haciéndoles conocer a éstos el modo con que debían portarse para no desmerecer las honras y distinciones debidas a sus empleos, y que yo quería se les guardasen como lo manda el rey.

Establecí reglas para que entre el cabildo y administrador no hubiese motivo de discordia en la distribución de las faenas de comunidad y su verificación, con otros varios puntos concernientes al buen gobierno del pueblo; y particularmente para evitar las vejaciones que padecían los indios por los corregidores y cabildos, que muchas veces los castigaban por sus fines particulares, aunque con pretexto de otras faltas. Para remediar esto mandé que en el cabildo haya un libro en que se escriban todos los castigos que se ejecutan, en esta forma: «A fulano de tal se le dieron tal día tantos azotes por tal delito, por mandado de tal juez que entendió en su causa», y al fin del mes han de firmar y autorizar todos los del cabildo esta relación, y el administrador ha de certificar a continuación constarle no haberse hecho más castigos que los que allí se refieren, y si se ha dejado o no de castigar a otros que lo han merecido, con todo lo demás que le parezca digno de mi noticia; y sacando del libro una copia, me la envían mensualmente. Con esta providencia he atajado, cuando no todas, mucha parte de las injusticias que hacían, y he dado una regular forma al gobierno económi
co de los pueblos y a la armonía que debe haber entre el corregidor, cabildo y administrador de cada establecimiento.

Apliqué todo mi conato a promover la agricultura y la industria, animándolos con mis exhortaciones y consejos; y para que se aplicasen con más empeño, acrecenté la ración de carne que se les daba en un tercio más, y así he conseguido sin rigor el que se apliquen al trabajo, y el ver pagadas todas las deudas, y aumentado el ganado vacuno en las estancias, que al presente tienen cerca de 80.000 cabezas más de las que tenían a mi ingreso, y a proporción es al aumento de las boyadas, yeguas, potros, caballos, mulas y ovejas, no siendo menor la ventaja que se conoce en el chacarerío. Se han aumentado los algodonales, plantado cañaverales, reparado los yerbales y mejorado todos los ramos de agricultura; también he procurado se construyan casas nuevas en todos los pueblos, y que se reparen las que había, como asimismo las iglesias y casas principales. Aunque en esto no se ha adelantado tanto como yo quisiera, porque la falta de albañiles lo ha impedido, no ha sido tan poco lo que se ha hecho que no se conozca bastante diferencia de ahora a como estaban antes. Pero, para haber conseguido estos adelantamientos, me ha sido preciso recorrer a lo menos cada dos meses todos los pueblos, ver sus obrajes y chacareríos, mejorar lo que no estaba según debía, establecer lo que consideraba útil, animar a los indios y no perdonar diligencia ni fatiga como la considerase oportuna al logro del adelantamiento. Hasta las mismas estancias he visitado, sin embargo de estar muy separadas de los pueblos (algunas distan más de 40 leguas); he reconocido todos sus terrenos, poblaciones, puestos, rodeos, corrales, estado de sus ganados, aperos de los peones y, en fin, cuanto puede conducir al conocimiento práctico de ellas, remediando muchos abusos y otras faltas que encontré, dejando establecido con consejo de dos capataces hábiles y de experiencia cuanto consideré podía ser útil al aumento y buen estado de los ganados; y el éxito ha correspondido conforme a mis deseos.

Viendo que una de las principales causas que influía para el abatimiento en que vivían estos naturales era la indecencia y desaseo con que se trataban en sus casas, procuré que a los corregidores se les dispusieran habitaciones decentes, dándoles a entender lo que me agradaría el encontrarlos a ellos y sus mujeres con decencia siempre que yo los visitase, que sería a menudo. Después establecí que cada año aseasen y reparasen sus casas interior y exteriormente todos los de cabildo, y así se van mejorando los pueblos y acostumbrando a vivir con decencia.

Para que al aseo de sus casas correspondiese el de sus personas, les procuré persuadir cuán grato me sería el ver que en lugar de tipoy, de que usaban sus mujeres, vistiesen camisas, polleras o enaguas, aunque fueran de lienzo de algodón, y corpiños o ajustadores que ciñeran su cuerpo y ocultaran los pechos; y que las que se presentasen con más aseo serían tratadas por mí, y haría lo fuesen por todos con más distinción. En este punto hubo algo que vencer, porque, preocupados los indios con la igualdad en que los habían criado, no permitían que ninguna sobresaliese de las otras; pero al fin se les ha desimpresionado de este error, y el aseo se ha introducido con no pequeños adelantamientos.

Como las cosas que se intentan no se consiguen con el éxito que se desea si al mandarlas o persuadirlas no se acompañan con la práctica de algunos actos en que por la experiencia se conozcan los favorables efectos y conveniencias que se le propone, para que desde luego conocieran estos naturales lo que se les había de seguir del aseo, dispuse el que en las casas principales, en la del corregidor, o en las de otros indios principales, no se les impidiese el juntarse a tener sus diversiones caseras cuando hubiera un razonable motivo, y con la decencia y orden regular, a las que no pocas veces asistí yo con mi mujer, y a mi ejemplo asisten siempre los administradores y sus mujeres, con lo que he conseguido desterrar la odiosa separación que había entre españoles e indios, estableciendo el trato y comunicación mutua, no tan solamente en estas ocasiones, sino también en todos los días del año que mutuamente se visitan con los españoles y españolas todas las familias en quien resplandece el aseo; y éste es un poderoso estímulo para animarlos más y más cada día, como se va experimentando.

Considerando las pocas proporciones que tienen estos naturales para conseguir algunos adelantamientos, por faltarles los medios de beneficiar, por medio de la venta, los frutos que pueden adquirir con su trabajo, y que de no proporcionarles este beneficio serían inútiles mis esfuerzos y providencias, he dispuesto que todos los frutos que recojan en sus chacras particulares y quieran venderlos a la comunidad, se los han de comprar precisamente, pagándoles de contado su valor en aquellos frutos o efectos que ellos quieran o el pueblo tenga, haciéndoles reservar lo preciso para el alimento de aquel año. Asimismo deben comprarles por su justo precio cualquiera cosa que con su industria hayan adquirido, por los precios que señalé en un arancel que formé para el efecto.

Esta providencia ha tenido favorables efectos, que en solo dos años que se practica han adquirido muchos indios unas regulares conveniencias, se han aseado muchas familias y, ya aseadas, no se avergüenzan de parecer delante de toda clase de gentes, con cuyo trato se van haciendo sociables y adquiriendo una perfecta civilidad, reinando en todos la abundancia, y cada día va a más, pues el ejemplo de unos sirve de estímulo a otros. Usted lo ha visto, y también lo ha visto el señor gobernador Intendente de esta provincia, y así no me queda recelo de que le parezca a usted encarecimiento nacido del amor propio.

Aunque en la opinión común son tenidos estos naturales por perezosos e incapaces de poderles infundir deseo de salir de la miseria y abatimiento en que se hallan, pareciéndoles a los que así opinan que es natural en ellos este abandono, yo nunca me he podido persuadir de esta opinión. No negaré que el temperamento y alimentos pueden influir algo en la robustez y disposición del cuerpo, y hacerlo más o menos activo según sus cualidades; y mucho más puede influir, en mi concepto, la educación, por la cual se imprimen en el ánimo las ideas que determinan sus operaciones; pero negaré siempre que éstos sean unos estorbos incapaces de vencerlos, como muchos piensan. Convendré, sí, en que costará trabajo, pero no en que es imposible.

Por reiteradas experiencias tengo conocido que los indios Guaranís no son tan perezosos como los suponen, ni aun se les debe notar de perezosos. Del pueblo de Candelaria destiné a trabajar al de Santa María la Mayor a cuatro indios aserradores, por no haber indios de este oficio en Santa María; a éstos se les señaló de jornal dos reales cada día, el uno para la comunidad de su pueblo y el otro para ellos; en dicho pueblo trabajaban de Sol a Sol muy gustosos por el jornal que sabían estaban ganando. Llegó el caso de haber de despedir dos de ellos, por haber ya aprendido a aserrar otros de Santa María; ninguno de los cuatro quería ser despedido, todos querían continuar, sin acobardarse del fuerte trabajo de la sierra, y les causó mucho sentimiento cuando los despidieron. Lo mismo ha sucedido con los que han trabajado de calafates en los barcos de San José; y, en fin, cuantos se emplean en estos términos trabajan con gusto y empeño.

Todos los españoles empleados en los pueblos tienen uno o más indios que los sirven, sin darles más jornal que la comida, el vestido y algún corto realillo. Y con solo esto son muy puntuales y eficaces sirvientes, sin que jamás se excusen a lo que se les manda, aunque sea trabajosísima la ejecución, y el mayor castigo que puede dárseles a estos sirvientes es el despedirlos, porque es cosa que les cuesta mucho sentimiento.

Cualquier indio a quien se ofrezca un corto interés está pronto a todo cuanto quieran mandarle, brindándose ellos mismos, y procurando ser preferidos a los otros; conque éstos no son procedimientos de perezosos, porque, si lo fueran, ningún interés les moviera a trabajar.

En todas partes en que a los indios Tapes los ocupan pagándoles jornal son muy buenos peones, como se experimenta en la ciudad de Buenos Aires y en todas las de españoles, que los prefieren a otros peones; conque el no ser aquí aplicados es porque les falta el estímulo de la paga.

También son notados de ladrones, y es verdad que roban cuanto pueden, pero a ello les obliga la necesidad; ellos apetecen cuanto ven, y mucho más lo que no hay dentro de los pueblos, y como lo desean y no tienen cómo comprarlo, y aunque tuvieran no hallarían quien se lo vendiera, no conociendo otro modo de adquirirlo, roban, si hallan ocasión. Bien es que ya no es tan general este vicio, en el que no conciben infamia, pues tal vez el que este año lo castigaron por ladrón, al siguiente lo hacen alcalde. Yo en este vicio descubro en los indios una buena disposición para civilizarlos y hacerlos laboriosos, pues una vez que codician lo brillante, si se les proporciona poderlo adquirir a costa de su trabajo, se aplicarán con empeño, lo que no sucedería si mirasen las cosas con indiferencia.

Para completar esta relación quiero referir aquí lo más particular del gobierno político y económico de estos naturales, según la generalidad con que lo practican en estos pueblos, para que usted venga más en conocimiento de las luces, genio y costumbre de todos ellos.

Cada pueblo tiene un cabildo compuesto de un corregidor, teniente de corregidor, dos alcaldes, cuatro regidores, un alcalde de la hermandad, un alguacil mayor, un mayordomo y un secretario, los que se eligen el día de año nuevo, según lo prevenido en las leyes, a excepción del corregidor y teniente, que no tienen tiempo determinado. Las elecciones las practican juntándose ocho o más días antes, y cada capitular propone un indio para que ocupe el empleo que él ejerce, consultando antes la voluntad del corregidor y la del administrador, que son los principales en que rueda esta máquina. Estando todos acordes, llevan la lista de los que piensan nombrar al administrador, el que, si les parece bien, les dice que lo hagan así, y si alguno de los señalados tiene alguna tacha, o no es del gusto del administrador, les dice que aquél no conviene, y que señalen otro que tal vez el administrador les indica, o lo insinúa privadamente al corregidor, y así se hace. Además de los empleos de cabildantes, se nombran el año entrante todos los empleos militares, los de los cuidadores de las faenas y maestros principales de todos los oficios y artes, de modo que en cada pueblo pasan de 80 y aun 100 los que ocupan oficios, y si el pueblo es corto, todos se vuelven mandarines, y quedan pocos a quien mandar. Estos últimos empleos toca al corregidor privativamente el nombrarlos, pero siempre lo hace con acuerdo del administrador, particularmente aquéllos cuya ocupación es el cuidado de los bienes de comunidad.

Dispuestas las listas y acordes todos, se juntan el día de año nuevo, de mañana temprano, y a toque de caja van publicando en las puertas de la casa de cabildo los nombrados, a cuyo acto asiste toda la gente del pueblo, unos por curiosidad, y otros para recibirse de sus empleos, de que al instante toman posesión, sin aguardar la confirmación del gobierno. Allí entregan las varas y bastones a los alcaldes y demás cabildantes nuevamente nombrados, y a los oficiales militares las insignias correspondientes; desde allí van a misa, y después a casa del administrador a hacerse presente, el que les encarga el cumplimiento de su obligación; y si no está ya extendido el acuerdo de las elecciones, lo extiende, y firmado de los electores, que dicen siempre que todos unánimes y a pluralidad de votos han elegido y nombrado a los contenidos, se remite al gobernador de la provincia para su aprobación; para los demás empleos que no son de cabildo basta el visto bueno del teniente gobernador del departamento.

Todos los días del año, al amanecer, ya están juntos todos los cabildantes a la puerta del corregidor, en cuyos corredores tienen un banco o escaño en que se sientan entretanto es hora de ir a misa, que siempre es temprano. Los alcaldes llevan sus varas, y los regidores sus bastones, que rara vez los sueltan de las manos, y acabada la misa es la primera diligencia el ir a la puerta de la habitación del cura, a saludarlo, y tomar las gracias, y desde allí pasan a la del administrador, el que les previene lo que han de hacer aquel día; y, despedidos, se van juntos a la casa del corregidor, y a su puerta determinan el reparto de la gente, y demás que corresponde a las faenas. Entretanto llega la hora de ir a los trabajos, que siempre es tarde, oyen las quejas y demandas que hay, que casi siempre son faltas al trabajo, hurtos, amancebamientos y chismes de unos con otros. Si el acusador es cabildante, o tiene a su cargo el cuidado de alguna cosa, hacen traer preso al indio o india acusado, y con muy poco examen le mandan azotar, según les parece. Bien es que nunca pueden pasar sus castigos de 50 azotes que este gobierno les permite, reservándose los castigos de los delitos mayores para entender en sus causas y sentencias, a excepción de las capitales, o que merecen pena a otros que a los reos, que se despachan a Buenos Aires con las sumarias. A los ejecutores de las prisiones y castigos llaman sargentos, y éstos nunca dejan de la mano la alabarda, y el azote lo traen ceñido al cuerpo para estar prontos al instante que se lo mandan. Regularmente entienden en las causas todos los cabildantes, juntos con el corregidor y alcaldes; pero en las faenas y trabajos cualquiera del cabildo, aunque no sea sino regidor, manda azotar al que le falta o comete otro defecto.

Desde el tiempo de los jesuitas tienen por costumbre, y observan todavía puntualísimamente, el que, en acabando de azotar a los delincuentes, se han de levantar del suelo, donde los hacen tender, y con mucha humildad van delante del que los mandó castigar, y le dan los agradecimientos de haberles corregido sus defectos. Si alguno omite este requisito le hacen cargo de ello, y teniéndolo por prueba de soberbia, lo vuelven a mandar azotar para que se humille, quiera o no quiera.

Siempre se procura que en las cárceles no se detengan presos, sino aquellos procesados por delitos capitales, o a los que se desertan con frecuencia, y a los demás se les aplica la pena, luego que se justifica el delito, y se ponen en libertad, porque las cárceles son poco seguras, y los que las tienen a su cargo muy descuidados; y así se les van a menudo los presos sin que baste el castigar a los cuidadores. Ellos los dejan salir solos a sus necesidades, los llevan a oír misa, aun a los homicidas, de modo que no se va el que no quiere.

Todos los días clásicos y de función se visten de gala con los vestidos que tiene el pueblo para estas funciones. Vístense también los oficiales militares con los suyos, y otros muchos se visten y forman acompañamiento; entre estos vestidos hay algunos costosos, pero más les sirve de ridiculizarlos que de adornarlos. En el pueblo donde asiste el gobernador o algún teniente gobernador concurren todos a su habitación, lo acompañan de ida y vuelta a la iglesia en toda ceremonia, pero estando solos guardan poca formalidad.

Siempre que van juntos van en pelotón, o más bien en hilera, el corregidor delante, al que sigue el teniente y alcaldes, y por su orden los demás, siendo el último el menos graduado. En la iglesia se sientan en escaños; regularmente se dividen en las dos bandas, aunque en algunos pueblos se sientan todos los de cabildo en un solo escaño, y el teniente de corregidor con los oficiales militares ocupan el puesto; pero los caciques, que debían ser preferidos, no tienen ningún lugar señalado, ni cosa que los distinga, sino es que, por tener empleo, ocupan el lugar que por él les toca.

Al gobernador de los pueblos le ponen en la iglesia silla, tapete y almohada, y se le guardan por los curas todas las preeminencias que disponen las leyes se guarden a los gobernadores los días de funciones clásicas, y en que asisten religiosos de otros pueblos. Le da paz un sacerdote con estola, y en los demás festivos un acólito con banda aseada; lo mismo se observa con los tenientes gobernadores, cuando no está presente el gobernador, por disposición del excelentísimo señor don Francisco Bucareli; aunque los gobernadores por condescendencia han permitido que al teniente se le ponga otra silla inmediata a la suya, cuando se halla algún teniente en donde él está. Supongo será esto porque, como los indios son tan rudos, no piensen es desaire que se les hace, o que el teniente, en ausencia del gobernador, le usurpa aquel honor; en fin, ello así se practica. A los cabildos da la paz un acólito, y el cura les da el agua bendita a la puerta de la iglesia los días más clásicos; pero al gobernador todos los festivos.

Los días de cumpleaños del rey, los de su real nombre, y todos aquellos en que se festeja alguna felicidad de la monarquía o de la real familia, desde la víspera de mañana se pone el Cabildo en ceremonia; sacan de las casas de cabildo las cuatro banderas que tiene cada pueblo, dos con las armas reales y dos con cruces de Borgoña, y las demás insignias militares, que son cuatro picas largas de a cinco o seis varas, y muy delgadas, con mojarras pequeñas en las puntas, y algunos pequeños plumajes de colores; puestos con orden y distribución en algunas partes de ellas, cuatro jinetas a la usanza antigua, y algunos bastones, unos en la forma común, y otros con escudete de metal o acero por puños. Desde las diez del día comienzan a dar varias vueltas con orden, a toque o ruido de cajas, por la plaza, unos a pie y otros a caballo, en que arman varias escaramuzas y torneos; hasta las doce, a cuya hora se anuncia la festividad con repiques de campanas y algunos tiros de camaretas, a cuya señal concurren todos los del pueblo a la puerta de la iglesia, en cuyo pórtico está colocado el real retrato en el lado correspondiente al evangelio, en un cajón, con sus puertas y cortinas interiores, y al lado opuesto están las armas reales pintadas en la pared o en lienzo. Juntos todos, con la música completa, se abre el cajón y descubre el real retrato repitiendo varias veces: «Viva el rey, Nuestro señor, don Carlos III», y se pone una guardia con las banderas, y dos centinelas efectivas delante del real retrato. A la tarde se cantan vísperas con mucha solemnidad, esmerándose en esto no poco los religiosos curas, y después vuelven a las escaramuzas, entretanto disponen algunos bailes o danzas de muchachos, que maravilla el orden y compás que guardan, aunque sean de tan corta edad que no lleguen a ocho años. Los bailes que usan son antiguos o extranjeros; yo no he visto en España danzas semejantes, ni en las diversiones públicas de algunos pueblos, ni en las que se usan en el día y octava de Corpus. Ahora modernamente van introduciendo algunas contradanzas inglesas, danzas valencianas y otros bailes que usan los españoles. A estos muchachos danzantes los adornan con vestidos a propósito, con coronas y guirnaldas que hacen vistosas las danzas; hay algunas que se componen de 24 danzantes, que forman varios enlaces, y aun letras, con el nombre que quieren.

    Entre danza y danza hacen juegos o entremeses, que en su idioma llaman menguas, todos de su invención, y algunos de ellos que parecen de bastante artificio y gracia a los principios, pero que no saben concluirlos con propiedad, los más los acaban a golpes y azotes, lo que celebran con mucha risa los circunstantes.

    Al ponerse el Sol se reserva el real retrato con las ceremonias y vítores con que se descubre, y a la noche se ponen luminarias y se arman fogones en la plaza, y se repiten los bailes como a la tarde. Al día siguiente, al salir el Sol, se vuelve a descubrir el real retrato en la forma dicha, el que permanece descubierto todo el día. A la hora acostumbrada, y dados los repiques de campanas, se junta toda la gente en la iglesia, en la que se canta la misa y Te Deum con mucha solemnidad, y después se prosiguen en la plaza las carreras de caballos en contorno, en las que, divididos en cuatro cuadrillas, los indios hacen muchas evoluciones o figuras, a la usanza antigua, todo a toque de muchas cajas y clarines, y con grande algazara y ruido de cascabeles grandes, de que llevan cubiertos los pretales y cabezadas de los caballos, lo que tienen por adorno y grandeza.

Para mediodía tienen dispuestas seis u ocho mesas de convite, que se hace en casa del corregidor, y en las de algunos caciques y cabildantes, para las cuales se da de los bienes de comunidad, para cada mesa, un toro, un poco de sal y un par de frascos de miel, y ellos agregan de lo suyo lo que pueden. En cada casa en que hay convite disponen una mesa larga en los corredores, que suele ser una tabla angosta sobre dos palos, y una mesita chica adornada a manera de altarito, con respaldo, en la que colocan alguna imagen o estampa de santo; en esta mesita ponen las viandas más finas y delicadas, como son aves, pasteles, batatas cocidas o asadas, pan, etc. Estas mesas, con más algunos grandes pedazos de asados, y otras cosas, las traen a la plaza, cerca de la puerta del colegio, a las doce del día, a que el cura les eche la bendición, a cuya ceremonia gustan los indios que asistan todos los españoles que hay en el pueblo, particularmente si está el gobernador o teniente gobernador; y luego que el cura les bendice la comida, saludan con toque de cajas y clarines, y baten las banderas y la música, entonan una letra, que tienen dispuesta en su idioma, para dar gracias a Dios que les da de comer, y hecho esto se retiran con las mesas a sus casas, y se ponen a comer en los corredores, lo que ejecutan estos días con toda ceremonia. No se sientan en aquellas mesas sino los que son convidados, que deben tener oficio o cargo; tampoco se sienta ninguna india. En tomando asiento los indios, que todos dan la cara a la plaza, vienen las mujeres e hijas de los convidados, cada una con un plato de barro grande; llega y lo pone debajo de la mesa, a los pies del padre o marido, y se retira un poco, manteniéndose en pie, frente de su marido, todo el tiempo que dura la comida, la que van sirviendo algunos indios, que traen a cada convidado un plato de buen porte colmado de comida, del que come un poco o hace que come, y luego lo desocupa en el plato que tiene a sus pies; da el plato vacío, y se lo vuelven a traer lleno de otra cosa o de la misma, y hace lo mismo que con el primero; y así continúan hasta que concluyen. De modo que juntan en un plato todas las sobras de cuantas viandas les han servido a la mesa; hasta los dulces, si los hay, los juntan con lo demás. Luego que han acabado, llegan las mujeres y toman los platos de las sobras y se los llevan a sus casas, a donde también van los maridos, y juntos con sus hijos o amigos comen lo que ha sobrado en el convite.

Aunque los corregidores tenían el mismo estilo cuando yo vine a estos pueblos, lo han desterrado enteramente en sus particulares, y el convite, que en estas fiestas y en la del santo patrón titular del pueblo tienen en su casa, lo hacen ya del mismo modo que los españoles. Dentro de su casa disponen la mesa bien servida y aseada, en ella se sientan las mujeres juntamente con sus maridos y se portan con sobriedad, y los curas van a casa de los corregidores a bendecirles la mesa.

A la tarde corren sortija en la plaza, dando premios al que la lleva, y a la noche se repiten los bailes y menguas.

De estas funciones la que se hace con más solemnidad es la del día del santo del patrón titular del pueblo. Para ella disponen en la plaza, en la entrada de la calle que está en frente de la puerta de la iglesia, un castillo o andamio hecho de maderas altos, en el que forman pórticos y balcones, con ramos verdes, y adornan con colgaduras y bastidores de lienzo pintado; allí colocan en un altar la imagen del santo titular, y delante, al pie del mismo altar, dejan lugar para enarbolar el real estandarte. Desde muy temprano, la mañana de la víspera, ya están todos los cabildantes, oficios militares y demás empleados del pueblo vestidos y con caballos ensillados para salir a recibir al camino al gobernador, a los tenientes y a los curas, administradores y cabildos de otros pueblos, convidados a la fiesta; tienen puestas espías en todos los caminos, y en avisando que viene alguno salen a medio cuarto de legua a encontrarlo; allí lo saludan, le dan la bienvenida y lo acompañan hasta su alojamiento. En estos recibimientos pasan toda la mañana, empleando los intervalos de tiempo en correr a caballo alrededor de la plaza, que es la pasión más dominante de los indios, que no cesan de correr los tres días que dura la función; y para ello tienen reservados con mucho cuidado los caballos que han de servir esos días, a los que llaman los caballos del santo; y éstos solo en faenas particulares sirven, pero no en el servicio diario de las estancias; lo que también es conveniente, pues se hallan en buen estado aquellos caballos cuando se necesitan.

En el regidor primero es en quien recae el empleo de alférez real, a cuya casa acude el cabildo a las doce del día, y lo acompañan a la casa de cabildo, en donde le entregan la insignia de alférez real, que es un bastón alto que tiene sobre el puño un escudo de plata del tamaño de una mano, en el que están grabadas las armas reales. Al alférez real acompaña un indiecito que le sirve de paje, y le lleva el bastón cuando él lleva el real estandarte. Para uno y otro tienen los pueblos vestidos iguales, con bordados y galones muy costosos; pero, como están cortados a la antigua y no les ajusta a sus cuerpos, los hacen ridículos. El alférez real toma el real estandarte y con todo el acompañamiento lo lleva y coloca en el castillo, repitiendo muchas veces: «Viva el rey, Nuestro señor, don Carlos III». Desde allí van todos a la puerta de la iglesia, y descubren el retrato en la forma que queda dicho; y después entran en la iglesia, en donde se canta el magnificat, y se retiran, acompañando hasta su casa al alférez real.

A la tarde, después de dados dos repiques de campanas para anunciar las vísperas, va el cabildo, montados y acompañados de los oficiales reales y demás concurrentes, a casa del gobernador, o teniente gobernador, a sacarlo para el paseo del estandarte, donde concurren todos los administradores y demás españoles concurrentes, como asimismo los corregidores y cabildos de otros pueblos; y todos montados van desde allí a casa del alférez real, al que acompañan y llevan a que tome el real estandarte; y al recibirlo repite el «viva el rey» al son de cajas, clarines, campanas y varios tiros de camaretas; y dispuestos en buen orden dan vuelta la plaza, caminando delante los oficiales militares de a pie con las banderas, picas y demás insignias, jugando y batiendo las banderas de trecho a trecho, y repitiendo «viva el rey». Llegan a la puerta de la iglesia, donde esperan los curas a todos los religiosos concurrentes, los que, después de dada el agua bendita, acompañan hasta el presbiterio al real estandarte, el que recibe el cura o el que ha de celebrar la misa, y coloca dentro del presbiterio, al lado del evangelio, en un pie de madera, y al alférez real le ponen silla, tapete y almohada, al mismo lado de afuera del presbiterio, enfrente de la que ocupa el gobernador o teniente gobernador; y, en acabándose las vísperas, vuelven a retirarse en la misma forma y, dando antes vuelta a la plaza, colocan el real estandarte en su lugar.

Al otro día se repite el paseo, y se canta la misa como la tarde antes las vísperas, y a las doce del día se reserva el real estandarte; pero el real retrato permanece descubierto todo el día, el que ocupan en correr en la plaza, en bailes, sortija a la tarde y otras diversiones. En la forma dicha continúan lo mismo el día siguiente, en el que suelen correr algunos toros, cortadas las aspas para que no lastimen a los toreros, que son muy torpes y atrevidos. En algunos pueblos representan a las noches óperas o comedias truncadas, pero, como los representantes son indios, y los más de ellos muchachos, y no entienden lo que dicen ni pueden pronunciar bien el castellano, se les entiende poco y tienen poca gracia estas representaciones para los españoles y para ellos.

Al mediodía juntan las mesas en la plaza para la bendición en la forma dicha; regularmente pasan este día de veinte mesas las que se disponen, y en algunos pueblos ricos aun llegan a ciento, y todas muy abundantes de carne, pues el pueblo más económico es preciso gaste este día cuando menos 50 toros, porque de los pueblos inmediatos concurre mucha gente, y a todos dan de comer con abundancia.

En esos días se reparten, al tiempo de los bailes, sortija y toros, varias menudencias de las que se trabajan en los pueblos, como son rosarios, vasos, cucharas, peines de aspa y lienzo de algodón; también se les da, si hay en el almacén, agujas, cintas, cuchillos y otras menudencias que ellos estiman mucho. De esto, unas cosas se dan por premio a los que bailan o llevan la sortija, y otras se tiran a que las cojan, que es en lo que ellos tienen más diversión, y se juntan todos a cogerlas; hasta los cabildantes, si cae alguna cosa hacia donde están sentados, olvidan la formalidad con que están y se arrojan como niños a coger lo que pueden; aunque ya en el día se contienen algo.

Todo el año trabajan gustosos solo con la esperanza de que la fiesta se haga con grandeza; y si se les quiere cercenar algo, contestan que ellos trabajan contentos solo con el fin de gastarlo ese día; y si a pesar suyo se moderan los gastos, se reconoce desmayo en adelante en la aplicación al trabajo.

Aunque por la costumbre que tienen de acudir a sus distribuciones saben el día y hora de todo, están tan acostumbrados a no hacer nada sin que se lo manden, que para todo aguardan la señal del tambor, o la voz del pregonero o publicador; y así en todo el día se oyen repetidos toques de cajas y publicar por las calles lo que deben hacer. Al alba, luego que la campana hace señal, corresponden los tambores, y se reparten por las calles algunos indios, que a voz alta les dicen se levanten a alabar a Dios, a disponerse para ir a la iglesia a oír misa, después al trabajo, y que así harán la voluntad de Dios, se proporcionarán el sustento y agradarán a sus superiores. En todas las horas del día repiten esta misma diligencia conforme lo que tienen que hacer; lo mismo para que acudan al rosario, sin embargo de que la campana les avisa.

    Habiendo yo notado que en varias horas de la noche tocaban las cajas, particularmente a la madrugada, me movió la curiosidad a preguntar a qué fin eran aquellos toques; y me respondieron que siempre habían tenido aquella costumbre de recordar toda la gente en algunas horas de la noche, y que por eso lo hacían. Apurando más esta materia y su origen, me dijeron que los jesuitas, conociendo el genio perezoso de los indios, y que, cansados del trabajo de todo el día, luego que llegaban a sus casas y cenaban, se dormían hasta el otro día, que al alba les hacían levantar para ir a la iglesia y de allí a los trabajos; así no se llegaban los maridos a sus mujeres en mucho tiempo, y se disminuía la populación; y que por eso dispusieron el que en algunas horas de la noche los recordaran para que cumplieran con la obligación de casados.

    No se nota en estos pueblos aquel bullicio que ocasionan las gentes en las poblaciones; cada uno en su casa observa un profundo silencio, no se juntan a conversación ni diversión alguna, ni aunque estén juntos se les ofrece qué hablar, porque están faltos de especies; ni tienen juegos para pasar el tiempo desocupado, ni aun los muchachos juegan ni se divierten en las plazas y calles, como es propio de su edad; no se oyen cantares en su idioma, ni en castellano, y así no se les oye cantar en sus faenas ni ocupaciones, como lo acostumbran los trabajadores para aliviar el trabajo; ni tampoco cantan las indias, ni aun saben ellos ni ellas hablar alto. Desde chicos los crían tan encogidos que, si les mandan llamar a alguno, aunque lo tengan a la vista, no saben levantar la voz para llamarlo, y van donde está, y allí le dicen que lo llaman; tampoco acostumbran ni les permitían el tocar en sus casas guitarras ni otro instrumento, y menos el tener bailes caseros; en el día se les permite, aunque con bastantes limitaciones.

Esto es lo más particular del gobierno político y económico de estos indios, cuya noticia podrá contribuir a formar cabal concepto de lo que son y del estado en que se hallan.

Ya que he referido a usted lo que me ha parecido más particular de esta provincia y sus naturales, discurro no le será desagradable el que, antes de pasar a tratar de otros puntos, le hable a usted algo de las naciones de indios infieles, confinantes con estos pueblos, así por lo que pueden con el tiempo aumentar esta provincia, como porque con su noticia se podrá formar más cabal concepto de todo lo dicho, y de lo que después propusiere para los fines de mejorarla. Y omitiendo la nación de los Guaicurus, que antes molestaba los pueblos más inmediatos al Paraguay, porque ya en el día se considera distante, mediante las acertadas providencias del actual gobernador, el señor don Pedro Melo de Portugal, que con haber establecido las poblaciones de Ñembuá, y tomado otras providencias, ha sujetado aquella nación, de modo que no ha dejado ni el menor recelo de invasión en estos pueblos, hablaré solamente de los Guayanás, los Tupís, los Minuanes y Charrúas.

Bajo de la nominación de Guayanás comprenden estos naturales a otras muchas naciones, que tienen cierta relación entre sí, y cuyo genio, costumbres y lenguaje se diferencian poco; éste es semejante al guaraní, y probablemente tiene el mismo origen; y, aunque alterado y desfigurado con distinto acento y pronunciación, los entienden con poca dificultad los indios de estos pueblos.

La nación Guayaná, junta con las demás naciones sus semejantes, es bastante numerosa; viven a una y otra banda del Paraná, desde unas 20 leguas del Corpus, hasta el Salto Grande de dicho Paraná y aún más arriba, extendiéndose hasta cerca del Uruguay, por el Río Iguazú, el de San Antonio y otros. Su natural es docilísimo, y tan sociable con los indios de estos pueblos que no hay noticia les hayan hecho el más leve daño en los frecuentes viajes que hacen a los yerbales; antes bien les ayudan a trabajarles, buscan y manifiestan los parajes en donde hay muchos árboles de yerba y aun les socorren con alimento cuando les escasea, contentándose con algunas fríoleras que se les da, como son abalorios, espejitos, algunas hachas chicas y algún lienzo de algodón.

Estos indios viven dispersos por los montes, se alimentan de la caza, que matan con flechas sin veneno, que no lo usan ni conocen; comen de todas sabandijas, pero lo principal de su alimento es la miel de abejas de los montes. También siembran algunas chacras, pero no las cultivan; lo que hacen es derramar la semilla en algún paraje, y al tiempo que ya les parece tendrá fruto vuelven por allí y recogen lo que hallan; las semillas que tienen son: porotos de varias especies, y que algunos dan fruto todo el año hasta que el frío consume las matas, el maíz y calabazas o zapallos de varias especies, algunos de exquisito gusto.

A doce leguas del pueblo de Corpus, hacia la parte del este, hay una pequeña reducción de la nación Guayaná, nombrada San Francisco de Paula, que está a cargo de los religiosos dominicos; y aunque ya hace muchos años que se fundó, ni se aumenta, ni hay esperanza pueda permanecer con fruto; pues, aunque los indios manifiestan mucha inclinación a ser cristianos, hay muchos estorbos que dificultan el que se consiga el establecerlos a vida civil y cristiana.

El número de personas cristianas de que se compone la reducción al presente son unas 50, entre chicos y grandes; pero éstos no siempre asisten en la reducción, pues, acostumbrados a buscar su alimento en los montes, se entran por ellos a procurárselo, en donde tratan y conversan con sus parientes y amigos los infieles, estándose con ellos muchos meses, de lo que resulta el que tal vez no vuelven a la reducción. También los infieles frecuentan ésta a menudo, particularmente cuando los reducidos tienen qué comer; entonces se llena la reducción de infieles, y en consumiendo lo que hay se retiran, llevándose consigo a muchos de los cristianos, que, o aficionados del trato, u obligados de la necesidad, se van con ellos.

El paraje en donde está situada la reducción es una de las mayores dificultades que hay para que se aumente; la cercanía y trato con los suyos no les deja olvidar sus antiguas costumbres e inclinaciones; el poco terreno descubierto de bosques no les permite extender sus chacras, y mucho menos el criar animales, pues, además de la falta de terreno, abunda tanto de mosquitos, tábanos y jejenes de diversas especies, que ni aun pueden tener un caballo para el servicio del religioso doctrinero.

Por el mes de octubre del año próximo pasado de 1784, al tiempo que el ilustrísimo señor don fray Luis de Velasco, obispo de esa ciudad del Paraguay, visitaba los pueblos de su diócesis, estando en el de Corpus bajaron los indios Guayanás cristianos a confirmarse en aquel pueblo. Con este motivo tuvo ocasión dicho señor ilustrísimo, y la tuve yo, de hablar con ellos, y particularmente con el corregidor, que, aunque de nación Guayaná, fue nacido y criado en el pueblo de Corpus; y preguntándole por las causas que a él le parecían motivaban el poco adelantamiento de su reducción, dijo que la cortedad de sus terrenos y la inmediación a los montes, donde encontraban lo necesario para su alimento, juntamente con no estar habituados al trabajo, eran los motivos que distraían de la reducción a los reducidos; y que los infieles, aunque todos deseaban ser cristianos, viendo que no tenían qué comer en la reducción, no querían venir a ella, y que solo se acercan por allí cuando saben que hay qué comer, y en consumiéndolo vuelven a los montes; y que solamente que se les diese terrenos buenos en otra parte se conseguiría el aumento de la reducción. A lo que les dijo el señor obispo que hablasen a sus parientes y amigos y los persuadiesen a salir de entre los montes, que la piedad del rey les concedería terrenos y modo de subsistir en otros parajes con las comodidades que veían en los de aquel pueblo, y les destinarían ministros que los doctrinasen y enseñasen el camino del Cielo; y que esta diligencia la pusiesen en ejecución luego que volviesen a la reducción, y que de sus resultas me avisasen a mí, para que yo lo participase al señor obispo y al excelentísimo señor virrey con el informe que tuviese por conveniente; y aunque quedaron en hacerlo, particularmente el corregidor, hasta ahora nada ha resultado, ni creo resultará por lo que diré a usted.

En el tiempo que el pueblo de Candelaria estaba comprendido en los de mi cargo, tenía dispuesto que aquellos indios frecuentasen los viajes a los yerbales silvestres; y entre otros puntos que encargaba para que se gobernasen en aquella faena, era el que conservasen la mejor armonía con los infieles, aficionándolos al trato con ellos; y que siempre que tuvieran oportunidad les persuadiesen a ser cristianos y a salir de los montes, convidándoles con las conveniencias que ellos tenían en sus pueblos; y para que les fuesen patentes, vieran si podían persuadir a algunos caciques a que, como de paseo, vinieran a ver su pueblo; y en efecto vino uno con otros dos indios con algunos de Candelaria, a los que agasajé y regalé bastante. Y tratándoles del asunto de su conversión y reducción, me respondieron que así ellos, como todos los demás de aquellos montes, deseaban ser cristianos, pero que fuesen allá los religiosos a enseñarlos, porque ellos no podían salir de allí, porque si venían a los pueblos se habían de morir; y de esta persuasión, de que no daban ninguna causa, no los pude disuadir. Pero me parece que no sería dificultoso el apartarlos de ella, aunque fuera poco a poco, porque como llevo dicho son muy dóciles; y de querer juntarlos en la reducción principiada o a otra en aquellos parajes, me parece que todos los esfuerzos y gastos serían inútiles; porque, aunque la piedad del rey les facilite algunos socorros, al instante que éstos llegasen a la reducción vendrían a ella cuantos hay en los montes, y permanecerían allí hasta que los consuman o se los escaseen, y les quisieran obligar a trabajar; lo que no sucedería si los trasladasen a otra parte.

La prueba mayor que tengo para convencerme de la docilidad y buena disposición de estos indios es que hace tres años que se han mantenido sin religioso que los doctrine y gobierne, y en todo este tiempo ni han abandonado la reducción, ni han dejado de cumplir en lo posible con las obligaciones de cristianos. Y lo más es que, habiendo visto el señor obispo la desnudez de algunos, determinó socorrerlos, y en efecto lo hizo; y haciéndoles cargo que por qué no trabajaban en hilar y tejer para vestirse, dijo el corregidor que en aquel año habían recogido poco algodón, y que aquel poco lo habían hilado y tejido, y lo tenían guardado para tupambae del padre, y que de modo ninguno habían de gastarlo hasta que él viniera y dispusiera de él.

A la banda del sur del Uruguay, en los montes que principian desde el pueblo de San Francisco Javier, habita la nación nombrada Tupís. Ésta parece no es muy numerosa, o andan muy dispersos, porque nunca aparecen muchos juntos; son caribes, y tan feroces que ni aun los tigres les igualan. Viven siempre en los montes, desnudos enteramente, sus armas son arcos y flechas, que así aquéllos como éstas son de más de dos varas de largo; algunas veces se dejan ver junto al dicho pueblo de San Javier a la banda opuesta del Uruguay; y aunque siempre que esto sucede se les ha procurado hablar y atraerlos, ofreciéndoles y mostrándoles cintas, abalorios, gorros colorados, maíz y otras cosas, nunca han querido llegarse ni esperar, correspondiendo con sus flechas, con las que han herido algunos indios cuando han visto que las canoas o balsas se acercan hacia donde ellos están, retirándose precipitadamente al monte.

El pueblo de San Javier mantenía en aquel lado una estanzuela, y por las invasiones de estos indios les fue preciso abandonarla; pues, aunque no acometían a las casas, buscaban ocasión de encontrar algún indio solo para acometerle, y no se podían perseguir, porque ganaban el monte, del que jamás se apartaban mucho. En tiempo de los jesuitas pudieron los indios de San Javier aprisionar uno de estos indios, y lo trajeron al pueblo, en el que procuraron agasajarlo con la suavidad del trato; pero nada bastó para que depusiese su ferocidad, en la que permaneció sin querer tomar alimento ni hablar una palabra, hasta que murió.

Estos mismos indios se extienden por aquellos montes hasta cerca del pueblo de Santo Ángel, y por todos los montes que median entre el Uruguay y los pueblos del destacamento de San Miguel, conocidos por los de la Banda Oriental del Uruguay. Cuando los indios de estos pueblos van a los montes a beneficiar la yerba nombrada del Paraguay, es menester que vivan con la precaución de no separarse uno solo, porque los Tupís los acechan desde el monte a manera de tigres, y el que ven solo y retirado de los otros le acometen, y si no puede escapar, lo matan, lo llevan y lo comen.

De estos indios cuentan los Guaranís algunas patrañas, ocasionadas del miedo que les tienen; una de ellas es que sus pies no tienen dedos, y que en ellos tienen dos talones o calcañales, y que así no se puede conocer por las pisadas si van o vienen.

En los campos que se dilatan a la Banda Oriental del Uruguay, desde el río Negro hasta el Ibicuy, habitan las dos naciones de Charrúas y Minuanes; la primera hacia el lado del río Negro, y la otra hacia el Ibicuy y estancias que por allí tienen los pueblos. Estas dos naciones son semejantes en su genio, costumbres y modo de vivir, y así lo que dijere de los Minuanes, que son los más inmediatos a estos pueblos, conviene a los Charrúas.

Los indios Minuanes viven en tolderías, compuestas de parcialidades o cacicazgos, aunque regularmente conocen superioridad en alguno de los caciques de aquellos territorios, ya por tener mayor número de indios a su devoción, o por más valeroso y hábil; ahora el que domina es el cacique Miguel Caray. Estos indios son bastante tratables, guardan fe en sus contratos, castigan a los delincuentes, sin permitir se haga daño a nadie, si no han recibido antes algún agravio, y así viven en buena armonía con todos los de los pueblos, menos con los de Yapeyú, que, porque éstos les han hecho algunos daños, siempre que pueden se vengan de ellos.

Estos indios permiten en sus tolderías, y en todo el terreno en que se extienden, a cuantos indios Guaranís se desertan de sus pueblos y quieren vivir entre ellos; pero han de usar la política de avisarles y decirles que van a favorecerse de ellos. Del mismo modo permiten españoles gauderios y changadores, que andan por aquellos campos matando toros para aprovechar los cueros, los que extraen llevándolos a la ciudad de Montevideo, introduciéndolos en ella clandestinamente entre los que extraen con permiso o de otra forma, o pasándolos al Brasil por medio de inteligencia con los portugueses del Viamont y Río Pardo, en cuyos parajes introducen los mismos gauderios españoles algunas porciones de ganado de los mismos campos. Pero es mucho más lo que extraen los mismos portugueses, a los que ayudan y favorecen mucho los Minuanes, porque los regalan con más frecuencia, dándoles lo que más apetecen, particularmente el aguardiente, por medio de lo cual consiguen, no tan solamente el que les permitan matar y extraer todo el ganado que quieren y sus corambres, sino que, en caso de que alguna partida española los encuentre, los favorecen, no permitiendo se les haga ningún mal.

Aunque por la buena fe que estos indios observan con los de estos pueblos se conserva la paz, son muy perjudiciales; lo primero, por el asilo que dan a los indios que se desertan de estos pueblos; lo segundo, por el favor que prestan a los españoles y portugueses changadores que destruyen los ganados de aquellos campos; y, por último, porque siempre es preciso contemplar con ellos, regalándolos con yerba, tabaco y otras cosas, a fin de que con cualquier pretexto no impidan las vaquerías, robando las caballadas y haciendo otras extorsiones a los que van a ellas.

El buen natural de estos indios parece franquearía la entrada a su reducción y conversión, pero en nada menos piensan que en reducirse; y, aunque no les es repugnante nuestra religión, les es la sujeción que ven en los indios de estos pueblos reducidos a pueblos, y precisados a trabajar, lo que a ellos no sucede. Nadie determina sus operaciones, cada uno es dueño de las suyas, en el campo tienen su sustento en el mucho ganado que hay en él, y tienen pocas luces para conocer lo feliz de la vida civil, y mucha malicia para no dejarse sujetar al yugo de una reducción. A mí me parece que los Minuanes jamás se reducirán con sola la persuasión de la predicación evangélica.

Réstame ahora dar a usted una individual noticia del gobierno eclesiástico y culto divino de estos pueblos; pues, siendo mi ánimo el presentar al examen y consideración de usted la idea que me ha ocurrido de mejorar el gobierno temporal de esta provincia, será preciso mudar en parte el que se observa en la eclesiástico, así para conformarlo con el temporal, como para que se logren y tengan efecto las piadosas intenciones de Su Majestad y prelados eclesiásticos, y que estos naturales logren la asistencia, doctrina y sufragios necesarios a la salvación de sus almas. En esta narración tocaré algo de lo que alcanzo con certeza del tiempo de los expatriados, y me extenderé en el presente, como que tengo entera noticia, para que con conocimiento de lo que ahora se observa puedan conocerse las ventajas del que premedito.

En tiempo de los jesuitas había en cada uno de estos pueblos un cura que presentaba el gobernador de Buenos Aires, como vicepatrono de los treinta pueblos, al que daba la colación y canónica institución el obispo de Buenos Aires a los de los diez y siete pueblos del Uruguay, y el del Paraguay a los trece del Paraná. Estos curas tenían de sínodo 476 pesos, señalados en los reales tributos, los que percibía su religión, quien señalaba los compañeros y coadjutores que le parecía, poniéndolos y quitándolos a su arbitrio, o a pedimento de los curas, y a unos y otros les suministraba lo preciso para su comodidad y decencia. El cura se hacía cargo y cuidaba principalmente de las temporalidades, y daba al compañero el cargo el cargo de lo espiritual, sujetándolo en todo a sus disposiciones; y como ya dejo dicho del modo que se gobernaban en lo temporal, diré lo que alcanzo del que practicaban en lo espiritual.

Lo primero que se presenta a la vista son los templos; éstos, aunque no guardan regularidad en su arquitectura y son de poca duración, atendiendo a la pobreza de los pueblos y la de sus naturales, son muy suntuosos y están bien adornados interiormente de retablos, los más de ellos muy toscos, y todos dorados, y los bustos de los santos que ocupan sus nichos pocos son los que hay de buena escultura. Las pinturas que adornan sus paredes son toscas y desproporcionadas. Las alhajas de plata son muchas y grandes, aunque su obra es poco pulida, a excepción de alguna otra pieza. Los vasos sagrados son también muchos y de mejor obra, y algunos de ellos de oro; igualmente los ornamentos son muchos, ricos y costosos. De modo que, aunque para el servicio de Dios y culto divino ninguna riqueza puede decirse que es excesiva, con todo, atendiendo a la pobreza de los pueblos y sus naturales, parece que se excedieron en esto. Las torres o campanarios son de madera, formados de cuatro pilares u horcones gruesos y altos, con dos o tres entablados que hacen otros tantos cuerpos, y su tejadito. Estos campanarios están en los patios de las casas principales, contiguos a las mismas iglesias, y en ellos muchas campanas de varios tamaños, y algunas bastante grandes y de buenos sonidos, las más son fundidas en estos pueblos.

Una de las cosas en que he reparado es que, teniendo las iglesias de estos pueblos tantas alhajas de plata, aun para usos poco necesarios, y muchas de ellas duplicadas en un mismo uso, no hayan empleado parte de esta plata en coronas de las imágenes de la Madre de Dios, resplandores de crucifijos y laureolas de santos, siendo muy rara la imagen en cuyo adorno hayan empleado plata alguna. Lo mismo digo de los bustos de Jesús Nazareno, en los varios pasos de su pasión, el de la Virgen y otros santos que sacan en las procesiones de Semana Santa; todos éstos son unos trozos de madera mal labrados y peor pintados, sin ningún adorno en sus cuerpos, ni en las andas en que los colocan, siendo éstas una especie de parihuelas mal formadas, y parece que debían haber puesto en esto más que en otra cosa su esmero; pues, siendo la representación de estos pasos quien nos trae a la memoria la obra de nuestra redención, es muy conveniente que los bustos de Jesús, la Virgen y demás santos sean bien formados y adornados, mayormente entre estas gentes, que les entran las especies más por la vista que por el oído, y pudieran haber empleado parte de las ricas telas que emplearon en los ornamentos en vestidos decentes de estas imágenes y otros adornos de ellas.

Las funciones de iglesia correspondientes al culto divino las hacían con mucha solemnidad, pero no ponían tanto cuidado en lo que pertenecía al bien espiritual de las almas de sus feligreses, pues según se explica el señor don Manuel Antonio de La Torre, obispo que fue de Buenos Aires, en el informe que dio al excelentísimo señor don Francisco Bucareli, gobernador de dicha ciudad, tratando del señalamiento de sínodo a los nuevos curas que sustituyeron a los jesuitas, éstos no aplicaban ninguna de las misas por los difuntos, ni las de los días de fiesta por el pueblo, ni la que debían cantar los lunes por las almas del purgatorio, ni tampoco llevaban el Santísimo Sacramento a casa de los enfermos, pues a éstos, cuando se les había de administrar, los llevaban y ponían en una casa o capilla, frente de la misma iglesia, y allí solos administraban, sucediendo algunas veces el que al llevarlos o volverlos se morían algunos de frío en el camino. Esta costumbre permaneció algún tiempo después. Yo alcancé todavía en dos de los pueblos de mi cargo, lo que cesó a una leve insinuación mía; lo demás que practicaban era conforme a lo que expresaré adelante, cuando trate del culto divino presente. Pues en la mayor parte los curas actuales han seguido la costumbre que encontraron, según la practicaban los mismos indios, a excepción de tal cual cosa de poca consideración que han alterado; y si tenían alguna otra particularidad, la ignoro.

El lugar que ocupaban los jesuitas fue sustituido por religiosos de las tres órdenes: Santo Domingo, San Francisco y la Merced; para cada pueblo fueron nombrados dos religiosos con títulos de cura y compañero, señalando a cada uno distinto sínodo, como ya queda dicho.

Para el nombramiento del religioso que ha de servir el empleo de cura se guardan las formalidades que previenen las leyes del real patronato, haciendo la nominación el provincial, la presentación el vicepatrono, y dándole la institución el diocesano; pero a los compañeros los nombra el provincial, y con la aprobación y pase del vicepatrono vienen a ocupar su destino, dejando tomada razón en los tribunales de real hacienda para el abono de sus sínodos.

Luego que el cura se presenta al gobernador de la provincia o teniente del departamento en cuyo distrito está el pueblo de su destino, vistos sus títulos, despacha orden al cabildo y administrador para que por su parte lo reciban y le acudan con el sustento, según está mandado en las ordenanzas. Con esta orden y sus títulos se presenta en el pueblo, y el cura que cesa le hace entrega formal del curato, libros, iglesia, sacristía y ornamentos. Asistiendo a todo el cabildo y administrador, reconocen si los ornamentos y alhajas de la iglesia están cabales, según el primer inventario, anotando lo que deben anotar, y dan parte de la ejecución al inmediato superior.

Los compañeros se presentan con la licencia de su provincial y orden del vicepatrono, y mediante ella son admitidos sin hacerles entrega de nada.

Hace dudar, y aún dudo, si estos religiosos son ambos curas, o a lo menos si ambos tienen iguales cargas. Esta duda nace de que, gozando iguales y distintos sínodos, deben considerarse dos distintos beneficios, y por consiguiente cada uno debe tener anexas sus cargas particulares, o repartirse entre sí todas las comunes del curato. A que se agrega que, si solo el que se nombra cura es el obligado a cumplir las cargas del curato, y el compañero a lo que el cura le encargare, la certificación de éste debía darla el cura, y la del cura el cabildo, según resulta la asistencia que lograba el pueblo; pero no es así, porque a cada religioso separadamente se le da su certificación, sin que el cura pueda quitar ni poner en la que dan a su compañero. Además de esto, el año de 82, por disposición real, publicó edictos el Ilustrísimo señor obispo de Buenos Aires, llamando a los clérigos que quisieran oponerse a los curatos de los diez y siete pueblos de indios de este obispado, y llama Su Señoría Ilustrísima para cada pueblo a dos individuos para curas, expresando que el sínodo de cada uno son 200 pesos; y añade Su Señoría Ilustrísima que para el pueblo de Yapeyú solo llaman a uno por estar ya provisto otro clérigo en él. De lo que se infiere que los empleos de cura y compañero son dos beneficios distintos, cada uno con sus cargas anexas, o que todas las del curato son comunes a los dos, y deben dividirlas entre sí igualmente. Pero a esto se opone el que solo el que se nombra cura trae los títulos de tal, con todas las formalidades debidas, y el compañero, aunque para el goce del sínodo sean suficientes los que traen, de ningún modo puede serlo para la administración de sacramentos; a excepción del de la confesión, pues para ese solo trae licencia del obispo, y necesita para lo demás la del cura del pueblo a que viene destinado.

Aunque regularmente suelen avenirse bien los curas y compañeros, partiendo entre sí el trabajo, no dejan de ofrecerse algunas disensiones sobre esto, pretendiendo algunos curas que solo deben los compañeros hacer aquello que determinadamente ellos les mandaren, y nada más; otros por el contrario quieren que los compañeros tengan las mismas obligaciones y cargas que ellos, y los compañeros quieren que todas las misas que deben aplicarse a los feligreses sean del cargo del cura; y nadie hay que resuelva esta duda, ni la haya querido consultar a la Superioridad. Pero lo cierto es que a los compañeros no les pasan en su religión, particularmente a los de San Francisco, el tiempo que lo han sido para su jubilación, contándoles solo el que han servido de curas.

De estos principios nace el que los religiosos compañeros no reconocen superioridad en los curas, ni éstos se atreven a obligarlos y tratarlos como súbditos; de modo que ni unos ni otros conocen superior alguno dentro de esta provincia, porque por parte del real patronato el gobernador y teniente somos solamente unos celadores que debemos avisar al vicepatrono lo que consideremos digno de su noticia, y nada más. Por parte de los prelados regulares y diocesanos, no hay superior ni vicario que ejerza jurisdicción alguna, y así no es de maravillar el que hayan sucedido muchos desórdenes en estos pueblos, estando tan lejos los recursos, y tan enlazadas las tres jurisdicciones real, episcopal y regular, y que las más veces participan de todos tres fueros, las causas de que se originan, a las que da cuerpo y fomento la mucha ignorancia de todos. El gobernador y tenientes estamos lejos y sin ningún conocimiento de las leyes, y así ni podemos usar de ellas, ni aun formar con método y formalidad un expediente jurídico; los religiosos regularmente no saben más que alguna teología moral, y nada de derecho civil, ni canónico. Aquí no hay ningún profesor de derecho, con que unas veces por no errar, y otras por evitar mayores escándalos, es preciso que los más prudentes cedan el campo a los orgullosos, y si por ser los desórdenes de naturaleza que no puedan tolerarse se forma algún expediente, y se da parte con él a la Superioridad, va tan lleno de nulidades, unas por exceso y otras por defecto, que los tribunales superiores se ven embarazados con ellos, y no pueden resolver nada. Conque a vista de esto no es de extrañar nada de lo sucedido, antes es maravilla el que no suceda más.

Cuando sucede el enfermar algún religioso, que está solo en su pueblo, y que no puede atender al cumplimiento de su ministerio, y dan parte al gobernador o teniente inmediato, éste no tiene otro arbitrio que el de escribir una carta suplicatoria a otro cura o compañero de aquéllos en cuyos pueblos hay dos religiosos, manifestándole la necesidad; y si éste no quiere ir a suplirla, no le puede obligar. Ya ha sucedido tener el gobernador que escribir a muchos, sin hallar uno que quisiera ir a suplir una de estas necesidades.

Aunque por los concilios y otras disposiciones canónicas está mandado que los curas no se ausenten de sus feligresías sino en los tiempos y con los motivos que allí señalan, y con la licencia de los prelados y demás que pueden darlas, aquí no se observa nada de esto. Fuera de las frecuentes ausencias que hacen los curas y compañeros dentro de la misma provincia de unos pueblos a otros con motivo de funciones de iglesia, y otros particulares en que tal vez dejan solo el pueblo de su cargo por algunos días, hacen otras ausencias fuera de la provincia con motivo de ir a Buenos Aires a cobrar los sínodos, y a Corrientes y el Paraguay a ver sus parientas. Para estas ausencias, que siempre son de meses, y tal vez de año o años, lo que acostumbran es presentarse al gobernador o teniente del distrito pidiendo el pase para el viaje que va a emprender, el que se le concede en cuanto está de parte del gobierno secular; y con este solo requisito se ponen en camino, van a la capital, se presentan, negocian el cobro de sus sínodos y demás a que van, y ni parte de su religión, ni por la del obispo, se les hace ningún cargo. Supongo les tendrán concedida tácita licencia, y los religiosos usarán de ella en las ocasiones que la necesiten, pues de otro modo no sé cómo podrán componerse con sus conciencias.

Como en tiempo de los jesuitas todo lo gobernaban curas en estos pueblos, los indios, acostumbrados a llevar todas las causas a ellos, continuaron lo mismo, después de la expulsión, con los religiosos que ocuparon su lugar. Éstos, unos por ignorancia y otros por ampliar su jurisdicción, se apoderaban de ellas, como si legítimamente les pertenecieran; y aunque el gobierno procuró poner remedio y consiguió el separarlos de tan ilícito y perjudicial abuso, siempre se han mantenido fuertes los religiosos en querer entender en las causas que por su naturaleza corresponden a los jueces eclesiásticos, y otras que son de mixto fuero, como son amancebamientos, riñas entre casados y otras semejantes, sin que el gobierno haya podido apartarlos de estas pretensiones. Aunque al presente se les va haciendo conocer que la jurisdicción de curas no se extiende al fuero externo, no teniendo comisión particular del obispo o vicario general del obispado, y por lo mismo no deben entender en ninguna causa externa, ni imponer condenaciones, ni prender indios; y mucho menos fulminar censuras, como antes lo han hecho, pues todo esto está reservado para los jueces eclesiásticos, que los curas no lo son; pero, aunque se abstienen, es con grandísima repugnancia.

En el modo de celebrar los divinos oficios parece se han conformado los curas con la práctica antigua que tenían los pueblos, aprendiéndola de los mismos indios, porque la uniformidad que en lo sustancial se observa en todos los pueblos lo manifiesta bastante. Todos los domingos y días festivos del año se anuncia, la víspera a las oraciones, con repique de campanas, que se repiten al alba; y al salir el Sol, o poco después, se da el primer repique para convocar la gente a la iglesia, repitiendo otros dos con intermisión de seis u ocho minutos entre uno y otro. En cuyo tiempo se junta toda la gente del pueblo en la iglesia, y allí, haciendo coro algún fiscal u otro viejo instruido, y algunas veces los muchachos más hábiles, rezan las oraciones de la doctrina cristiana; después va el cura o compañero, y les explica algún punto de doctrina, empleando algún poco de moral sobre el mismo punto, en lo que regularmente gasta media hora; y, concluido, avisan con la campana que va a comenzarse la misa mayor, la que celebra el cura o compañero con bastante solemnidad, porque la música es numerosa, y regularmente instruidos los músicos. El altar mayor se adorna con muchas luces, unas de cera y otras de sebo; acompañan en el altar al sacerdote seis muchachos de diez a doce años, vestidos con sotanillas encarnadas los días que la iglesia viste de blanco o encarnado, y para los días de otros colores las tienen de los mismos que la iglesia usa, y con roquetes más o menos costosos y decentes, según la festividad del día. Dos de estos muchachos sirven el incensario y navetas, otros dos los ciriales y los dos restantes acuden a todo lo demás del altar, en que están bastante diestros y prontos. Además de estos muchachos hay alrededor del altar dos o más indios sacristanes, pero sin ninguna vestidura eclesiástica, pero aseados; éstos están allí para correr los velos, poner fuego en los incensarios, arrimar o poner sillas y otras ocupaciones semejantes. Al salir la misa lo anuncian los indios en la puerta de la iglesia, del umbral para adentro, con toque de cajas y trompetas, para lo que nunca faltan seis u ocho en esta ocupación, causando tal estrépito que aturden a cuantos hay en la iglesia, repitiendo lo mismo al tiempo del evangelio, al Sanctus, a la elevación de hostia y cáliz, a la segunda elevación y al último evangelio.

Si algunos han confesado, se les da la sagrada comunión luego que el sacerdote consume, y en acabando la misa entonan los tiples de la música el bendito y alabado, en tono muy dulce y agraciado, el que repite todo el común del pueblo; y en acabando se retiran a sus casas.

En los pueblos donde hay dos religiosos sería lo más conveniente que, en los días de precepto para los indios, el uno dijera la misa temprano, para que los que tienen enfermos que asistir fuesen a oírla, dejando otros entretanto que los cuidasen, y lo mismo aquellos o aquellas que por su desnudez no pueden ir a la iglesia, les prestarían otros y otras su ropa para que oyeran misa; pero es muy raro el pueblo en que se practica esto. En los más se dicen las misas a un tiempo, de modo que los que tienen éstos u otros impedimentos no pueden oírla; como tampoco los que el pueblo tiene empleados en guardar los chacareríos, que, como los robos se recelan de noche, y la misa se dice temprano, no pueden venir a oírla, lo que podrían hacer si la misa mayor se celebrase a una hora regular, que aunque estuvieran toda la noche en su ocupación tenían tiempo desde que amanecía de venir a misa sin ningún recelo.

Todos los demás días del año, que no son de precepto para los indios, aunque lo sean para los españoles, se dicen ambas misas al salir el Sol o antes, y en algunos pueblos luego que amanece, de modo que muchos se quedan sin oírla si se descuidan en madrugar, por cuya causa se originan algunas de las disensiones entre curas y administradores. En todos los días, aunque la misa sea rezada, asiste la música y cantan en el coro los kiries, la gloria, credo y sanctus, y todo lo que cantarían siendo la misa cantada, y les tambores tocan y hacen el mismo estrépito que en los días festivos.

Todas las tardes se reza el rosario en la iglesia, una hora antes que el Sol se ponga; en lo que también hay alguna diferencia de unos pueblos a otros, según la voluntad del cura.

Solemnízase en el año algunas fiestas con más particularidad que las demás, como son las principales de Nuestro señor Jesucristo y la Virgen, la de San Miguel, la del Santo Patriarca de la religión de los curas, los días del rey Nuestro señor y su cumpleaños. Estos días se anuncia su festividad con repique de campanas la víspera al medio día, a cuya hora concurre lo más del pueblo a la iglesia, en donde el cura con la música canta el magnificat, y a la tarde se cantan vísperas solemnes, precedidas de los repiques de campanas, los que se repiten a las oraciones y ánimas, como asimismo al alba del otro día, y para convocar a la misa mayor, en que oficia la música con más solemnidad que otros días; y después se ejecutan en el pueblo algunas diversiones públicas, y se dan algunas reses y otras cosillas extraordinarias como ya queda dicho.

La función que más se singulariza entre todas es la del Santo Patrón titular del pueblo; para ésta se convidan algunos religiosos de los pueblos inmediatos, para que en las vísperas y misa se vistan de diáconos y asistan otros a los demás ministerios del altar; se encarga con anticipación el sermón que se predica, mitad en guaraní y mitad en castellano, cuya diligencia corre a cargo del cabildo y administrador; pero se comunica antes con el cura, el que también concurre a convidar a los religiosos que han de asistir a la función; y al tiempo que éstos van llegando al pueblo, la víspera del día de la fiesta los reciben a la puerta de la iglesia los curas con repiques de campanas y música, y lo mismo practican con el gobernador y teniente del departamento si concurre, cuya ceremonia solo puede excusarla de abuso el estar introducida desde el tiempo de los jesuitas, que así lo practicaban con sus curas, y que de no hacerlo así ahora lo extrañarían los indios; lo demás de estas funciones queda ya dicho en otra parte.

Al día siguiente se celebra en los pueblos de este departamento, por disposición mía, un aniversario por las almas de los hijos del pueblo, con vigilia, misa y responso solemne, y aplican todos los religiosos que asisten las misas de aquel día, pagando su estipendio del común del pueblo.

Las funciones de Semana Santa se hacen con bastante solemnidad y devoción, aunque con poca decencia las procesiones, por lo imperfecto de las imágenes y ningún adorno de todo cuanto en ellas sirve. En algunos pueblos comienzan las procesiones desde el Lunes Santo, pero lo más común es desde el miércoles; este día a la tarde se cantan en la iglesia las tinieblas con toda la música, con tanta solemnidad como pudieran en una colegiata, en donde es de admirar el oír cantar las lamentaciones y demás lecciones a muchachos de ocho o diez años de edad, aunque no con propiedad latina, porque no entienden lo que leen, ni pueden pronunciar bien el latín, ni el castellano, porque carecen en su idioma de las letras L, F y R, ásperas, pero muy corridas y ajustadas a la música. Duran las tinieblas hasta las oraciones, a cuya hora, al tiempo del *Miserere mei Deus*, cerradas las puertas y apagadas las luces, se azotan rigurosamente los indios; poco después se hace plática de pasión en el idioma guaraní, la que, acabada, se dispone la procesión en esta forma.

Dispuestas las imágenes que han de salir en la procesión, y pronta la música en medio de la iglesia, van entrando por la puerta, que cae al patio del colegio, varios muchachos vestidos con sotanillas y roquetes de los acólitos, con los instrumentos y signos de la pasión de Cristo. Entra uno de éstos con la linterna, y dos a sus lados con dos faroles hechos con telas de las entrañas de los toros, puestos en la punta de cañas largas; se hincan de rodillas delante de la imagen que está en medio de la iglesia, y entre tanto canta la música un motete en guaraní, que expresa aquel paso, el que concluido se levantan estos muchachos y siguen a ponerse en orden en la procesión, y entran otros con otra insignia; y así van siguiendo hasta que concluyen todos, que son tal vez veinte o más, y las insignias que llevan tan toscas y materiales que la soga es un lazo de enlazar, el azote uno de cuero de los que ellos usan para castigar, la escalera la que el Viernes Santo sirve para el descendimiento, y así de lo demás.

Luego que acaban de pasar, se levanta el cura y los demás que han estado sentados entretanto, y sigue la procesión, que sale y anda alrededor de la plaza, que está iluminada, y dispuestos en las cuatro esquinas altares para hacer paradas. En toda la plaza se ven muchos indios disciplinantes, y entre ellos algunas indias, que unos y otros se azotan bárbaramente, haciéndose punzar las espaldas y algunos los muslos, de donde corre con abundancia la sangre; otros cargan pesadísimas cruces sobre sus hombros, otros aspados o puestos en cruz, otros con grillos, etc. En algunos pueblos se ejecutan en la plaza los pasos del encuentro de la Verónica, el de la Virgen y San Juan, como también el del descendimiento el Viernes Santo; pero estos pasos parece han sido introducidos después de la expulsión, porque ni son comunes en todos los pueblos, ni hay en todos imágenes a propósito para ellos, ni los curas se sirven de los indios para ejecutarlos, particularmente el descendimiento, sino de los españoles que concurren en aquellos días allí. Lo que en tiempo de los jesuitas se practicaba eran algunas más graves y disonantes penitencias, que los curas y superiores seculares del tiempo presente han prohibido; y sin embargo este presente año se me avisó que en uno de los pueblos de mi cargo habían vuelto a renovar algunas de ellas los indios, de cuyas resultas quedaron maltratados algunos en la cara y cuerpo, tanto que en muchos días estuvieron imposibilitados, por ser maltratados por ajenas manos, por lo que he reprendido a los que lo dispusieron, y prevenídoles no lo vuelvan a hacer.

El Jueves Santo se celebra la misa con mucha solemnidad, en la que regularmente comulga el cabildo, y después se lleva el Santísimo Sacramento en procesión alrededor de la iglesia, y se pone en el monumento; el que, aunque de bastidores de lienzo mal pintados, es vistoso en algunos pueblos, y en todos se adorna con las alhajas de plata que hay, con muchas luces, aunque las más son velas de sebo.

Luego que se coloca el Santísimo en el monumento, arriman las varas y bastones el corregidor, alcaldes y demás justicia, y en su lugar toman cruces pequeñas en las manos, las que traen hasta el Sábado Santo después de los oficios, que vuelven a tomar sus insignias de justicia.

El mismo día a la tarde se repite la función del antecedente, variando el paso de la procesión, y en el Viernes y Sábado Santo no hay nada de particular, pues los oficios de la mañana son como se practican en todas partes, y las tinieblas y procesiones como las de los días antecedentes, a excepción de los pueblos en que se hace descendimiento. En todas estas procesiones asisten los indios con pequeñas cruces en las manos, y las indias con cruces o bustos pequeños de cualquiera santo o vocación; algunas llevan entre sus brazos dos o tres de ellos, pero todos asisten con mucha modestia y veneración. El Sábado lo particular que hay es que a la puerta de la iglesia hacen una grande hoguera encendida con la nueva luz, de la que cada uno lleva a su casa un tizón para hacer fuego, y también llevan agua de la que se bendice ese día.

El Domingo de Quasimodo dan la comunión y cumplimiento de iglesia a los impedidos, a los cuales juntan en la casa o capillita que está frente a la iglesia, y allí se la administran; y aunque no se sigue detrimento en sacar a estos impedidos de sus casas, me parece sería de más edificación el llevarles el Santísimo a ellas.

La festividad que me agrada y edifica mucho es la del Corpus Christi; para esta función disponen y adornan la plaza toda en contorno, formando calles de arcos y pórticos o tabernáculos de ramos verdes, con enlaces y enrejados de cañas y hojas muy vistosas, y en las cuatro esquinas disponen altares para las paradas de la procesión. En los tabernáculos y arcos de todo el contorno de la plaza cuelgan cuantos animales y aves pueden coger muertos y vivos en el campo, y los animales domésticos que tienen atan allí; también cuelgan la ropa más decente que tienen, los tejidos, las telas urdidas, las herramientas de sus oficios y agricultura, los lazos, bolas y cencerros de sus animales, los arcos y flechas con que cazan, la comida de aquel día, y aun de muchos, siendo cosa que se pueda guardar, y así llenan los altares de tortas hechas de raíz, mandioca, amoldadas en moldes de varias figuras, vejigas de grasa, pedazos de carne asada y cuantos comestibles tienen; pero de lo que se ve con más abundancia es legumbres de todas especies, en canastas curiosamente labradas, las que guardan para sembrar, creyendo su fe que con la presencia las bendice Nuestro señor Jesucristo. En los pueblos inmediatos a ríos ponen mucho pescado, alguno vivo en canoas pequeñas con agua; y, en fin, cuanto produce la tierra y alcanza su industria, todo sirve de adorno a los arcos y altares de la plaza, de modo que apenas se descubre lo verde de los ramos de que son formados, y dicen que a Dios, que es señor y Criador de todas las cosas, se le debe servir con todas ellas.

El aparato de la procesión es correspondiente a lo que dejo dicho de las otras funciones: buena custodia de mano, numerosa música, mucho estruendo de campanas y tambores, muchas danzas de muchachos y bastante devoción. Por el suelo echan, en lugar de flores, granos de maíz tostado y reventado, que cada grano abulta más que una avellana, y parecen flores blancas, de que llevan varias canastillas, van rociando delante del sacerdote que lleva la custodia, y detrás los muchachos lo recogen y comen.

En las demás festividades del año no hay cosa digna de reparo; en todas se sigue el ceremonial de la iglesia en la forma ordinaria y en los términos que ya queda notado.

En las demás obligaciones anexas al ministerio de párrocos sucede aquí lo que en todas partes, que unos son más eficaces que otros; pero me es preciso notar algunas cosas que se practican y que me son disonantes, y que será muy raro el que, si no en todos los puntos a lo menos en algunos, ha de estar comprendido, y considero sería de mucha importancia se estableciese otro método más ajustado.

Aunque por razón de párrocos tienen obligación estos curas de aplicar las misas de los días festivos por el pueblo, cantar cada lunes una por las almas de los difuntos, y aplicar otra en cada entierro de los adultos que murieren, como todo se expresa en el informe ya citado que dio el Ilustrísimo señor obispo de Buenos Aires, no tengo noticia de que algún cura cumpla con todas estas cargas, y lo más que sé es que unos cumplen con unas y otros con otras, según la mayor o menor disonancia que le hace el faltar o no a ellas. Y aunque en conversación he significado a algunos curas esta falta que he notado, me han respondido que cuando el señor don Manuel Antonio de La Torre expresó las cargas de los curas en los términos que constan en las ordenanzas, haciéndose cargo de ellas, señaló 300 pesos de sínodo a cada cura, y 250 al compañero por precisa congrua, atendiendo a las cargas que tenían; y que, habiéndolos rebajado el sínodo, no están obligados a ellas, mayormente pensionándolos de ordinario sus prelados con misas que tienen que aplicar por el convento, y no les queda lugar para todas las del pueblo. A los religiosos de San Francisco los obligan regularmente los provinciales a que en el trienio apliquen por su intención 100 misas los curas y 150 los compañeros, fuera de las que tienen obligación de aplicar por los religiosos difuntos. Sea lo que fuere, la verdad es que estos naturales carecen en parte de los beneficios espirituales que la Silla Apostólica les concede por las obligaciones que impone a los párrocos, y que la piedad de nuestro Soberano quiere se les cumplan, señalando y pagando ministros para ello, en quienes descarga su conciencia, y estos pueblos acuden con puntualidad con los alimentos a sus curas, sin faltarles en nada.

En la administración de los santos sacramentos siguen estos curas el mismo método, con corta diferencia, que el que observaban los jesuitas. Éstos, en naciendo las criaturas, si estaban de peligro, se las traían a su cuarto y les administraban el bautismo privadamente, y el domingo bautizaban solemnemente a todas las criaturas que habían nacido en toda la semana, y ponían los óleos a las que les habían echado el agua. Esto mismo se practica en algunos pueblos; en los más no hay día fijo para administrar este sacramento.

El modo que se observaba y observa en todos los pueblos en la administración del sacramento de la penitencia merece me detenga un poco; porque, siendo éste la puerta que tenemos para el regreso a la gracia perdida, y la tabla que después del naufragio de la culpa nos conduce a la seguridad del puerto, me parece es en donde debían los curas poner mayor cuidado, así para que se confesasen bien, como para que llegasen con la disposición debida a recibir la sagrada comunión, y formasen idea perfecta de tan santos y necesarios sacramentos. Pero es mucho el descuido y abuso que hay en la práctica que se observa, como manifestaré a usted.

Los indios no se confiesan, por lo regular, sino una vez al año para el cumplimiento de la iglesia; el modo con que esto se verifica es el siguiente. Desde antes que entre la cuaresma disponen los curas que a cada día vengan los indios o indias de dos o tres cacicazgos a examinarse de la doctrina cristiana a la puerta de la iglesia, cuyo examen lo ejecuta uno o más indios de la confianza del cura, a que asiste él algunas veces, tal vez siempre, según su mayor o menor eficacia. Todos los que saben la doctrina a satisfacción del cura o del que los examina van aprobados, y los que no la saben continúan aprendiéndola con los que están señalados para enseñarla; y, estando capaces, se les da la aprobación de examen. En entrando la cuaresma, cita el cura para cada día los cacicazgos que han de venir a confesarse, a los que las justicias obligan a que vayan, estén o no dispuestos; las confesiones se hacen a las tardes, y aun a la noche, y al otro día temprano se les da la sagrada comunión al tiempo de la misa, y hasta la tarde no confiesan otros, en la que repiten lo mismo, hasta que concluyen con todos, cuya práctica merece algunas reflexiones.

Los indios, por la poca instrucción que tienen, carecen de un perfecto conocimiento de la gravedad de los pecados, y por consiguiente no pueden ser movidos sus interiores sentimientos a la detestación y aborrecimiento de ellos con aquella viveza y eficacia que es necesaria para disponerse a confesarlos y dolerse de haberlos cometido, en cuya disposición no piensan, porque no saben cuándo han de confesarse, y en mandándoselo, estén o no dispuestos para ello, se han de confesar, quieran o no quieran, y tal vez es cuando ellos menos piensan en ello. Sucediendo a menudo que, porque no han concurrido todos los citados, o porque al cura sobra tiempo, van los fiscales y traen a los primeros que hallan para que se confiesen, y ellos lo hacen como si estuvieran bien preparados, y al otro día comulgan como si se hubieran confesado bien, y no piensan en otra confesión hasta otro año, con que vea usted qué confesiones tan buenas serán éstas. Lo que sucede es que, estando a los pies del confesor, se acusan de lo que primero les ocurre, sin examinar si lo han cometido o no; de lo que resulta que, si el confesor se detiene en examinarlos, les encuentra en mil inconsecuencias imposibles de desatar, lo que atribuyen a malicia, y no lo es, siendo solo la causa de ello su mucha ignorancia y la ninguna disposición con que llegan. Un cura me refirió que, estando confesando una tarde a algunos indios, habían traído para el mismo efecto algunas muchachas de edad suficiente para confesarse, las que, estando cerca del confesionario, tenían entre sí mucha risa y alboroto, tanto que le obligó a reñirles y mandarles callar. Comenzó a confesarlas, y halló que todas ellas se confesaron de unos mismos pecados en número y en especie, de lo que concibió que la risa que habían tenido sería originada de estar propalando entre sí los pecados de que habían de acusarse, pues no podía ser de otro modo el que todas se confesasen de unos mismos. A otros curas les he oído muchos casos semejantes, ya de acusarse de haber faltado al precepto de la misa más veces que los días a que están obligados en el año, otros en haber quebrantado el ayuno en mayor número que les obliga, y de algunos que han confesado pecados que moralmente es imposible que ellos los hayan cometido, y que examinándolos bien hallan ser mentira fraguada para confesarse de algo, por no tener hecho examen, o no querer confesarse de lo que verdaderamente han hecho, y parecerles que el padre no los ha de creer si no se acusan de muchos y graves pecados.

Como los más de los curas están persuadidos de que les toca de derecho el celar y corregir los pecados públicos de incontinencia, practican algunas averiguaciones sobre ello, en las que los acusados suelen negar, y cuando llega el caso de confesarse callan sus pecados, porque antes los han negado, sin distinguir que aquél es otro tribunal, y que por lo que allí confesaren no han de ser castigados. Otros, porque el cura no sepa sus defectos y los cele después, no se atreven a confesarlos, mayormente si saben que el cura los persigue por este vicio que en ellos es muy común.

A lo defectuoso de estas confesiones se agrega el que, confesándose el día antes, quedan expuestos por su rudeza y flaqueza a pecar antes de recibir la comunión; el poco recato que tienen en sus casas, en donde por lo regular viven distintos matrimonios, tal vez sin ser parientes, y aunque lo sean, reparan poco en los incestos; lo dados que están al vicio de la incontinencia y el poco conocimiento del sacrilegio que cometen son motivos para creer que pocos llegarán a la comunión sin haber añadido nuevos pecados a los que dejarían de confesar, principalmente las indias, que, si están amancebadas con español o algún indio mandarín, es cosa sentada que no dejará de condescender con la voluntad de su mancebo, por no tener resolución para negarse, aun cuando su voluntad fuera el abstenerse siquiera esa noche.

Ya usted ve, amigo mío, con cuánta razón digo merece este punto de atención y remedio, principalmente para que las confesiones se hagan en toda la mañana desde el alba hasta el mediodía, dando de hora en hora la sagrada comunión, y no hacer las cosas al revés, confesando toda la tarde y teniendo la mañana toda franca.

A los enfermos los confiesan los curas y llevan el santísimo por viático a sus casas, lo que se ejecuta con bastante decencia, a que asiste siempre un buen número de indios músicos y otros que no lo son. Llevan a Su Majestad debajo de palio, repican las campanas todo el tiempo que tarda desde que sale hasta que vuelve a la iglesia; van algunos indios con tamboriles, que éstos nunca faltan en las funciones, y todo se hace con bastante aparato. A la casa del enfermo llevan con anticipación de la iglesia lo necesario para disponer un altarito decente, con sitial, ara, candeleros, manteles y alfombra, y si el enfermo está muy de peligro le ponen la Santa Unción, y si no aguardan a que lo esté, y entonces se la administran. Todo esto se hace con bastante veneración, y si llueve o las calles están con lodo, llevan al sacerdote en silla de manos, o por mejor decir de hombros, pues en ellos la llevan cuatro o más indios, sin que por esto deje de sacarse el palio y demás decencia que queda explicada.

Para celebrar los matrimonios parece tenían los jesuitas tiempo determinado, y era después de cuaresma. Entonces se hacían traer lista de todos los muchachos y muchachas, viudos y viudas del pueblo, capaces de casarse, y aun los hacían concurrir a unos y a otros a la puerta de la iglesia, y allí examinaban si algunos o algunas tenían tratado el casarse, o los padres de los muchachos les tenían tratado matrimonio; y a los que ya lo tenían tratado, que eran pocos o ningunos, procuraban se efectuase, si no hallaban causa para impedirlo; y a los demás allí mismo les hacían elegir mujer, o ellos se la señalaban, y, guardando las ceremonias de proclamas, los casaban tal vez todos en un día, por lo menos a muchos juntos. Yo he visto un cordón compuesto de cuentas que servía de yugo para las velaciones con divisiones correspondientes para 26 pares. En el día, aunque no los estrechan tanto los curas, la costumbre de ellos no les hace pensar en casarse hasta después de Semana Santa, y para ello es preciso que los curas les amonesten que procuren casarse, para retirarlos así de los amancebamientos que tienen, tal vez con sus hermanas; y son tales los indios que no piensan en tomar estado hasta que se lo manda el cura o sus padres, no atreviéndose ellos a determinar por sí mismos materia en que tanto se interesa su bien en todo el resto de la vida.

Los entierros de adultos y párvulos hacen los curas de mañana, después de acabada la misa, o a la tarde, antes o después del rosario, para que asista la música y toda o la mayor parte de la gente del pueblo. No va el cura con la cruz a la casa del difunto a traer el cuerpo, pues con anticipación lo traen en el féretro los parientes o amigos, cubriéndolo con un paño negro, y amortajado con un saco de lienzo de algodón blanco, envuelto y cocido de modo que no se le ve pie, mano ni cara, y lo colocan en el pórtico de la iglesia, en frente de la puerta principal; allí sale el cura con capa, los acólitos con sotanillas negras y roquetes, y con cruz alta. Canta la música los responsos allí, y en dos o tres paradas hasta llegar al cementerio, que se comunica por puerta que tiene la iglesia que corresponde a aquel lugar, en donde lo entierran entretanto le cantan el oficio que llaman de sepultura; pero a muy pocos he visto les hayan cantado vigilia y misa de cuerpo presente. A los párvulos les hacen su entierro del mismo modo, con la diferencia que pide la diversidad que hay de párvulos o adultos.

No he visto a estos indios conserven ninguna superstición ni rito de los de su gentilidad con sus muertos; lo único que hacen es, luego que expira, y en el tiempo que el cuerpo permanece en sus casas, y también en el entierro, se oye que algunas indias viejas, parientas o cercanas del difunto, lloran con una especie de tono ronco y desagradable, mezclando algunas palabras de sentimiento. Pero ni esto es común en todos los que mueren, ni es tan ruidoso que merezca la atención; y al tiempo de estarle echando la tierra, se llegan algunas indias que llevan calabazas con agua encima, y van rociando la tierra, humedeciéndola; y en estando ya llena del todo la sepultura, echan agua bastante encima hasta que hacen barro, y la cubren toda. Pero en esto no concibo otra cosa sino el impedir que quede la tierra movediza, y que si es tiempo de seca levantarían mucho polvo los vientos sin esta precaución. Encima de la sepultura ponen una pequeña cruz de madera, y una tablita con el nombre del que allí está enterrado, con el día, mes y año de su fallecimiento.

Una cosa particular se observa en los cementerios de estos pueblos, y es que en las sepulturas se consumen los huesos de los difuntos, juntamente con la carne, de modo que cuando las abren todo está deshecho, sin encontrar calaveras, canillas, ni hueso alguno en ninguna. Yo deseaba saber si esto sucedía solamente con los cadáveres de los indios, y se me cumplió el deseo; pocos días hace que en la iglesia de este pueblo se abrió una sepultura en que fue enterrado un español hace cuatro años, y se encontraron todos los huesos enteros, aunque comenzados a deshacer por la superficie, de lo que infiero que, si hubiera estado más tiempo, también se hubieran desecho. Atribuyo la mayor facilidad en consumirse los huesos de los indios a que no comen sal, porque no la tienen; no sé si erraré el pensamiento.

En cada pueblo hay dos cofradías o congregaciones, que les llamaban los jesuitas: una de San Miguel, patrón universal de toda esta provincia, y la otra de la Santísima Virgen María, que en unos pueblos es con la advocación de la Asunción, y en otros el de la Natividad; y aunque en esos días se celebra fiesta particular, no veo que al presente haya mucho esmero en promover esta devoción. Son pocos los cofrades que ahora hay; éstos tienen escritos sus nombres en una tabla que arriba tiene la imagen de la vocación de la cofradía, y al margen de los nombres hay agujeros con hilos y borlas de varios colores, que cada cofrade conoce el suyo. Estas tablas las ponen colgadas todos los días de mañana y tarde a la puerta de la iglesia, y al entrar el cofrade saca el hilo que corresponde a su nombre, y así se sabe los que asisten o faltan a la misa o rosario.

El cuidado de las iglesias, sacristías, ornamentos, vasos sagrados, alhajas de plata y oro y demás correspondiente al culto divino, está a cargo de los curas de los pueblos, aunque el gobierno secular está al reparo de que éstos no extraigan ni menoscaben lo que está a su cuidado, así por lo que toca este cuidado al real patronato, como porque los pueblos se interesen en su conservación y buen estado, pues tiene que costear todo lo que se vaya inutilizando o haga falta. Entrégase a los curas todo lo que existe en la iglesia por inventario, presenciando la entrega el corregidor, cabildo y administrador; tomando un tanto de dicho inventario firmado del cura, lo colocan en el archivo para poderle hacer cargo en todo tiempo. En estas entregas ha habido notable descuido y poquísima formalidad; son muy pocos los pueblos en donde el cura se haya recibido por peso de las alhajas de plata y oro que se le han entregado, ni aun expresan si la alhaja es chica o grande, si está sobre madera o maciza, poniendo a bulto tantos candeleros, tantas cruces, tantos cálices, tantas vinajeras, etc.; lo mismo de los ornamentos, diciendo tantas capas, tantas casullas, tantas albas, etc., siendo así que estas ropas debían especificarse con individualidad, porque hay casullas y capas de riquísimos tisús, y otras de tela de seda muy inferiores. En la visita que a fines del año pasado de 1784 practicó el Ilustrísimo señor obispo de esa ciudad en los pueblos de su distrito, y que en toda ella acompañé a Su Señoría Ilustrísima, me impuse bastante en este punto, pues, aunque no lo ignoraba, no me constaba con tanta certeza. Fue raro el pueblo en que se hallasen con alguna formalidad los inventarios de la iglesia, de modo que Su Señoría Ilustrísima tuvo a bien formarlos de nuevo con especificación de todo, para que a lo menos en adelante se observe alguna formalidad y cuidado.

Aunque los curas se reciben de las iglesias y sus alhajas, quien corre con ellas, las cuida y guarda, son los indios sacristanes, de modo que en algunos pueblos es tanto el descuido de los curas que ni saben lo que hay, ni dónde están las cosas, aun las más preciosas y usuales. Bien lo notó el Ilustrísimo señor obispo de esa diócesis en su visita, en la que dejó dadas las correspondientes providencias para remediar el doloroso abandono que advirtió en algunos pueblos, siendo maravilla el que con tanto descuido no faltasen ya muchas alhajas de la iglesia, mayormente sucediendo que a menudo suelen quitar y poner sacristanes, sin que a los entrantes se les entregue por cuenta la sacristía, ni a los salientes se les tome cuenta, de modo que si faltase alguna cosa sería imposible el averiguar cuándo o en qué tiempo había faltado; y si no suceden frecuentes extravíos o robos es porque los indios tienen mucha veneración a las cosas de la iglesia. Aunque, si hubiera riguroso cotejo de las presentes existencias con las que había al tiempo de la expulsión, no dejaría de encontrarse alguna falla, a la que no podrían dar más salida los curas sino que se consumió con el uso.

Aunque las librerías que tenían los curas jesuitas en sus cuartos, pertenecientes a las comunidades por ser compradas con los haberes de los pueblos, no debían ni deben considerarse por bienes de la iglesia, pareció conveniente dejarlas al cuidado de los curas, así porque pueden tenerlas con más aseo, como para que se aprovechen de la lectura de los libros útiles a su ministerio. En cuyo poder permanecen, aunque algunas muy deterioradas, y de las que faltan muchos libros por la facilidad de prestarlos y descuido en recogerlos; de modo que rara de estas librerías se hallará hoy en buen estado, porque el polvo, los ratones y otras sabandijas las han menoscabado, y muchas obras truncadas por haberse perdido parte de sus libros.

Éstas son las noticias de estos pueblos que me parece puede apetecer usted, en las que he procurado no omitir cosa alguna digna de su noticia. Recíbalas usted con la satisfacción de que todo cuanto digo lo sé por experiencia y diligencia propia, y que puedo hacerlo patente siempre que se ofrezca; porque la aplicación de cuatro años, el trato continuo con los indios, el oficio de teniente gobernador y el haber visto y examinado todos los treinta terrenos con el mayor cuidado, me han puesto en estado de poder hablar con conocimiento de todo, como lo he hecho. En esta memoria es regular encuentre usted muchas cosas superfluas para su intento, las que desde luego podrá desechar como inútiles; pero, por malo que sea este papel, no lo será tanto que no tenga algo de bueno, a lo menos tiene el mérito de no contener cosa que no sea verdadera, y escrita con el ánimo de complacer a usted, y ser útil a estos naturales y a la monarquía. Y con estos deseos concluyo la primera parte de esta memoria, y paso a formar la segunda.

Segunda parte. Plan general de gobierno, acomodado a las circunstancias de estos pueblos

Paréceme, amigo mío, habrá quedado satisfecho el deseo de usted con las noticias que le doy en la primera parte de esta memoria. Mi voluntad ha sido acertar a complacerle, y mover su ánimo a desear, como yo deseo, el bien de estos naturales, facilitándoselo con algún nuevo método de gobierno que los saque de la miseria, sujeción y abatimiento en que se hallan, y gocen en vida política y civil los bienes de la libertad que Su Majestad les franquea, y las abundancias y conveniencias que tan liberalmente les ofrecen sus terrenos; y que el real erario tenga los aumentos que son consecuentes al floridísimo comercio que se puede establecer, con otras muchas ventajas que lograría la monarquía.

Pero, como el deseo solo no es suficiente para mejorar las cosas si no se proponen los medios de conseguirlo, para que vistos y examinados pueda ponerlos en ejecución quien tiene facultad para ello, nada o muy poco habría yo adelantado con poner en la consideración de usted todos los males que padece esta provincia y causas de que se originan; y así me considero en la obligación de formar un plan o reglamento de nuevo gobierno, acomodado a las circunstancias del país y sus naturales, para que, examinándolo la perspicacia de usted, con el conocimiento e instrucción que le acompaña, lo corrija y reforme en los términos que le parezca; y si, después de corregido e ilustrado, conociese usted que puede ponerse en manos de la superioridad, podrá darle el giro que crea será útil y conveniente a los fines a que se dirige.

Cuando a un hábil arquitecto le proponen la fábrica de un suntuoso edificio, consulta la idea y voluntad del fundador, examina los materiales de que se ha de fabricar, el terreno en que ha de tener su asiento y las calidades del clima para precaver las principales habitaciones de las humedades, vientos nocivos y obstáculos que puedan impedirles la vista, y asegura toda la obra de los huracanes, terremotos y otros contratiempos que pueden sobrevenir, y principalmente consulta los fondos o caudales que se destinan para costear la obra; y considerado todo, y bien combinado, delinea el plano con todas sus dimensiones, y la perspectiva con todos sus adornos, y lo expone al gusto y censura del fundador y de otros críticos; y con sus pareceres pone en ejecución la obra, sin riesgo de que se malogren los gastos. Así, pues, el arquitecto político es preciso tenga presente todos los principios o elementos de que ha de componerse la fábrica que quiere levantar, para combinarlos y ajustarlos con la mayor naturalidad y proporción que sea posible, y que todas las piezas se unan con tal trabazón que parezca han sido criadas o formadas para que cada una ocupe el lugar a que se le destine. Porque los hombres, que son los principales materiales de que se componen los edificios políticos, son más difíciles de labrar y ajustar que los mármoles más duros en los edificios materiales; y así es menester que, en cuanto sea posible, se les busquen y acomoden las junturas tan a su natural que sea poco o nada lo que haya que vencer. El fundador de esta grande obra política es el Soberano, cuya real beneficencia se extiende hasta lo más remoto de sus dominios; el arquitecto, el vasallo o vasallos que, con el amor y lealtad que se debe a Su Majestad y a la patria, propone los pensamientos que su aplicación y experiencia le han producido. Esto es lo que haré yo, y espero del amor y celo que he conocido en usted al real servicio y bien de la sociedad coadyuvará, ilustrando este plan con las notas que le parezcan oportunas al logro de nuestro deseos, para mayor servicio de Dios y del rey, Nuestro señor, y bien de estos naturales.

    Los materiales de que debe formarse esta obra no pueden ser ni más preciosos ni más abundantes. La bondad del clima, la fertilidad de los terrenos, la grande copia de los frutos que produce, comerciables con todas las provincias de este continente, los ríos navegables para extraerlos con facilidad y lo bien poblado de toda la provincia son principios todos que ofrecen el mejor éxito. A que debe agregarse la docilidad y buena disposición de estos naturales, que, como una masa docilísima, están en punto de admitir la forma que quieran darles, como los saquen de la opresión en que los tiene la comunidad, a la que aborrecen sobre todos los males que son imaginables.

Cuando se trata de fundar alguna población, o poblar alguna provincia, después de examinadas las ventajas que ofrece su situación y terrenos, presentan regularmente dos poderosas dificultades, que son: el persuadir u obligar a los primeros pobladores a que vayan a ocupar el sitio destinado, y el proporcionar fondos propios para los gastos de todo aquello que ha de resultar en bien común. Por falta de éstos, se ven tantas ciudades y poblaciones de mucha antigüedad sin las precisas comodidades y alivios que pudieran tener si los tuvieran, siendo preciso para establecer las indispensables ocurrir a los arbitrios u otras derramas que el pueblo mira con aborrecimiento, sin conocer la utilidad que les resulta. Pero aquí en estos pueblos, en las presentes circunstancias, ninguno de estos dos escollos hay que vencer. La provincia está bien poblada de gentes, y los pueblos con caudales crecidos, que pueden servir de propios, con más otras proporciones que expresaré en donde corresponde; de modo que me parece que en todo el mundo no pudiera hallarse otra provincia con iguales recursos, si se verificase el reglamento que voy a proponer.

Los pueblos de este departamento de mi cargo, sin embargo de ser los de menos proporciones, como tengo manifestado en otra parte, se hallan al presente con unos fondos más que medianos, y sin contar lo que puede tener o deber en Buenos Aires. Hay pueblo que no daría los haberes de comunidad por 100.000 pesos de plata sin poner en cuenta las casas, tierras, ni muebles, sino solamente los ganados, plantíos, frutos y efectos comerciables, y el que menos no bajará de 35.000. Y aunque es verdad que hay otros pueblos en la provincia que no llegará su caudal a esta suma, también lo es que hay algunos que sobrepujan mucho, y que ninguno hay que con lo que tiene y sus proporciones no pueda establecer unos propios que los quisieran tener muchas ciudades de América. Conque vea usted si tengo razón para decir que los materiales para esta obra son los más preciosos y más abundantes que pueden desearse. Vamos pues a delinear la planta.

El contexto de toda la narración de esa memoria habrá sin duda persuadido a usted que el medio único de adelantar esta provincia y sacar a sus naturales de la ignorancia, miseria y abatimiento en que se hallan es el extinguir las comunidades, dejando a los indios en plena libertad para que cada uno trabaje para su propia utilidad, comercie con los frutos y efectos de su trabajo e industria, y que en un todo vivan y sean tratados como los demás vasallos del rey. Esto es lo que dicta la buena razón, y esto es a lo que parece se dirigen mis pensamientos. Pero, amigo mío, por la misma narración habrá usted conocido que la sujeción en que están los indios a sus comunidades les ha impedido, e impide, el adquirir luces para saber proporcionarse los auxilios y socorros necesarios a la vida; y esta incapacidad es un poderoso estorbo para franquearles la libertad, de modo que, entretanto estén en comunidad, jamás podrán adquirir las luces necesarias para proporcionarse por sí mismos las comodidades necesarias a la vida, y mientras no tengan éstas parece imposible el franquearles la libertad sin exponerlos a su total ruina. Siendo cosa evidente a todos los que los conocemos que el franquearles la libertad sería lo mismo que si a cada individuo lo colocasen en un desierto sin ninguna compañía, y allí tuviese que proporcionarse por sí solo todos los socorros necesarios a la vida, que sería lo mismo que ponerlo a perecer. Y no le parezca a usted ponderación; la falta de inteligencia en todo lo que es ayudarse mutuamente, el no saber vender ni permutar unos bienes por otros, ni valerse unos de la habilidad de los otros, los reduciría al más miserable estado, se imposibilitaría la recaudación de los reales tributos, se minoraría y aun acabaría el culto de los templos, y aun se dispersarían los indios, ocasionando tal vez la total ruina de los pueblos. Y aunque no pensemos tan melancólicamente, y consideremos más inteligencia en los indios que la que supongo, y que mediante la habilidad de algunos pocos se lograra el que éstos conchabasen a los menos expertos, y que por este medio se consiguiera el ponerlos a todos en ejercicio para adquirir lo necesario; en este caso sucedería que se llenarían estos pueblos de españoles vagabundos o de pocas obligaciones, que, con pretexto de poblar la tierra o de entrar a tratar y contratar, se aprovecharían del trabajo de los indios, poniéndolos en más opresión y menos asistencia que la que ahora tienen, y les quitarían por cuatro bagatelas todo lo que a costa de mucho trabajo hubieran adquirido, sin que el gobierno pudiera remediarlo, con otras peores consecuencias que podrían esperarse.

Por otra parte, si se piensa en dejar a los indios en comunidad como están ahora, también me parece que la ruina de los pueblos será infalible antes de muchos años, o a lo menos serán poquísimos los adelantamientos;

y éstos los habrá si los que los gobernaren inmediatamente tienen todas las calidades que se requieren para estos parajes, porque los indios saben que son libres, y conocen los bienes de la libertad, como los conocen, los desean, y, deseándolos, la buscan; y esto es en parte causa de los muchos que se desertan de los pueblos, sin otro motivo que verse oprimidos y sin la libertad que desean, y los que permanecen es porque aún no han adquirido valor para dejar su patria; y en la repugnancia que tienen a todo lo que los destina la comunidad se conoce lo violento que están, y así es preciso mucha prudencia y suavidad para gobernarlos, para que no conozcan flaqueza de parte del gobierno, porque entonces nada harían, ni los exaspere el rigor, porque tendría peores consecuencias. Antes que los indios conocieran la libertad era cosa facilísima el dirigirlos como se quisiera, y por eso los jesuitas impedían tanto la entrada de españoles en estos pueblos (mayormente paraguayos, que saben el idioma de los indios), para ocultarles todas las noticias y especies que pudieran moverles el deseo de la libertad; pero ahora ni pueden gobernarse como entonces, y mucho menos el volverlos a poner en aquel estado, porque ya no están capaces de eso.

En medio de tantas dificultades no es de maravillar que hayan sido tantos los dictámenes que tengo noticia ha habido y hay sobre el gobierno de estos pueblos, y que nada se haya resuelto por la Superioridad hasta ahora. Todos es preciso convengan en que esta provincia es fertilísima, no tan solamente en los frutos para su consumo, sino también en otros comerciables; que sus habitadores todos trabajan, y fuera del grosero alimento es poco lo que gastan y es casi nada lo que les sobra, cuando en otras partes, en trabajando la sexta u octava parte de los hombres en la agricultura, hay para proveer a todos de alimento con abundancia; y con la mitad de los demás, que se apliquen a las artes y oficios, brilla el lujo, como se ve en las ciudades, quedando los restantes sin ocupaciones, de aquellas que aumentan los frutos y efectos. Convendrán también en que de esto es causa el estar los indios sujetos a la comunidad; pero, en llegando a tratarse del modo de remediarlo, es preciso haya tantos pareceres como hombres. Pero yo, sin que me atemoricen tantos inconvenientes, tengo por cosa facilísima la ejecución del reglamento que voy a proponer, y por infalibles las favorables consecuencias en todas partes de que se componga.

Sin embargo de los riesgos e inconvenientes que he manifestado a usted pueden seguirse de dar a los indios entera libertad, ésta deberá ser la base de toda la obra. Los indios, en mi reglamento, deberán quedar libres enteramente, con libertad absoluta, como la tenemos todos los españoles.

Supuesta la libertad de los indios, deberían quedar los bienes de las comunidades para propios de los pueblos, entregándolos a administradores hábiles y cuales convenía para los efectos que se expresarán, haciendo tasación de todos ellos, a lo menos de los que son comerciables y sirven para el aumento del giro que había de dársele a este caudal; y así para su entrega, como para el manejo que de él debían tener, era necesario establecer las reglas oportunas y convenientes.

El administrador, hecho cargo del caudal de un pueblo, debía considerarse como un factor (y este nombre le convendrá mejor que el de administrador) que abrazase en sí todos los ramos de agricultura, artes y faenas que el pueblo tuviera, o pudiera aún establecerse con utilidad; pero no había de precisar a ninguno a que trabajara contra su voluntad, y a todos los que voluntariamente quisieran conchabarse les había de dar ocupación, pagándoles su jornal y dándoles la comida del mediodía, sin que jamás se verificase que alguno, chico o grande, se había quedado sin jornal, habiéndolo pedido, pues para todos hay en los pueblos, en todos tiempos, destinos en que emplearlos con utilidad del que los ocupa; y los que no quisieran trabajar en la factoría, y lo verificasen en sus labores propias, o conchabándose con otros, ya fuesen españoles avecindados o con otros indios, dejarían hacerlo libremente. Pero a los que anduviesen ociosos (que en mi inteligencia serían raros) se les debía compeler a trabajar por aquellos medios más oportunos y eficaces que se tuviera por conveniente, hasta proceder contra ellos, como se ejecuta con los vagos en las repúblicas civilizadas.

Las indias se deberían ocupar en hilar algodón, comprándoles por su justo precio cada día o cada semana el hilo, pagándoselo de contado según su calidad, dándoles algodón en parte de pago, para que nunca les faltase qué hilar.

A los muchachos, muchachas, viejos, viejas y otros de esta calidad, se les debería emplear en cosas que cómodamente pudieran hacer, de forma que ganaran para comer y vestir; pues, como digo, hay para ocuparlos a todos con utilidad de la factoría.

Aunque con esta providencia se les aseguraba a los indios las proporciones de subsistir, quedaban siempre expuestos al riesgo de que los tratantes fuesen los que lograsen el fruto de su trabajo, así en los que les vendiesen como en lo que les comprasen, si no se tomasen otras precauciones: y así, para asegurarlos por todos lados de todo perjuicio, sería muy útil que el comercio de los efectos que se traen de fuera de la provincia corriese en cada pueblo a cargo del factor, y que fuera también de la obligación de éste el abastecer su pueblo de víveres y de cuanto es necesario a la vida y comodidad de los hombres; y del mismo modo había de estar obligado a comprar todos los frutos y efectos que los naturales quisieran venderle, asegurando la equidad, así en las compras como en las ventas, con reglamentos adecuados. De este modo aseguraban los naturales las ventas de sus frutos y manufacturas, y tenían con equidad dónde proveerse de cuanto necesitasen, y todas las utilidades que resultasen de estas compras y ventas a la factoría recaerían en beneficio del común, como que de cuenta de él se manejaba todo.

Dispuestas así las cosas, quedaba la comunidad reducida a un asiento y factoría, para que jamás faltase qué trabajar a los indios, y el pueblo estuviese abastecido de todo lo necesario; y los frutos y efectos que produjere el trabajo e industria de los particulares lograsen el giro más ventajoso, resumiendo en una sola mano todos los ramos de agricultura, industria y comercio, y con la ventaja de que todas las utilidades habían de recaer en los mismos que las producían, dejando, no obstante esto, la libertad a todos los particulares de disponer de sus frutos dentro y fuera de los pueblos, para venderlos o extraerlos como gustasen, como no fuese para traer en retorno efectos comerciables, porque esto debería ser privativo a la factoría.

Pero, para que este arreglo produjera las ventajas deseadas, era preciso introducir el uso de la moneda, pues sin ella todo sería embarazos, y los efectos perderían de valor pasando de mano en mano. Es la moneda el alma del comercio y la sangre de las repúblicas; faltando ésta, falta el estímulo, la actividad y la aplicación; no puede haber igualdad en los contratos, ni regla fija en la sociedad. Es este precioso signo del comercio más grato a la codicia de los hombres que lo fue el maná al paladar de los israelitas, porque al fin éstos se cansaron de él, y el dinero a nadie ha cansado hasta ahora.

Si yo escribiera para el común de los hombres, haría, antes de pasar adelante, algunas reflexiones sobre el diseño o plan propuesto, para dar a conocer a los que no profundizan las cosas las grandes utilidades y ventajosas consecuencias que ofrece; pero escribo solo para usted, quien con su profunda penetración las conocerá mejor que yo pueda explicarlas; pero no pasaré en silencio dos, que son como origen de otras muchas. La primera, el evitar que en esta república haya tantos hombres ociosos como hay en todas las demás, empleados en comerciantes y tratantes, comiendo y enriqueciéndose a costa del público; y la segunda, el que todas las ganancias, que habían de recaer en éstos e invertirse en utilidad de sus fines particulares, recaerían en beneficio del público y se emplearían en aquello que fuese más útil a la sociedad, como más adelante se dirá.

Tampoco me detendré en patentizar lo justo y necesario que es el comercio privativo en estos pueblos; pues, además de ser una cosa forzosa para impedir los perjuicios de estos naturales, se halla autorizado con el ejemplo de muchas compañías establecidas en diferentes partes para precaver los perjuicios que pudiera originarse de un comercio libre, siendo así que aquellos perjuicios los sufrirían algunos particulares comerciantes, y en nuestro caso los sufriría toda la provincia, fuera de que esta exclusión podía durar el tiempo que fuese preciso, o el de la voluntad del Soberano.

Aunque en toda esta memoria he procedido sin método en la distribución de asuntos, procuraré en este reglamento tratar cada materia separadamente para mayor inteligencia de usted, previniendo que el que hasta ahora se ha llama do administrador ha de nombrarse en este plan factor, y lo que se ha dicho comunidad se llamará factoría; así porque me parece mejor convenirles estos nombres, como por desterrar de los oídos de los indios el nombre de comunidad y de administrador, que aun para los mismos que ejercen estos empleos no es de buen sonido; pero esto es accidental, pues puede dársele el nombre que se quiera.

Deben buscarse para factores mozos instruidos en casas de comercio u oficinas de real hacienda, para que con la instrucción que allí hayan adquirido les sea fácil el imponerse del vasto manejo que ha de ponerse a su cuidado; conviene no sean tan mozos que bajen de 30 años, ni tan viejos que pasen de los 50. Es preciso en ellos mucha viveza de genio y robustez, un trato dulce para con los indios y que estén libres de vicios, principalmente de los de incontinencia, embriaguez y juego de naipes, siendo cosa precisa que al que se le notare cualesquiera de estos vicios fuera al instante removido; pues, aunque en todas partes son perjudiciales los que los tienen, aquí serían intolerables por las ocasiones más frecuentes y por lo trascendental que serían, con notable perjuicio de los naturales, que es preciso evitarlo, mayormente en cualquiera nueva plantificación.

Al factor convendría se le entregasen los haberes del pueblo para su manejo, del modo que hasta ahora se les han entregado a los administradores, con sola la diferencia de que se le habían de entregar tasados y hacerle cargo de sus valores; pero con la misma intervención que ahora tienen el corregidor y mayordomo del pueblo, conservando cada uno una de las tres llaves de cada almacén; pues, no siendo fácil encontrar factores con las calidades expresadas, y que al mismo tiempo tengan fianzas para asegurar los caudales de su manejo, sería cosa arriesgada el poner en su mano, con libertad absoluta, este manejo.

Para que el factor se empeñara y buscara todos los medios imaginables en utilidad y beneficio de la factoría, era cosa conveniente el señalarle, en lugar de salario, un tanto por ciento de las utilidades anuales de la factoría; pero al mismo tiempo convendría el que la factoría no le suministrase nada para su alimento y comodidades, ni permitirle criado alguno indio ni muchacho que no fuese pagándole su salario y dándole el alimento, con más la circunstancia de que había de ser voluntario y no forzado. Con esta providencia se minoraría, y aun extinguiría, la multitud de empleados inútilmente en los colegios, y saldrían a trabajar en lo que fuese útil a ellos y al pueblo; se excusarían los crecidos gastos que diariamente tiene ahora la comunidad en alimentar no tan solamente al administrador y su familia, sino también los que se ocasionan dando de comer a cuantos tratantes y aun vagabundos andan en estos pueblos; pues, siendo a costa de los factores el mantener su mesa, no la franquearían con tanta liberalidad a todos. Si se examinan las facturas que han venido de Buenos Aires desde la expulsión, se verá en ellas que la mayor parte de lo que contienen son especies comestibles y utensilios de cocina y mesa, que todos los han consumido los administradores y nada se ha empleado en alivio de los indios; y todo esto estaba cortado conque cada uno comiese y se sirviese a su costa.

Sería del cargo del factor el determinar las faenas que debía mantener la factoría, prefiriendo siempre aquellas que ofreciesen mayores utilidades. El buen estado de las estancias debía llevar la primera atención, como que en ellas se afianzaba la principal subsistencia del pueblo, y que, estando bien atendidas, rinden con sus progresos considerables ganancias. Los yerbales de cultivo que hay en todos los pueblos, y que por falta de cuidado están muy deteriorados, y aun perdidos, se empeñaría el factor en restablecerlos con el oportuno cultivo y con la reposición y aumento de nuevas plantas, para lograr de este modo buenas cosechas de yerba, y la parte de aumento de valor que tendrían cuando entregase el pueblo, pues cada cosa se debería tasar según el estado de recibo y entrega. Atendería igualmente al aumento y buen estado de algodonales y cañas de azúcar, así para lograr las abundantes cosechas como para aumentar las fincas y sus valores.

Pueden también emprenderse otras muchas faenas en los pueblos, y los factores no se descuidarían en aprovecharse de las proporciones del país. El corte de maderas y remisión de ellas a Buenos Aires; la construcción de embarcaciones, así para venderlas en Buenos Aires como para trajinar con ellas por los ríos, trasportando las haciendas; los beneficios de yerba en los yerbales silvestres del Paraná y Uruguay, así por tierra como por agua; las vaquerías a los campos del ganado alzado, y otras muchas que se practican y se han practicado siempre.

También pueden inventarse otras nuevas faenas que ofrecen tantas o mayores ventajas como las ya establecidas y conocidas: el cultivo y beneficio del añil, de que hay ejemplar de haberse beneficiado muy bueno en los pueblos, y tengo noticia se beneficia en el Paraguay por un particular con bastante utilidad suya; ya harina de mandioca, conocida por fariña de páo entre los portugueses, y su almidón, que ambas especies se estiman y consumen mucho en Buenos Aires, y que es cosa facilísima el fabricarlas y abundantísima la mandioca en estos pueblos. El arroz también ofrece mucha cuenta, en construyendo ingenios para limpiarlo, y una infinidad de menudencias que ayudarían al aumento del comercio, ocupaciones y utilidades de los indios.

El cultivo y beneficio del tabaco, así el negro como el que llaman colorado, ofrece en estos pueblos crecidísimas ventajas. Este ramo, que en el estado presente no es posible adelantarlo, si se extinguieran las comunidades podía ofrecer muchos aumentos; es la siembra y cultivo del tabaco facilísima a cualesquiera particular que esté dedicado a la agricultura, pero el beneficiarlo después de recogida la hoja es penoso a los que no tenían libertad, tiempo y proporciones para ello, y mucho más el beneficio del tabaco negro para el que son necesarios muchos aperos. Al mismo tiempo serían embarazosas a la factoría las crecidas siembras, cultivo y recogidas del tabaco, pero sería fácil el beneficiarlo después de recogidas las hojas; y así lo que convendría era que los indios, y cualesquiera otros particulares, hiciesen las siembras en sus mismas chacras y comprarles la hoja en recogiéndola sazonada, pagándosela de contado al precio que se regulase, de modo que le quedase una moderada utilidad a la factoría, a la que, con los aperos correspondientes, le sería facilísimo el beneficiar crecidas porciones de tabaco negro y colorado, aplicando a cada clase el que fuese mejor para ella. De esta forma era preciso creciesen los acopios, pues, por poco que cada indio sembrase, como ellos son muchos, teniendo libertad para trabajar en los terrenos tan fértiles, se harían buenas cosechas, las que se acrecentarían con las siembras que por su parte hiciese la factoría, que también convendría las tuviese.

Las siembras de todos los frutos de abasto, como son trigo, maíz y toda clase de menestras, las verificarían los indios, como que están acostumbrados a hacerlas, y a ellos se las compraría la factoría para el abasto del pueblo. Bien es que, si fuese preciso o útil, también podía hacerlas la factoría.

Para mantener todas estas faenas, o aquellas que más cuenta ofreciesen, se deberían conchabar los indios que fuesen precisos para peones, aplicando a los muchachos y viejos a las ocupaciones en que ellos pudiesen dar cumplimiento. Estos peones deberían ser voluntarios, y se les habría de pagar semanalmente, regulándoles un jornal muy moderado, que en mi inteligencia bastaría para que no faltasen peones y que trabajasen con empeño, el que a los más trabajadores y aplicados se les regulase a 6 reales por semana, a 5, 4 y 3 a los de menos actividad, graduando la de cada uno; dándoles a todos una abundante comida al mediodía, y a los muchachos, muchachas, viejos y viejas bastaría el que les alcanzase el jornal a vestirse y alimentarse.

Aunque por la inclinación que conozco en todos estos indios a conchabarse y ganar jornal no me queda duda de que no faltarían cuantos peones necesitase la factoría para sus faenas, antes por el contrario, considero que tendría la factoría precisión de entablar otras para ocuparlos a todos; si mi concepto saliese errado en esta parte, y los indios se aplicasen más a sus labores particulares que a conchabarse en la factoría, ningún inconveniente se seguiría de que la factoría redujese sus faenas solo a las más útiles y precisas, y que para éstas se obligasen semanalmente y por turno los peones necesarios, pagándoles sus jornales; y esto en caso de no haber indios desaplicados, pues, habiéndolos, a éstos y no a otros se debían precisar a trabajar, como a gente ociosa y vagabunda.

Será cosa muy conveniente que el factor pueda conchabar, y conchabe, cuantos españoles se presenten, o puedan hallarse, para peones de las estancias, faenas de yerbales, beneficio de tabaco y para todas las ocupaciones que tenga a bien destinarlos, para que, mezclados con los indios en el trabajo, les enseñen y animen a trabajar; y así mismo convendría el conchabar algunos de estos españoles para capataces de las varias faenas que se emprendiesen, aunque estos últimos se deberían admitir con aprobación del gobierno, y no de otro modo.

Al fin de cada semana se deberían hacer los pagamentos de los jornales que hubieran devengado los peones en toda la semana, según las papeletas que les diesen los capataces, que deberían ser arregladas a la asistencia y aplicación que cada uno hubiese tenido aquella semana.

Todos los acopios que se hiciesen de frutos o efectos deberían ponerse semanalmente en los almacenes de tres llaves con intervención del corregidor y mayordomo, y aun del cabildo, si se tuviese por conveniente, asentando en un libro, que debería existir dentro del mismo almacén, las entradas, firmando todos en él, practicando lo mismo con las salidas, que así unas como otras deberían hacerse por mayor en los almacenes; y el factor y mayordomo deberían tener libros particulares en que anotar las mismas partidas, como asimismo un diario en que apuntasen las partidas pequeñas que en el discurso de la semana se fueran acopiando o expendiendo, para que así constase con claridad la pureza de este manejo.

Dentro de la casa principal debería destinarse una pieza a propósito para poner en ella una tienda o pulpería a cargo de algún español o indio a propósito asalariado, en la que se vendiese de toda clase de comestibles y menudencias de diaria necesidad, entregando por cuenta todo lo que allí se había de vender, y recogiendo cada sábado el dinero que rindiesen las ventas de la semana, el que asimismo debería colocarse en el almacén en caja de tres llaves, que debería haber con libro en ella de entradas y salidas de dinero, con las mismas formalidades que el de los frutos y efectos; y cada cuatro meses, o cuando el factor tuviera por conveniente, tomaría cuentas finales de esta pulpería para conocer el estado de ella y de su manejo, avisando de sus resultados al gobierno.

Para que esta pulpería estuviese surtida de todo, debería cuidar el factor, por su parte, y hacer que cuidase el mayordomo, de que todo el sebo de las reses, así de las que se matasen en las estancias como en el pueblo, sirviese para velas que se pusiesen allí, como asimismo la grasa de ellas. Que se amasase pan, que no faltasen menestras, maíz y demás comestibles que produce el país y consumen los indios, como asimismo sal, azúcar, miel, jabón, de modo que nada les faltase de cuanto pudiera ofrecérseles, a excepción de bebidas fuertes, que éstas deberían prohibirse enteramente, como lo están por las leyes.

Para que los precios de las ventas que se hiciesen en estas pulperías al menudeo no fuese arbitrario a los factores ni pulperos, deberían dárseles por el gobierno aranceles, arreglados a los precios que estuviesen establecidos por otros aranceles, para las compras que hubiera de hacer la factoría a los indios; de modo que vendiendo al menudeo no pudiera excederse de 25 o 30 por ciento el aumento de precio de aquél a que se había comprado, y vendiendo por mayor solo la mitad del de menudeo.

El abasto de carne debería estar a cargo de otro español o indio, arreglado de forma que cada res de buen tamaño dejara de utilidad a la factoría un peso de plata, y el valor del cuero para gastos de manipulantes y pastores.

Sería cosa conveniente y muy precisa que los almacenes estuvieran surtidos de ropas adecuadas para estas gentes, así de las que se llaman de

Castilla como de las del país, procurando que en las fábricas de lienzos de los pueblos se trabajasen listadillos, y todos aquellos que usan y apetecen los indios; como asimismo el que no faltasen frenos, espuelas y cuantas menudencias se sabe les son de utilidad, y procurando no introducir cosas inútiles y superfluas; y solamente los sábados, y con asistencia del corregidor, mayordomo y algunos de cabildo, se deberían abrir los almacenes y verificar venta de estos efectos que no son de diaria necesidad, y su importe depositarlo allí mismo en la caja de tres llaves en la forma que queda dicho, y con separación de otras partidas. A estos efectos pudiera cargársele de aumento, sobre el principal costo de Buenos Aires, un 40 o 50 por ciento, para que así sufragasen los costos de conducción, averías y menoscabos que pudieran sufrir, y las alcabalas que debían pagar, y que dejasen una buena ganancia, para que ésta sirviese en utilidad del común, en los fines y términos que después se dirá.

A ningún español o indio, establecido o empleado en los pueblos, debería permitírsele el que introdujera efectos para vender, ni aun los de su preciso uso, pues todos deberían comprarlos a la factoría; pero a ésta le sería permitido el venderlos con las licencias necesarias a los particulares que de fuera de la provincia viniesen a comprarlos para extraerlos, aun rebajando algo del precio en que regularmente se vendieran al menudeo a los establecidos dentro de ella, para aumentar así el ramo de comercio, y por consiguiente las utilidades de la factoría.

Al mismo tiempo que la factoría y factor deberían dar jornal y ocupación a todos los que lo pidiesen, y obligar por medio de las justicias a que trabajasen los ociosos, deberían también comprar a los indios, y aun a los españoles avecindados, cuantos frutos y efectos adquiriesen con su trabajo e industria por los precios que el gobierno hubiese establecido, aun cuando no le resultase utilidad ninguna de la venta que de ellos hubiese de hacer; pues sería cosa muy conveniente que todos tuviesen asegurada la venta del producto de su trabajo. Bien es que el gobierno tendría cuidado de poner ínfimos precios a los frutos y efectos poco necesarios, para separar a los indios de la aplicación a cosas inútiles, inclinándolos a las útiles por medio de los mejores precios y utilidades que les rindieran, como se dirá cuando se trate del gobierno.

Al cargo del mayordomo estaría, con la intervención, dirección y cuidado del factor, el comprar diariamente cuantos frutos y menudencias le llevasen a vender los indios, pagándoles de contado a los precios establecidos, para lo cual debería tener en su poder algún dinero de que se le tomaría cuenta al fin de la semana, recibiendo y almacenando lo que hubiese comprado, y entregándole el dinero suficiente para la semana siguiente. Este mismo mayordomo debería comprar y pagar el hilo que las indias hilasen y quisiesen vender, arreglando los precios según sus calidades, que en mi inteligencia debía pagárseles a 3 reales la libra de pabilo, a 4 la de hilo para lienzo grueso, a 7 el de mediano, a 12 el de fino y a 16 el superfino, y venderlos en la pulpería a medio real la libra de algodón en rama, o a 10 reales la arroba, en el supuesto de que se les compraría a 8 reales la arroba del que quisiesen vender de sus cosechas.

El hilo que se acopiase podría destinarse para lienzos según sus calidades, pagando a los tejedores su trabajo, según las varas y calidades de las piezas.

El factor debería tener atahona para que todos los que quisiesen moler trigo tuvieran dónde hacerlo, sin más paga por la molienda que la que se considerase suficiente para mantener peones, mulas y composturas de atahonas; y así mismo tendría trapiches, y todos utensilios para moler la caña y beneficiar la miel y azúcar; y, en fin, tendría todas aquellas oficinas que no es fácil las costeen los pobres, y que por falta de ellas o no siembran ni plantan aquellos efectos, por la imposibilidad de beneficiarlos, o los pierden, por falta de ellos.

También deberían mantener inmediatos a los pueblos una buena porción de bueyes para alquilarlos a los que los necesitasen para sus labranzas, fuesen españoles o indios; bien es que a éstos se les arreglaría un precio moderado que solo sufragase el menoscabo de los bueyes y salarios de pastores.

A ninguno debería dársele nada de balde, pudiendo trabajar, para que así cada uno procurara tener bueyes, caballos y todo lo necesario para ahorrarse de tener que pagar alquileres.

En poder del factor no debería extinguir ni por un solo día dinero, ni cosa alguna que perteneciese a la factoría, pues todo habría de almacenarse bajo de las tres llaves dichas; y entre tanto se verificaba al fin de cada semana, que permaneciese en poder del mayordomo y demás destinados al manejo, y que el factor cuidase de la conducta de éstos, y de tomar las cuentas semanalmente como queda dicho.

Tampoco se le debería permitir al factor, ni a ningún otro de los empleados, el tomar de la pulpería, carnicería ni almacenes cosa alguna con pretexto de suplemento, ni al fiado para el gasto diario, pues todo lo había de comprar al contado, y si tenía alguna necesidad, con la orden del gobierno y formalidades necesarias se les podía socorrer en dinero a cuenta de la parte de utilidad que en el ajuste de cuentas le correspondiese; ni tampoco habían de servirse de bueyes, caballos ni otros aperos de la factoría en sus fines particulares, si no es pagando de contado los alquileres de todo.

Deberían suprimirse y venderse, a beneficio de la factoría, todos los muebles y utensilios de cocina y refectorio, sin dejar otros muebles que los precisos para alhajar y adornar las casas capitulares, cuanto de hospedería del gobernador y algunos otros de esta clase; y estos muebles tenerlos y conservarlos como consejiles, destinados para ornatos de los mismos pueblos.

Los frutos comerciables sobrantes de los pueblos se deberían remitir por los factores a los parajes en que pudieran tener mayor beneficio en su venta, particularmente a la capital de Buenos Aires, para que los vendiesen a beneficio de la factoría y les remitiesen con su producto lo que pidiesen; y para que este giro fuese ventajoso y no estuviese expuesto a perjuicios e inconvenientes, me parece debía establecerse en esta forma.

Por la Junta superior de propios y arbitrios de Buenos Aires, o por quien la Superioridad tuviese por conveniente, pudieran nombrarse en aquella ciudad tres o cuatro sujetos de calidad, y con las fianzas convenientes, para apoderados de los pueblos, habilitándolos para que pudiesen recibir encomiendas de ellos; y que a éstos y no a otros dirigieran los factores las haciendas de sus respectivos manejos, pero dejándoles la libertad de elegir de estos apoderados aquel que quisieren, y la de remover las encomiendas cuando lo considerasen útil a sus intereses, sin necesitar de pruebas, como tampoco las necesitarían los mismos apoderados para excusarse a recibir las encomiendas cuando no les acomodase el recibirlas, así como se practica entre comerciantes. Y que estos apoderados estuviesen dependientes y sujetos a los respectivos pueblos de quien tuviesen encomiendas, para arreglarse a sus disposiciones, rendir las cuentas cuando se las pidieran y todo lo demás concerniente al manejo que administraba, entendiéndose sin perjuicio de las disposiciones y reglas que tuviese a bien darles la Superioridad, y demás que expresaré cuando trate del gobierno político de estos pueblos y modo con que los factores deberían rendir sus cuentas.

Con esta providencia se conseguiría el que los apoderados, por conservar las comisiones que ya tuviesen, y por adquirir otras más que pudieran agregárseles de otros pueblos, procurarían ser puntuales en el desempeño de sus cargos, dando el mejor valor a los efectos que se les remitiesen, y comprando con la posible equidad lo que se les pidiese; y asegurarían la confianza de los natura les y factores con el cotejo que harían de las ventas y compras de unos y otros apoderados, lo que jamás podrán hacer siendo uno solo como lo ha sido hasta ahora el que administre sus haciendas, evitándose también el perjuicio que se seguiría de que cada pueblo tuviese su apoderado particular, como algunos han opinado, en lo que concibo mayor perjuicio que en que haya uno solo.

Para que todas estas cosas se observasen con igualdad y puntualidad en todos los pueblos, era preciso formar una instrucción, en que menudamente con claridad y método se arreglase el gobierno económico de cada pueblo, y que sirviese de ordenanza a los factores y demás empleados en este manejo, la que, en caso necesario, me sería fácil de formar, mediante la práctica y conocimiento que tengo de cuanto se practica y puede practicarse.

Arreglado y puesto en práctica el método propuesto, serían en mi concepto infalibles las favorables resultas, así para la factoría como para los indios, pues tenían seguros los jornales, y dónde proveerse en todas sus necesidades, los que no tuviesen labranzas propias, y los que las tuviesen la seguridad de vender todos sus frutos a un precio fijo y determinado; y la factoría la seguridad de unos crecidos aumentos en todos los ramos que beneficiase, no quedándome duda que en un pueblo de medianos fondos y proporciones no bajarían de 8 a 10.000 pesos las utilidades anuales, aun considerados a los principios y con solas las faenas presentes, lo que evidenciaré a usted con el siguiente tanteo.

En un pueblo cuyas estancias tengan 20.000 cabezas de ganado vacuno, no baja el procreo de 4.000 de yerra al año; y teniendo, como todas tienen, crías de yeguas y de mulas, producen también el aumento de las crías; de modo que tengo bien averiguado que, rebajando las que se mueren, pierden, roban, consumo anual de estancias, y computando jornales de peones y capataz, pasa de 3.000 pesos el valor del aumento anual en una estancia como la propuesta.

En un pueblo que tenga 1.200 almas entre chicos y grandes, no baja el consumo anual de 2.500 cabezas de ganado; y aunque no regulemos sino 2.000, considerando las restantes para dar de comer a los peones que trabajaren por cuenta de la factoría, y consideremos un peso de utilidad en cada una, según lo que dejo dicho, son 2.000 pesos.

Por limitadas que sean las ventas en la pulpería de los efectos de consumo diario, habiendo de proveerse de allí todos los del pueblo, y no siendo dable que teniendo dinero de los jornales dejen de comprar lo que apetezcan, pueden computarse las ganancias de este ramo, cuando menos, en 1.000 pesos al año.

Aunque los yerbales de cultivo de los pueblos están bastante deteriorados y son cortas las cosechas, sin embargo siempre podemos regular en 500 pesos su producto anual, después de rebajados los jornales que pueden emplearse en cultivarlos y beneficiar la yerba.

La cosecha de algodón puede cómodamente producir lo mismo que la yerba, y aun excederles en mucho, siempre que se ponga un poco de aplicación.

El plantío y beneficio del tabaco, así torcido como enmanojado, es un renglón de mucha utilidad, y beneficiándolo como queda dicho puede asegurarse, sin riesgo de equivocación, que pasarían de 1.000 pesos las utilidades que rindiera.

Los tejidos de lienzos, en un pueblo del número de gentes expresadas, suben en el día a 16.000 varas, sin contar casi otras tantas que particularmente tejen para vestirse suyo propio; conque, aunque no contemos sino las mismas 16.000 varas, y en ellas medio real de utilidad en cada vara para la factoría, son 1.000 pesos.

El consumo de efectos traídos de Buenos Aires, para vender a los indios en los términos dichos, me parece no bajaría de 4.000 pesos de principal anuales, a lo menos pasado uno o dos años, los que, cargándoles un cincuenta por ciento, producirían en la venta 6.000 pesos, y de ellos 2.000 de utilidad, y considerando que los gastos de comisión de compra, conducción y alcabalas ascendiesen a 500 pesos, quedaban libres 1.500.

Aunque en los pueblos hay otros muchos ramos de que sacar utilidad, como son los beneficios de yerba en los montes, las vaquerías, el corte y remisión de maderas, el beneficio de la azúcar y miel, el del añil, si se estableciese, y otros muchos que quedan apuntados, no me detendré en hacer cómputo de las utilidades que rendirían, porque para mi intento bastan los insinuados, y que con ellos se evidencian suficientes utilidades, como se demuestra en el siguiente resumen.

	Pesos
Utilidades del procreo de las estancias	3.000
Ídem del consumo de carnes en el pueblo	2.000
Ídem de la pulpería	1.000
Ídem de la yerba que se beneficia en el pueblo	500
Ídem de los algodonales	500
Ídem del beneficio de tabaco	1.000
Ídem de los tejidos de lienzo de algodón	1.000
Ídem del consumo de efectos de fuera de la provincia	1.500
Son pesos	10.500

Del antecedente resumen resultan, de utilidades libres a la factoría, 10.500 pesos.

Es verdad que en algunos pueblos no pueden esperarse estas utilidades, a lo menos en los principios, porque sus estancias están muy atrasadas, y el corto número de indios no permitiría el poder emprender muchas faenas, ni los abastos y comercios rendirían mucho; pero también lo es que hay otros que por sus proporciones, y lo numeroso de ellos, excederían en mucho. Yo no tengo duda en asegurar que, aun a los principios, no bajarían los aumentos anuales, en los treinta pueblos de la provincia, de 300.000 pesos, y sobre esta suma he de fundar el arreglo del gobierno, así general de la provincia como particular de cada pueblo.

Para establecer el arreglo propuesto era preciso a los principios el que de Buenos Aires se enviasen a los pueblos algunas cantidades de dinero, siquiera 2 o 3.000 pesos a cada pueblo, pues sin él nada sería verificable; y, siendo cosa cierta que muchos pueblos no tienen allí fondos propios, pudieran suplírseles del real erario a cuenta del tabaco que beneficiarían después. Para esta providencia me parece no habría embarazo, pues la piedad de Su Majestad franquea en la nueva ordenanza sus reales haberes para socorrer a los indios necesitados, supliéndoles por vía de préstamo, y sin ningún interés, lo que necesiten para fomentarlos, libertándolos así de los repartimientos que antes sufrían. Y aunque aquella disposición se dirige a socorrer a los particulares, y ésta al común, como en el común se incluyen los particulares, debe tenerse por una misma, teniendo ésta la ventaja de la mayor seguridad en la recaudación, que en mi concepto el pueblo más atrasado, al segundo o tercero año, ya habría satisfecho lo que le hubiesen suplido.

Habiendo de ser tan vasto el manejo de los factores, y ellos sujetos, como queda expresado, me parece debérseles señalar diez por ciento de las utilidades que quedasen libres a la factoría, que es lo mismo que señalan las leyes a los tutores de menores por la administración de sus bienes; pero no debía permitírseles ningún otro giro ni granjería particular por sí, ni por interpósita persona, ni tampoco el que usasen de cosa alguna de la factoría, a excepción de la habitación, que deberían tener en las casas principales, sin otra alguna cosa. Y si para que les aliviase del trabajo querían tener algún dependiente, fuese español o indio, deberían pagarle su trabajo de la parte que le tocase de sus utilidades, no entendiéndose esto con los que manejasen las pulperías, los capataces ni demás empleados en el beneficio, conservación y aumento de la factoría, pues a éstos, como a todos los demás peones y trabajadores, se les debería pagar su salarios y jornales del cuerpo del manejo, como que trabajaban en su beneficio y utilidad; y todos los demás gastos que se ofreciesen en el pueblo que no tuviesen relación ni se dirigiesen a beneficio de los bienes de la factoría, los debería sufrir la parte de utilidades que a esta correspondiesen, como son alimentos y vestuarios de viejos impedidos, cura de enfermos pobres, salarios de justicias, pago de reales tributos, diezmos y cualquiera obra útil o pía que se estableciese en beneficio del común, como se irá expresando en donde corresponda.

Con la asignación de diez por ciento a los factores me parece no faltarían personas útiles que las sirviesen, considerando que en los pueblos de una medianía ascenderían cuando menos a 10.000 pesos las utilidades, como queda demostrado, y de ellos le correspondían al factor 1.000 pesos. Y aunque en algunos no ascendiera a tanto, siempre tenían la esperanza de los ascensos, según el mérito y circunstancias de cada uno, hasta llegar a los más provechosos. Bien es que sería conveniente que ninguno pretendiese ascenso sin haber primero servido cinco años en el pueblo que ocupaba, siendo conveniente no se mudasen muy a menudo.

Para que el mayordomo indio de cada pueblo se aplicase al desempeño de tan importante encargo, y no tuviese motivo con que disculparse de cualquiera malversación, se le deberían señalar dos por ciento de las utilidades de la factoría.

Y pareciéndome bastante lo que llevo especificado en orden al gobierno económico de los pueblos, y de los bienes de sus comunidades, para que usted conozca las utilidades que se les seguirían, paso a manifestar a usted el que comprendo convendría se estableciesen en lo general de la provincia.

Por las novísimas disposiciones de Su Majestad quedan los treinta pueblos de esta provincia sujetos a un gobernador con solo la jurisdicción en ellos en lo militar y causas de justicia, quedando los dos ramos de policía y hacienda real a cargo de los señores gobernadores intendentes de Buenos Aires y del Paraguay, cada uno en el distrito de su obispado. Y porque no he visto sino de paso las ordenanzas, ni tampoco es mi ánimo manifestar a usted las conveniencias y desconveniencias que de su total observancia pudieran seguirse a estos pueblos, según las circunstancias de ellos, diré a usted lo que me parece convendría, mediante el conocimiento que con la práctica he adquirido. Aunque siempre seguiré el espíritu y disposiciones de las nuevas ordenanzas, en cuanto a lo general de su establecimiento en este virreinato.

Según el conocimiento que me asiste de la situación de esta provincia, unión, relación y dependencia que tienen unos pueblos con otros, y otras circunstancias que son bien notorias, y que sería prolijo el referirlas, me parece que lo más conveniente sería el que permaneciesen unidos todos los treinta pueblos, a lo menos los veinte y seis, excluyendo o separando los cuatro más inmediatos al Paraguay, que son Santiago, Santa Rosa, Nuestra Señora de Fe y San Ignacio Guazú, que tienen poca o ninguna relación con los demás, y están en mejor situación para agregarse a aquella provincia; y que fuesen gobernados por un gobernador intendente que tuviese a su cargo todos los ramos, en la misma forma que los demás nuevamente creados, y con facultad de nombrar subdelegados en los partidos que lo necesitasen; que, según mi conocimiento, convendría se pusiese uno en los seis pueblos que comprende el departamento de San Miguel, y otro en los cuatro del Yapeyú; y si los pueblos del departamento de Santiago hubiesen de quedar sujetos a esta provincia y gobernación, convendría poner allí otro; y los pueblos restantes pudieran quedar todos sujetos al inmediato mando del gobernador, pues están cerca de Candelaria, que debería ser la capital.

Los límites de esta provincia, considerando inclusos en ella todos los treinta pueblos, me perece deberían ser los siguientes: por la banda del norte, el río Tebicuari, desde sus cabeceras hasta el estero de Ñembucú; por el oeste, el dicho estero hasta el Paraná, atravesándolo más abajo del Salto, siguiendo por la laguna Ibera, incluyendo las tierras que están a la banda occidental de dicha laguna y que sus vertientes caen a ella, y siguiendo a buscar el origen del río Miriñay, que podrá servir de límites por ese lado hasta el Uruguay, atravesándolo a buscar la embocadura del río Cuarey, que podrá servir de límites por la banda del sur, siguiendo hasta su origen y dirigiéndose por entre las cabeceras del Río Negro y las de Ibicuy a buscar las fronteras de Portugal, sirviendo éstas de término por la banda del este.

Si se excluyen los cuatro pueblos mencionados, pudiera servir de límites, por la banda del norte, el monte grande de Santiago, y sus esteros y pantanos, que corren hasta entrar por el Salto en el Paraná, y en lo demás como queda dicho.

Pero, según lo que considero, podrán estos pueblos dentro de pocos años hacer tales adelantamientos que juzgo podrán ser susceptibles de erigirse en ellos un obispado con rentas más pingües que el del Paraguay, y entonces convendría otra demarcación o división de límites, que propondré a usted para que la examine y me diga lo que le parece, dado caso que así sucediese.

Lo que a mí me parece es que los cuatro pueblos de Santiago, Santa Rosa, Nuestra Señora de Fe y San Ignacio Guazú deberían quedar agregados al obispado del Paraguay, y los veinte y seis restantes al de esta provincia; y que sus límites, por el norte, fuesen el monte de Santiago hasta el Paraná, como queda dicho, bajando por él hasta la ciudad de Corrientes, incluyendo en esta provincia aquella ciudad y su jurisdicción, y bajando hasta el río Guayquiraro, que sirviese de términos por la banda del oeste, y siguiendo el Guayquiraro hasta su origen, y de allí línea recta a buscar el arroyo Mocoretá hasta el Uruguay, pasando a buscar el río Cuarey, como ya queda dicho.

Me parece no poder ocultarse las conveniencias y utilidades de esta última demarcación. La ciudad de Corrientes y su jurisdicción tienen su trato y giro en estos pueblos, y mantienen cierta dependencia y correspondencia útil en su giro y comercio, y serían mayores la utilidades de unos y otros si estuviesen bajo de un solo gobierno. Esta provincia hace frontera con los dominios de Portugal por toda la banda del este, y en tiempo de desavenencias con aquella corona no tiene el gobernador en aquella provincia sino indios con que defenderse de las invasiones, y es preciso que de Buenos Aires le manden los auxilios de gente española; y teniendo bajo su mando a los Correntinos, tenía en ellos un pronto y eficaz socorro para cualquier urgencia. Los inconvenientes que para esta división puedan ofrecerse los ignoro, y así solo manifiesto a usted las conveniencias que conozco, según las alcanzo.

Es tan corto el tributo que estos naturales pagan a Su Majestad, que aun en el día no alcanza a cubrir los sueldos y sínodos que devengan los empleados, que los cobran de la real hacienda, aun siendo éstos muy moderados. Y si se pusiera un gobernador intendente con la autoridad que a tal empleo corresponde, sería preciso asignarle un sueldo proporcionado, y sería gravar más el real erario; y para que así no sucediera, me parece que lo mejor sería que así al gobernador como a los subdelegados se les pagasen sus sueldos de las utilidades que resultasen a las factorías; pues, habiendo de dirigirse la nueva forma de gobierno al bien y utilidad de los naturales, sería regular que éstos costeasen cuanto en su beneficio se estableciese, mayormente hallándose tan aliviados en los tributos. Y así me parece que de las utilidades de todos los pueblos se sacasen dos y medio por ciento, y repartirlas en este forma: al gobernador medio por ciento de lo que rindiesen todos los pueblos, con más el dos por ciento restante de los pueblos que estuviesen solo a su cuidado; y a los subdelegados el dos por ciento de lo que produjesen los de su inmediato cuidado. Así procurarían unos y otros el adelantamiento de los pueblos, pues en ello aseguraban los suyos.

Convendría que el gobernador tuviese un asesor o teniente letrado, un ayudante y escribano de gobierno, y que asimismo hubiese un protector de indios y un fiscal letrado, pues de otra forma no podría darse buena forma a este gobierno; y para pagar estas cinco plazas se podían sacar tres por ciento de las utilidades, señalando a cada uno lo que pareciese conveniente.

También sería conveniente se criase un ministro de real hacienda, con los dependientes necesarios pagados de los reales haberes, para que atendiesen al cobro de los reales derechos, reales tributos y demás perteneciente a Su Majestad, y principalmente al ramo de tabacos, que aquí son mejores que en el Paraguay, y pudiera adelantarse su cultivo y beneficio con muchos aumentos de la real hacienda.

El pueblo de Candelaria es muy a propósito, por su situación y proporciones, para capital de la provincia; y para que lo fuera con más lustre y esplendor pudiera solicitarse de Su Majestad la gracia de que le condecorase con el título y privilegios de ciudad; pues, poniéndose allí los tribunales y demás ministerios que después diré, no tengo duda que en breve se aumentaría su población con los muchos españoles que se avecindarían allí.

Para que en los pueblos floreciesen las ciencias y las artes sería lo más conveniente que en dicho pueblo de Candelaria se estableciese un colegio para letras y un hospicio para artes; en el primero se deberían enseñar desde las primeras letras hasta la teología, jurisprudencia, medicina y demás ciencias escolásticas que se tuviese por conveniente enseñarles a estos naturales, con todas las demás partes de educación y policía, teniendo a los jóvenes en clausura como colegiales para que, no rozándose con los otros, desechasen o no adquiriesen la rusticidad con que al presente se crían, y fuesen después útiles en sus pueblos, sin perder el amor a la patria, como sucedería si los sacasen a aprender fuera de la provincia. En el hospicio aprenderían las artes y oficios más útiles y necesarios en estos pueblos, poniéndoles maestros hábiles, y cuales convenía para que después, distribuidos en sus pueblos, trabajasen con perfección las obras de sus facultades y pudiesen enseñar a otros.

De las librerías de todos los pueblos pudiera formarse una muy buena para el colegio de la Candelaria y, dejando en cada pueblo aquellos libros que a los curas pudieran servirles para el preciso ejercicio de su ministerio, remitir los restantes a Buenos Aires para que allí se vendiesen, aunque fuera a bajo precio, y con su importe comprar las obras modernas que se necesitasen para la librería del colegio.

También sería bueno hubiese en la capital un seminario para enseñar niñas a todas las labores propias de su sexo, y principalmente al gobierno de una casa y familia, a la crianza y educación de los hijos y demás correspondiente a las mujeres; y así a éstas como a los muchachos se deberían instruir con perfección en el idioma castellano, formando, para que todo se consiguiese y tuviera el debido efecto, una buena instrucción y poniéndolo todo a cargo de un director cual convenía.

Las rentas para mantener estas casas deberían salir de las utilidades de todos los pueblos, sacando tres por ciento, y aplicando también al mismo fin el valor de las obras que se trabajasen en el hospicio, y el producto del paso de los ganados que atraviesan el Paraná por Candelaria, haciéndolo paso preciso y quitando el que transiten por otra parte; y si el gobierno encontraba algún otro ramo o arbitrio, pudiera aplicarlo a este mismo fin.

De cada pueblo deberían enviarse cada año a Candelaria, cuando menos, 4 muchachos y 2 muchachas, prefiriendo siempre a los hijos de los caciques, para que allí los destinasen a lo que fuese cada uno a propósito o tuviesen inclinación; y por cada uno de los que enviasen, debería acudir con uno o dos pesos mensuales, o con lo que se tuviese por conveniente señalar para ayuda de alimentos y vestuarios de ellos y ellas, que a todos se debían tener con decencia.

También convendría se solicitase el real permiso para que pudiesen fundar conventos en Candelaria las tres religiones, Santo Domingo, San Francisco y la Merced, para que los religiosos de ellas pudieran ocupar las cátedras del colegio y practicar lo demás concerniente a su instituto y a la salvación de las almas, pero con el cargo de admitir al hábito a los indiecitos que fuesen capaces para ello.

Cosa muy conveniente sería el que en la capital se estableciese una junta provincial, compuesta del gobernador, su asesor, el ministro de real hacienda, el fiscal y el protector, y que, si se hallase alguno de los subdelegados, tuviese lugar en ella, con voto o sin él, como pareciese conveniente. En esta junta se vería y trataría todo lo perteneciente a real hacienda, haberes de los pueblos y policía de ellos: dando parte de todo a la junta superior de Buenos Aires, para que, visto allí, se determinase lo más conveniente.

A esta junta presentarían los factores sus cuentas para que las examinase, y, con el parecer del protector, vista fiscal y el informe de la junta provincial, se remitieran a la superior de Buenos Aires para su aprobación.

Los apoderados de Buenos Aires sería conveniente el que sus cuentas las rindiesen cada dos años, dándolas a los pueblos de quienes eran dependientes; y los factores las invertirían con las suyas, como ramo dependiente de ellas, exponiendo o alegando lo que de ellas le pareciese, y la junta provincial las examinaría con las del factor, y las daría giro como ya queda dicho.

Todos los pueblos se hallan con cuentas pendientes, aun desde el tiempo de los expatriados, y cada día se va imposibilitando más su liquidación, sin que el gobierno pueda separar los estorbos que se ofrecen cuando se trata de ajustarlas; y la junta provincial les allanaría todos, trazándolas y liquidándolas en la mejor forma posible.

La junta provincial arreglaría los gastos que cada pueblo hubiera de tener anualmente en las fiestas del santo titular, las de los días del rey y su cumpleaños, y otras que se ofrecieran; como así mismo los gastos ordinarios o extraordinarios de cada uno, dando la forma que en librarlos, gastarlos y dar las cuentas se debía observar.

Para que los indios se empeñasen a trabajar en lo que fuese más útil a la provincia, al real erario y a ellos, pudiera disponer la misma junta provincial que en cada uno de los pueblos se señalasen premios a los que más se aplicasen y adelantasen en las ocupaciones o ramos más útiles, a la manera que se practica en España en las reales sociedades económicas de los amigos del país, sacando estos premios de los fondos comunes, según los tuviesen los pueblos, y dando de todo parte a la junta superior para su aprobación.

Arreglándose en la forma dicha el gobierno de estos pueblos, me parece que los objetos a que el gobernador debería dirigir sus cuidados con particularidad son los siguientes:

En primer lugar, era preciso que el gobernador atendiese a que a los indios no se les faltase por los factores en nada, en la forma que queda explicado, que sus jornales les fuesen justamente pagados, que se les vendiesen los mantenimientos y demás necesarios a su conservación y comodidad con la mayor equidad, y que se les comprase cuanto ellos tuviesen y quisiesen vender por sus justos precios, formando aranceles para todo; de forma que cada año, por el mes de febrero o marzo, que es cuando se han verificado las cosechas y se disponen las futuras siembras, se publicasen los aranceles para el año siguiente, así de los precios a que se les había de comprar todo lo que ellos recogieran y beneficiasen, como a los que se había de vender, que, siendo por mayor la venta, no excediese del precio a que se compraba de un quince por ciento, y por menor de un veinte y cinco. Y para formarlos con acierto se atendería qué frutos son de más consumo y necesidad en la provincia, a cuáles se aplicaban más los indios o les costaba menos trabajo al adquirirlos o beneficiarlos, cuáles son de mayor comercio o valor fuera de los pueblos; y considerado todo, y conocida la ventaja, desventaja, aplicación o desaplicación por las cosechas anteriores, arreglar los aranceles, dándoles más valor a los frutos que se hubiesen aplicado menos los indios a su cultivo, y que son de mayor necesidad o utilidad en el comercio, y bajándolo a los que hubiesen abundado y fuesen menos necesarios, consultándolo con la junta provincial para el mayor acierto, y dando parte de todo a la superior de Buenos Aires para su aprobación.

En segundo lugar, cuidaría el gobernador de que a los indios no se les impidiese el sembrar y hacer sus chacras en donde les pareciese y acomodase, como lo practican ahora; pues, estando acostumbrados todos ellos a tener chacras, es preciso que a lo menos los primeros años sigan esta misma costumbre, hasta que la experiencia les haga conocer que no necesitan todos tenerlas; pues, con el dinero que adquieran con sus jornales o en otras ocupaciones, comprarían lo necesario a otros, y sería perjudicial a ellos si se les estorbasen las siembras donde y como quisieran hacerlas. Pero se les haría saber que, para adquirir propiedad de los terrenos que ocuparen, y para que nadie pudiera desposeerlos de ellos, habían de presentarse al gobernador pidiendo el terreno que pretendían ocupar; y siendo proporcionado a sus fuerzas, y no estando ocupado con título de propiedad por otro, se les podría despachar título condicionado de propiedad, encargándoles que dentro de tres años habían de tener en él las plantas de yerba, de naranjos, limones, duraznos, algodón, caña de azúcar y demás que al gobierno parezcan convenientes; y de no tenerlas en el término de los dichos tres años, podría otro cualquiera pedirlas, y le serían dadas; pero, si las plantase y tuviese como debía, a los tres años se le daría título de propiedad absoluta para él, sus hijos y descendientes, y para que la pudiera vender o enajenar como mejor le estuviera, y que adquirida la propiedad de un sitio pudiera pedir en la misma forma otro, que no se le negaría. En la misma conformidad y con las mismas condiciones sería conveniente el repartirles tierras a los españoles que se estableciesen en los pueblos, que no dudo serían muchos los que vendrían a esta provincia, a la que sería muy útil, pues habría más que ocupasen a los indios y les diesen jornal, y ellos tendrían donde emplearse a su gusto y abundaría todo. Pero ni a unos ni a otros se les deberían dar tierras para estancias, y si las necesitaban podrían arrendar las grandes y cómodas rinconadas que hay en los términos de los pueblos, o comprarlas según lo considerasen más útil, pero con la obligación de tener casa poblada en el pueblo a donde correspondieran.

En tercer lugar, cuidaría el gobernador se aumentasen los edificios de los pueblos y que se fabricasen con otra regularidad y conveniencias, destinando, con intervención de la junta provincial y aprobación de la superior, los caudales que se hubiesen de emplear en construcción de edificios nuevos y reparación de los existentes, y que en estos últimos se permitiese a los indios el vivir de balde, a lo menos en los cinco años primeros. Haciéndoles saber que, pasados éstos, habían de pagar alquileres, y los que ocupasen las casas que nuevamente se vayan construyendo, fuesen indios o españoles, que pagaran anual o mensualmente los alquileres que se les tasase; y los que quisieran fabricar casas propias, se les franquearía los solares de balde.

En cuarto lugar, debería cuidar el gobernador de que en los años estériles no les faltase a los indios en qué ocuparse, a lo menos para ganar para comer y vestirse. En estas ocasiones haría que los factores los aplicasen al corte de maderas en los montes, o que les comprasen la que ellos hubiesen cortado y labrado; y que los destinasen a los beneficios de la yerba en los montes, a las vaquerías y otras ocupaciones que la provincia ofrece aun en los años más estériles; y si aun esto no bastase, que de los fondos comunes se destinase mayor cantidad que la ordinaria para emplearla en composición de caminos, en construir puentes, fuentes y acequias para regadizos y otras obras públicas, que al paso que daban ocupación y jornales a los indios aumentarían la comodidad en la provincia y la utilidad de todos; y de esta forma jamás faltaría en qué trabajar ni qué comer a los naturales, suponiendo que en la factoría no faltarían los repuestos para estas ocasiones.

Lo quinto y último, cuidaría el gobernador de que en los pueblos se reedificase la casa de misericordia que había en tiempo de los jesuitas, y que en ella se recogiesen todos los viejos, viejas, pobres e impedidos que no tuviesen cómo mantenerse, o que voluntariamente quisiesen recogerse allí, como también los que enfermando no tuviesen cómo curarse; y que a todos éstos se les asistiese de los bienes de la factoría, y que, a los que pudiesen trabajar en algo, se aplicasen a lo que pudiesen hacer a beneficio de la misma factoría, de modo que no hubiese en los pueblos ningún necesitado.

Además de lo expresado, convendría se formase, con intervención del gobernador y la junta provincial y aprobación de la superior, un fondo que fuese común a todos los pueblos, sacando de cada uno tres por ciento de sus utilidades, para ocurrir a los infortunios de los pueblos que los padeciesen inculpablemente, como son naufragios, incendios, langosta, peste u otros, justificando no haber sido culpable aquella fatalidad, que debería cubrirse enteramente de aquellos fondos; y para préstamos para fomentar algunos pueblos que estuviesen atrasados, y para los demás fines que el gobierno y superioridad tuviese por conveniente; y también para gratificar a los factores que hiciesen descubrimientos útiles a beneficio de toda la provincia, como asimismo para los gastos que pudieran ofrecerse en pretensiones de la provincia y en todo lo que fuese de su esplendor y engrandecimiento. Y si estos fondos ofreciesen mucho, pudieran servir para facilitar la navegación por los ríos, rompiendo arrecifes o construyendo canales, y en fin para todo lo que se juzgase útil.

Aunque considero que, arreglándose el gobierno como queda dicho cesaría la deserción de los indios porque cesaban las causas que la motivaban, y aun se restituirían voluntariamente muchos a sus pueblos, con todo considero muy precisas algunas providencias de gobierno para que todos los indios dispersos fuera de esta provincia se restituyesen a sus respectivos pueblos, y que adelante no se desertasen de ellos. Y para esto sería conveniente que el excelentísimo señor virrey se sirviese mandar por bando, en los parajes en que puede haber indios Tapes, que todos se restituyesen a sus pueblos, imponiendo penas pecuniarias a los ocultadores y corporales a los indios, o a los que no tengan con qué satisfacer las pecuniarias. Y para que tuviese efecto la superior disposición, que el gobernador de estos pueblos pudiera nombrar y despachar partidas, a costa de los mismos pueblos, a los parajes en que se sabe hay indios de ellos; y a los que encontrasen con españoles, los prendiesen a unos y a otros, y que las justicias del partido les hiciesen exigir a los españoles la multa, que debería ser para los de la partida. Y trayendo los indios a los pueblos, que cada uno por los indios que le había traído le diese una gratificación, y que los indios fugitivos traídos trabajasen para el pueblo, hasta tanto que hubiesen devengado los costos de su aprensión y conducción. Y por lo que hace a los indios que andan en los mismos pueblos fuera de los suyos, si pareciese conveniente, pudiera permitírseles el que se quedasen avecindados en los pueblos en que se hallan, si en ellos quisiesen permanecer, agregándose al cacicazgo de su gusto dentro del término que se les señalase. Y esto solo en esta nueva planta de gobierno, porque después no convendría el permitirlo, y se tendrían celadores en todos los pueblos para que no permitieran extraños, dando algún premio por cada uno que denunciasen, que satisfaría el pueblo a que correspondiese el fugitivo, haciendo que con su trabajo lo devengase, y dando el castigo merecido así al fugitivo como al encubridor, con lo que me parece cesarían las deserciones, y no se seguirían los daños y perjuicios que por esta causa suceden, como dejo manifestado en su lugar.

    Éstos son los puntos más principales a que me parece debía dirigir su atención el gobernador de estos pueblos; y omitiendo otros, por no ser demasiado prolijo, paso a manifestar el particular gobierno que considero convendría a cada pueblo en particular.

El corregidor, teniente de corregidor, alcaldes, regidores y demás de que se componen los cabildos de estos pueblos, me parece convendría subsistiesen en el mismo número y denominaciones que tienen al presente; pero convendría que el corregidor y teniente de corregidor lo fuesen solo por tres años, y, cumplidos éstos, cesasen y no pudiesen volverlo a ser, sin haber sido residenciados, para impedir el que con la perpetuidad se hagan despóticos, y para animar con la esperanza a otros indios, que arreglarían su conducta y procedimientos para merecer el ascenso a estos empleos.

Para quitar enteramente las parcialidades que siempre hay en los pueblos, me parece que convendría que los corregidores no lo fuesen del pueblo de su naturaleza; porque su parentela y amigos tienen mucho influjo en sus disposiciones, lo que no sucedería siendo de otro pueblo, ni podría apandillarse en tres años que debía durarle su empleo, ni los naturales sabrían los defectos de toda la vida del corregidor, que ahora los saben y tal vez se los echan en cara, y es causa de odios y vejaciones, y serviría de estímulo a todos, así empleados como no empleados; a los primeros para conseguir ascenso a otro mejor corregimiento, en cumpliendo bien el trienio en el que servían; y a los no empleados para merecer el que los empleasen, mayormente viendo que del pueblo en que había más aplicación y adelantamientos en cultura y civilidad salían más corregidores que de los otros. Pero el teniente de corregidor convendría lo fuese del mismo pueblo de su naturaleza.

El cuidado del corregidor y de las demás justicias lo habían de dirigir a que en los pueblos no hubiese nadie ocioso, que todos se ocupasen en las labores propias o ajenas, teniendo individual noticia en que se ejercitaba cada uno, y darle ocupación al que no la tuviese. Cuidando al mismo tiempo de que los indios no anduviesen vagantes de unos pueblos a otros, y de restituir al que encontrasen fuera de su pueblo, sin licencia de su corregidor, para que lo corrigiesen en la forma que tuviese dispuesto el gobierno.

Celaría el corregidor y cabildo el buen orden del pueblo, procurando impedir los delitos públicos y ofensas a Dios, particularmente aquéllos en que son más viciosos estos naturales, como son los de incontinencia y ladronicio; y para que en estos últimos no quedasen los agravios sin la debida satisfacción, si el ladrón tenía haberes se satisfaría de ellos el hurto, dándole el correspondiente castigo; y si era tan pobre que nada tenía, se satisfaría el robo al interesado de los bienes de la factoría, y se aplicaría el reo a que trabajase a beneficio de ella por el tiempo que fuese necesario para devengar lo que por él se había pagado, y dándole su merecido castigo, entendiéndose en uno y otro caso estar bien averiguado el robo y quién lo hizo, para no dar lugar a injusticias. Y haciéndolo así, me parece que se abstendrían de robar, porque si ahora lo hacen con tanta frecuencia es porque, además de no concebir ni conocer la ruindad del hecho, no se les compele a la satisfacción, si no existe la cosa hurtada, y solo pagan su delito con azotes; pero, en sabiendo que además de los azotes les han de hacer pagar el valor de lo hurtado, ellos se abstendrían de este vicio.

La buena educación de la juventud es la parte principalísima para conseguir la civilidad, porque de los viejos, o casi viejos, poco o nada se podrá conseguir. Y como los padres y madres de familia en el gobierno presente no cuidan de la educación de los hijos, debe recelarse que seguirán en adelante lo mismo, y que, con la libertad que se les franqueaba de tener y disponer de sus hijos a su voluntad, se olvidasen enteramente de darles educación y aplicación; y para evitar esto sería muy conveniente que se les hiciese saber a todos que los padres o madres que no diesen educación a sus hijos o hijas se les quitaría el dominio de ellos, y se pondrían en donde fuesen bien educados; que la educación debería consistir en enseñarles la doctrina cristiana y buenas costumbres, a rezar el rosario todos los días en sus casas o en la iglesia, oír misa todos los días de fiesta, y los de trabajo que pudieran; y, en fin, a vivir como verdaderos y buenos cristianos, no permitiéndoles a los hijos hurtos, pendencias, amancebamientos ni ninguna otra cosa mala, y lo mismo a las hijas particularmente; deberían cuidar el que guardasen honestidad, y también deberían celar las justicias el tratamiento que daban los padres a los hijos, para que no fuese inhumano, y que los asistieran con el alimento necesario y los trajesen vestidos con honestidad, particularmente a las hijas. Y a los que así no lo hiciesen, si siendo amonestados y reprendidos no cumplían como debían, se les pudiera privar del dominio de sus hijos, como incapaces de darles educación, y a los que les diesen la crianza, aplicación y asistencia de vida, se les dejase libremente disponer de ellos.

Para que en los pueblos pudieran tener los muchachos una mediana enseñanza, sin la precisión de ir al de la Candelaria, se debería mantener en cada uno escuela de primeras letras, en que aprendiesen a leer, escribir y contar, la que debería estar a cargo del indio sacristán mayor, al que auxiliaría el pueblo con una ayuda de costa, para que, con lo que le estuviese señalado por la iglesia en su ministerio (como diré después), pudiese mantenerse sin ocuparse en otra cosa.

También se conservarían en todos los pueblos las escuelas de música y de danza, reduciéndolas a una misma, y en la misma conformidad que las de primeras letras, teniendo el maestro renta por la iglesia, y ayuda de costa por el pueblo, en los términos que se juzgase conveniente, y que a los muchachos de ambas escuelas les asistiese el pueblo con una comida cada día, y con algún socorro anual para su decencia, para que así los aplicasen los padres con voluntad a ellas.

Convendría que el gobierno formase ceremonial y ordenanza para el gobierno de los cabildos, así para sus elecciones como para las formalidades con que debían juntarse en cuerpo de ayuntamientos y los días que debían hacerlo, prohibiéndoles el que todos los días se juntasen, como ahora lo hacen, y el que los alcaldes traigan siempre la vara en mano, enseñándoles a que lleven bastones, y que cuando se junten en cuerpo de cabildo se vistan con decencia, y desde que salgan de las casas capitulares hasta que vuelvan y se disuelva aquella junta no se separen con ningún motivo del destino y objeto que debió juntarlos, y que las atenciones y cortesías las usen y tengan después de separados.

Para que los corregidores y cabildantes pudieran conservar con decencia el honor de sus empleos, sería conveniente que de los bienes del común se les señalase algún sueldo o gratificación, que me parece que en los pueblos de una medianía pudieran asignarle al corregidor 100 pesos anuales con más lo que diré después, 80 al teniente de corregidor, 60 a cada uno de los alcaldes, 50 al alguacil mayor y 40 a cada uno de los demás regidores, incluso el secretario de cabildo, y lo que pareciese conveniente a los demás empleados de justicia y otros que los pueblos mantienen, como son tamborileros, clarineros, etc.

El corregidor debería tener intervención en todos los asuntos de la factoría; tendría una llave de cada almacén y de la caja del dinero; celaría y procuraría se cumpliesen todas las disposiciones del factor, quien consultaría con él todas aquellas cosas en que los indios tienen experiencia, y le daría noticia de todo lo que se iba a emprender para que así llegase a noticia de todos los del pueblo y se asegurasen de que cuanto se hacía era en su beneficio. Y por este trabajo, y el cuidado que debería tener con todo lo perteneciente a la factoría y sus aumentos, se le deberían señalar dos por ciento de sus utilidades.

A ningún indio ni español, empleados o no empleados en los pueblos, se le debería permitir indios ni indias en su servicio sin pagarles sus jornales; pero pagándoles, y siendo voluntarios, que pudieran tener todos los que quisieran.

Las facultades de administrar justicia, y casos a que pudiera extenderse la jurisdicción de los indios, pudieran y deberían ser arregladas a lo que está prevenido por las leyes; y el gobierno les daría instrucción, a la que se deberían arreglar, como en todo lo demás que se tuviese a bien el instruirlos.

Esta provincia de Misiones está fronteriza con los dominios de Portugal, y con algunas naciones de indios infieles, como queda dicho, y por lo mismo era preciso que el gobernador de ella fuese militar, para que en las ocasiones de algún rompimiento con aquella corona se pudiesen hacer las defensas y ofensas necesarias por este lado, y lo mismo cuando fuese preciso contener las invasiones de los infieles; y para lo uno y lo otro era menester tener aquí un cuerpo efectivo de tropas veteranas que se compusiera a lo menos de tres compañías, de a ochenta o cien hombres con sus oficiales correspondientes, y un buen comandante, sujetos al gobernador de estos pueblos.

Esta tropa debería tener su destino en las fronteras de Portugal, desde la fortaleza de Santa Tecla hasta la guardia de San Martín, extendiéndose a los demás parajes ventajosos, que los prácticos de aquellos campos conocen, para impedir en tiempo de paz las introducciones de contrabandos que por allí pudieran hacer, y estorbar la saca de cueros y animales que los gauderios y changadores, españoles y portugueses, extraen de aquellos campos con mucho perjuicio de estos pueblos y de la real hacienda.

También impediría esta tropa la comunicación y abrigo que tienen los portugueses con los Minuanes, no permitiéndoles a éstos salir a comunicar con aquéllos; lo mismo harían que observasen con los indios guaranís que se desertan de estos pueblos, previniéndoles que no los permitiesen en sus tierras, lo que sin duda ejecutarían teniendo a la vista un cuerpo de tropas tan respetable, y que les haría cumplir lo que se les mandase, en caso de inobservancia, y aun se les podría obligar a vivir unidos en reducción, y conseguir, si no de los adultos a lo menos de los párvulos y de los que fuesen naciendo, el que se incorporasen en el gremio de la iglesia y obediencia del rey.

De esta tropa pudiera destinarse, por destacamentos, la que se tuviese por conveniente al pueblo de la Candelaria, para que sirviese de autoridad y respeto al gobernador, quien destinaría la que le pareciese a los departamentos que fuese necesaria para la quietud de la tierra; y que en las entradas y salidas de la provincia celasen la introducción y extracción de todo lo que encontrasen sin las correspondientes licencias, o que no fuese lícito introducir ni extraer; y también el que los indios no se desertasen, y de recoger los fugitivos, remudándose estos destacamentos en los tiempos y manera que se tuviese por conveniente.

Para que ese cuerpo de tropas no fuese gravoso al real erario, era menester buscar un arbitrio para pagarles sus sueldos y demás necesario para que puedan subsistir; y sería el que propondré a la consideración de usted.

Bien sabida es la posesión en que se hallan algunos pueblos de esta provincia de ser dueños de los ganados que hay en los campos de la Banda Oriental del Río Uruguay, desde Paisandú, costas y cabeza de Río Negro, campos del Yi, y todos los que se incluyen desde la jurisdicción de Montevideo hasta estos pueblos. La mayor parte de estos campos son en mi concepto realengos, y aunque los ganados que pastan y procrean en ellos tengan su origen de los pueblos que gozan la propiedad de ellos, me parece que en mucha parte debían considerarse propios del rey, pues en sus campos han tenido el incremento. Con esta consideración, y la de que la tropa de la frontera había de servir en beneficio de los pueblos y custodia de los campos de vaquerías, ningún agravio me parece se hará a los pueblos, que se tienen por interesados en aquellos campos y sus ganados, el que de ellos se sacase lo suficiente para mantener y pagar la misma tropa en los términos que diré.

Si los expresados campos se celasen como es debido, para que los portugueses y changadores no extrajesen los corambres y ganados que conducen al Brasil, y que los indios de estos pueblos que andan por los campos, y los que van a las vaquerías, no hicieran los horrorosos estragos que ejecutan en los ganados, y practicándose las faenas de cueros con arreglo, y solo en las toradas viejas, y que la saca de ganados de las vaquerías se hiciesen arregladas, me parece que, aunque cada año se extrajesen de aquellos campos 150.000 cabezas, entre corambres y vaquerías, no se experimentaría decadencia en los ganados; y regulando cada cabeza a 4 reales de plata en el campo, importarían 75.000 pesos cada año.

Por el derecho que pueden tener los pueblos que están en posesión de aquellos ganados, podían percibir 2 reales de cada res que se extrajese de los campos, o se matase en ellos para aprovechar el cuero; y lo restante, que sería 37.500, para pagamento y asistencia de la tropa de la frontera, que me parece que con esta cantidad sería suficiente, y si no alcanzase pudiera destinársele uno o dos por ciento de toda la provincia.

A todos los pueblos de estas misiones se les daría permiso para hacer vaquerías y corambres, pagando a 4 reales los que no tienen derecho a ellas por cada res que matasen o extrajesen, y dos los que lo tienen; pero ni los unos ni los otros deberían hacerlas sin el permiso del gobierno, y arreglándose a la instrucción que para verificarlas se formase.

Para que en las ocasiones de rompimiento de guerra con alguna potencia se encontrase esta provincia en estado de defensa por sí misma, o de acudir con un buen socorro a la capital de Buenos Aires, convendría se levantase en ella un batallón de milicias provinciales de infantería, en el mismo pie y forma que lo están las de España, en su lugar un regimiento de Dragones. Estas milicias se procuraría tenerlas bien disciplinadas, de forma que en cualquiera tiempo estuvieran prontas y armadas para lo que se ofreciese o les mandasen; y para socorrer a los soldados en los tiempos de asamblea, que pudiera tenerse una o dos veces al año, y para pagar los oficiales de plana mayor que deberían tener sueldo, y lo que por vía de socorro se diese a los sargentos y cabos, pudiera destinarse uno y medio por ciento de las utilidades de toda la provincia.

Éste, amigo mío, es el proyecto que, entre otros muchos que se han presentado a mi imaginación, me ha parecido el más conveniente para arreglar el gobierno de esta provincia, atendiendo a las circunstancias presentes; y para que del todo vaya completo, quiero añadir a él un reglamento para que el gobierno eclesiástico concuerde con el secular, y se eviten los inconvenientes que hasta ahora se han experimentado.

Para poner en orden cuanto pertenece al gobierno eclesiástico y culto divino, y uniformar todos los pueblos en él, y acudir al remedio por lo que pueda ocurrir en adelante, me parece convendría que los curas tuviesen dentro de la provincia un inmediato superior o vicario, con todas las facultades necesarias, así en lo que pertenece a su vida y costumbres, como en lo que corresponde al oficio de curas; para que, sin embarazarse el gobierno secular en los varios recursos que le es preciso hacer, pudieran corregirse y cortarse aquí aquellas cosas menores, y las más graves se despacharían al tribunal correspondiente, después de formalizadas las causas aquí, para que la Superioridad determinase lo conveniente. Estos superiores o vicarios cuidarían de que ningún religioso se ausentase de su pueblo sin legítima causa, harían que todos cumplieran con las cargas anexas al curato, procurarían que la falta que ocurriese de cura en un pueblo la supliese el de otro, y que las vidas y costumbres de todos fueran ejemplares.

Asimismo, excusaría este dicho vicario los muchos embarazos que se ofrecen a los prelados y superiores con los informes encontrados que van de estos pueblos, pudiéndolos dar jurídicos con plena información de los casos.

Pero me dirá usted que para la nominación de vicarios se ofrecen muchas dificultades, como son el que, siendo tres las religiones que ocupan esta provincia, mezcladas en toda ella, es dificultoso el sujetar los religiosos de las unas a vicario de la otra; que, siendo dos las jurisdicciones eclesiásticas, pudiera haber alguna dificultad en conformarse los prelados; y lo que es más, que sería añadir nuevo gravamen al real erario con el sínodo que se hubiese de señalar al vicario para su decencia y manutención, siendo así que los tributos no alcanzan a los gastos que Su Majestad tiene en esta provincia, y algunos otros inconvenientes que yo no conoceré. Pero, amigo mío, en todo lo que se pretende reformar hay algo que vencer; todas estas dificultades me parece se salvarían con arreglo que voy a proponer a la consideración de usted.

Cuando se tomó la determinación de colocar mezclados en toda esta provincia los religiosos de las tres religiones que ocupan sus curatos, tendría el gobierno razones que le obligasen a esta determinación, pero en el día no descubro motivo que embarazase el que cada religión ocupe un partido; y así me parece que la de San Francisco pudiera ocupar los trece pueblos que corresponden al obispado del Paraguay, así porque esta religión es más numerosa y puede hacerse cargo de mayor número de pueblos, con la ayuda de las misiones que vienen de Europa, como porque tienen contiguos a ellos los pueblos que proveen en lo restante de la provincia del Paraguay.

A la religión de la Merced pudiera señalarse los diez pueblos de los departamentos de San Miguel y Yapeyú, y a la de Santo Domingo los siete de este departamento de mi cargo, porque esta religión es menos numerosa o carece más que las otras de religiosos lenguaraces.

Algunos de los pueblos de esta provincia, por el corto número de almas, y por estar con inmediación a otros, les sería muy suficiente tener solo un religioso para el cumplimiento de todas las cargas del curato; así se experimenta en muchos que se han mantenido y se mantienen con solo el cura, y están asistidos como los que tienen cura y compañero.

El rey, Nuestro señor, tiene destinados 12.000 pesos cada año para los sínodos de curas y compañeros de los treinta pueblos, y aunque por no estar completos no se gastasen todos, siempre en la mente piadosa de Su Majestad el que, siendo necesario, se emplee este caudal en el bien espiritual de estos naturales. Bajo de este supuesto podía determinase que los pueblos de San Ignacio Guazú, Nuestra Señora de Fe, Trinidad, San Ignacio Miní y Loreto, en el obispado del Paraguay; San José, San Carlos, los Mártires, Santa María la Mayor y San Lorenzo, en los de Buenos Aires, tuviesen un solo religioso de cura, porque el corto número de indios de estos pueblos, y la inmediación que tienen con otros, les proporciona comodidad para ello.

De cada religión podía nombrarse un religioso, cual convenía para superior o vicario, de los de su orden. Sin cargo de curato, y en cuya nominación podía guardarse la forma del real patronato, proponiendo los tres prelados, para que de ellos nombrase uno el vicepatrono, al que podían los prelados regulares dar sus facultades en lo que les toca de la vida y costumbres de los religiosos, y los señores obispos las que corresponden al ministerio de curas para visitarlos, y lo demás anexo a la vicaría, pudiéndole ampliar las facultades para los casos en que la jurisdicción eclesiástica pueda conocer en causas de legos.

A cada uno de estos vicarios podía dársele de sínodo para su decencia y manutención 500 pesos, sacados de los 2.000 que componen los diez compañeros que pudieran suprimirse en los diez pueblos dichos.

Los 500 pesos restantes pudieran aplicarse a los diez curas que debían quedar solos en los pueblos señalados, dando 50 pesos de gratificación a cada uno sobre los 200 de sínodos que gozan, para suavizar así la molestia de estar solo, y para que pudiese gratificar a algún religioso que confesase la gente de la estancia en el tiempo del cumplimiento de iglesia, y para otros casos que pudieran ofrecérsele; y así todo quedaba remediado.

Aunque el rey, Nuestro señor, ha determinado que los curatos de estos pueblos se provean en clérigos, me parece no tendrá efecto por falta de sujetos que quieran oponerse a ellos por el corto sínodo que gozan, que solo es suficiente para religiosos, y no para clérigos que necesitan más para su decencia; y entretanto no sean codiciales estos curatos, y que se verifique la real intención, me parece no lograrán tener curas como los necesitan, porque las religiones mandan solamente religiosos mozos, sin madurez ni experiencia, y que aunque hayan estudiado algo se les olvida por falta de ejercicios, faltándoles éste en el tiempo y edad que más lo necesitaban. Y aunque en el día hay algunos religiosos empleados de curas en estos pueblos de regulares luces, y de muy buenas costumbres, particularmente en este departamento de mi cargo, y que con el método propuesto arriba se mejoraría mucho más, con todo no puede esperarse que todo esté cual conviene para el bien de las almas de estos naturales, entre tanto no sean ocupados por sujetos que aspiren a mayores adelantamientos, y así voy a expresar a usted otro pensamiento que me parece que con su ejecución podían hacerse apetecibles estos curatos, y por consiguiente los ocuparían sujetos cuales se necesitan.

Siendo como son tan desiguales los pueblos en el número de personas, lo son también en el trabajo que los curas tienen en administrarles los sacramentos, y parece bien serlo también en el goce de sínodos, proporcionándolos según la gente de cada pueblo; y el método más equitativo que se me ofrece es el siguiente.

En lugar de dos curas, o cura y compañero que cada pueblo debe tener en la práctica presente, se podía arreglar que en cada uno hubiese solamente un cura, con el sínodo que proporcionalmente le tocase a cada pueblo, el que podía arreglarse como se dirá después; y suponiendo que este arreglo se dirige a que estos curatos los puedan ocupar clérigos, es lo más preciso el que éstos tengan vicario dentro de la provincia a quien estar sujetos, y parece sería lo mejor el que hubiera dos, uno en los pueblos pertenecientes al obispado de Buenos Aires y otro en los del Paraguay, así por lo dilatado de esta provincia como por ser dos las jurisdicciones; y dispuestas en esta forma la división de curatos y vicarías, se les podía señalar el sínodo en esta forma.

De los 12.000 pesos que deben invertirse en sínodos de curas, pudieran separarse, en primer lugar, 1.500 pesos para los dos vicarios, señalando al de los pueblos de Buenos Aires 850, y al del Paraguay 650. En segundo lugar, se podían separar 4.500 pesos, y repartirlos por iguales partes entre todos los curatos, a 150 pesos a cada uno, los que podían considerarse como renta fija de cada curato; y los 6.000 pesos restantes repartirlos proporcionalmente entre todos los curatos, según el mayor o menor número de almas de cada uno, regulándolas por los tributarios que cada pueblo tuviese. Supongamos que en los treinta pueblos se numeran 12.000 indios tributarios, entre cuyo número quieren partirse los 6.000 pesos dichos; les tocaría a 4 reales por cada tributario, y así diremos que el pueblo en que hubiese 200 tributarios deberá percibir el cura como por obvenciones 100 pesos, que juntos con los 150 de renta fija compondrían 250, y que éste sea su sínodo; en el que los tributarios sean 500, le corresponderían 250, que con los 150 componen 400; y en el que hubiese 800 tributarios, ascendería el sínodo del cura a 550 pesos; y dándoles los pueblos para que puedan alimentarse, como diré después, serían los curatos mayores muy apetecibles, y habría sujetos de conducta, habilidad y virtud que se opusieran a ellos.

Para que los curatos estuvieran bien servidos y que los feligreses no carecieran del pasto espiritual, que no podría subministrárseles como era debido un cura solo en un pueblo numeroso, pudiera obligárseles a los curas de los pueblos en que llegase el número de tributarios a 400 a que tuvieran tenientes de curas puestos para ellos mismos, con sola la aprobación del ordinario, como se acostumbra en curatos de españoles, que, dándole al cura la facultad de señalarle sueldo, según se convinieran entre ellos, y despedirlos no hallándose gustosos, con tal que luego pusieran otros en su lugar.

Dispuesta de este modo la distribución de curatos, me parece no faltarían sujetos que los sirvieran, aun los de poca renta, porque, siendo éstos escala para los más pingües, se opondrían a ellos para proporcionarse después el ascenso a los mayores; tampoco faltaría quienes ocupasen los tenientazgos, aun por muy corto estipendio, solo para hacer méritos para oponerse a los curatos, siendo regular se atendiese con preferencia a los que actualmente servían en los pueblos.

Para que los factores ni ninguno otro del pueblo tuviese que embarazarse en la asistencia de los curas y sus alimentos, convendría que de las utilidades de la factoría se señalasen para alimento de cura, tuviese o no compañero, tres por ciento, que debería considerarse como por vía de primicias y otras obvenciones; y que el cura con esto y su sínodo se proporcionase su subsistencia, y que los criados que hubiera de tener los alimentase y pagase, y no los detuviese en su servicio contra su voluntad.

Todas las iglesias tienen en el día, con corta diferencia, igual número de empleados, y los mismos gastos las de los pueblos chicos o pobres que las de los grandes o ricos; y me parece no debía ser así, sino a proporción de los posibles se debían arreglar los gastos; y para que así se verificase, y que las iglesias no estuviesen dependientes de los factores ni de otros para sus gastos, me parece que lo mejor sería señalar cinco por ciento de las utilidades de la factoría para gastos de la iglesia, lo que debería ser en los términos que se arreglase por los prelados eclesiásticos y vicepatrones reales en la forma que lo tuviesen por conveniente, teniéndose esta asignación como renta perteneciente a la fábrica de la iglesia.

También deberían destinarse para aumentar esta renta los derechos que se tuviese a bien el imponer por las sepulturas de la iglesia, de modo que el que se hubiese de enterrar en ella, fuese indio o español, pagase la sepultura, y el que no, que se enterrase en el cementerio; y también debería tener su parte la fábrica de la iglesia en el arancel que debería formarse para los derechos que habían de pagar los españoles que se avecindasen en estos pueblos.

De estas rentas deberían pagarse todos los gastos de la iglesia, culto divino, salarios de sacristanes y cantores, que también tendrían ayuda de costa por el pueblo para que fuesen maestros de niños, como dejo dicho, los acólitos, que éstos sería bueno lo fuesen de los de la escuela; y así ellos como los maestros y discípulos de la música tendrían obligación de acudir a la iglesia a todo lo que se ofreciese, como que las escuelas habían de estar contiguas a la iglesia.

También tendrían salario los fiscales, y demás que fuese necesario para el mejor culto de la iglesia, y que hubiese quien celase y obligase a que todos acudieran a la iglesia y a todas las obligaciones de cristianos, lo que también celarían las justicias, como ya queda dicho.

Habiendo en los pueblos vicarios, en los términos que queda dicho, arreglarían todo lo demás concerniente al culto divino, y proveerían que a los indios se enseñase la doctrina cristiana, y que ellos acudiesen a ser educados en la mejor forma y con el menor gravamen que fuese posible, y según se viese se aplicaban o descuidaban, porque sobre esto no puedo formar concepto que me satisfaga; pero de todos modos el gobierno debería estar a la mira, y daría los auxilios necesarios para que se lograse tan importante fin.

Así como los pueblos pobres o de poca gente están gravados más que los ricos o numerosos en los gastos de las iglesias y sus empleados, también lo están en lo que pagan por razón de diezmos; es verdad que en esta parte están tan aliviados que se hace notable la moderación de su tasa, pues no paga cada pueblo sino solos cien pesos de plata cada año; y mi reparo es que, habiendo tanta desigualdad de unos a otros, así en caudales como en individuos, todos hayan de ser iguales en el pagar; y por no pasar en silencio este punto, diré algo sobre la materia, por lo que pueda importar.

En el año pasado de 74 representó el cabildo eclesiástico de Buenos Aires a Su Majestad; se les seguía notable perjuicio por no acudirles los pueblos de esta provincia, pertenecientes al obispado de aquella capital, con los diezmos que debían satisfacer estos naturales, y Su Majestad se sirvió resolver en 5 de octubre de 78 se cobrasen solo 100 pesos de cada pueblo, así de los del obispado de Buenos Aires, como de los del de Paraguay, que era lo mismo que siempre habían pagado, hasta que en los sínodos que los prelados debían celebrar se arreglase este punto con las formalidades correspondientes; y como hasta ahora no ha tenido efecto la celebración de los dichos sínodos, tampoco ha habido novedad en este particular. Pero, hablando con usted con la satisfacción que tenemos y la ingenuidad que acostumbro, digo que, según el conocimiento que tengo de estos pueblos, es poquísimo lo que se da a Dios respecto a lo que se recoge; y aunque es menester tener consideración a que los indios mantienen en un todo sus iglesias y alimentan a sus curas, con todo vuelvo a decir que es poquísimo, mayormente estando resumido en los 100 pesos los diezmos de todos los frutos de comunidad y de particulares. Y así me parece que, teniendo presente lo que emplean en la iglesia, la conmiseración con que Su Majestad mira a estos naturales y la miseria de ellos, lo que deberían pagar por ahora hasta que estuviesen en otro estado, me parece, debía ser a razón de 4 reales por cada tributario de los que hay en cada pueblo; así se proporcionaría mejor y con más igualdad la satisfacción de los diezmos, y aun quedando tan moderados, considero se duplicaría su monta, porque ahora solo importa 3.000 pesos, y creo que en esta forma llegaría a 6.000, o faltaría poco.

Los españoles que hay establecidos en estos pueblos, ninguno paga diezmos ni primicias, porque nadie se lo pide; y aunque no son muchos los que hay, y éstos son pobres, siempre sería bueno estuviesen sujetos a la ley, para que, así ellos como los que se vayan estableciendo, no se les haga costoso cuando se quiera hacerla cumplir.

Réstame solamente para concluir la segunda parte de esta memoria el formar un resumen de todos los gastos anuales de un pueblo en los términos que queda dicho, y suponiendo que las utilidades de la factoría ascenderán a 10.000 pesos; sobre este supuesto formaré la cuenta como sigue.

	Pesos.
Al factor, diez por ciento	1.000
Al mayordomo, dos por ciento	200

Para el gobernador y subdelegado, deberá contribuir cada pueblo dos y medio por ciento	250
Para el teniente letrado, el ayudante de gobierno, el fiscal, protector y escribano, tres por ciento de cada pueblo	300
Para el colegio y seminario de la Candelaria, tres por ciento de cada pueblo	300
Para los infortunios que puedan suceder en algunos pueblos, tres por ciento de cada uno	300
Para el corregidor, dos por ciento	200
Para milicianos, uno y medio por ciento de cada pueblo	150
Para alimentos de curas, tres por ciento	300
Para renta de la fábrica de la iglesia, cinco por ciento	500
Para gratificaciones de los empleados en cabildo, según el reglamento propuesto, puede considerarse que con siete por ciento es más que suficiente, incluyendo los empleados en tamboriteros, clarineros, etc.	700
Para mantener la casa de misericordia, los maestros de escuelas y música, reparación de edificios, compostura de caminos y puentes, alimentos de los que se destinaren al colegio y hospicio a Candelaria, premios de los más aplicados, tributos, diezmos y todo lo demás que pueda ofrecerse, me parece que bastaría con diez y ocho por ciento	1.800
Suma total de gastos y asignaciones	6.000

De manera que, satisfaciendo cada pueblo las asignaciones que van señaladas, emplearía sesenta por ciento de sus utilidades, y siendo éstas 10.000 pesos, como se pone, importarán 6.000 pesos, y le quedarían de aumento cuarenta por ciento, o 4.000 pesos.

Aunque los pueblos no pueden ser iguales en sus adelantamientos, y es preciso que en muchos de ellos no puedan subir las utilidades a la suma expresada, particularmente a los principios, como hay algunos que las pueden tener muchos mayores, me parece que unos con otros no bajarían de los 10.000 pesos; y en este supuesto daré formada la cuenta de todo lo que se destinaba y debía servir generalmente a toda la provincia, y comprendiéndose en ella los treinta pueblos, montarían las utilidades de toda ella a 300.000 pesos, lo que se destinaba para objetos y empleos generales, como se manifiesta.

Para el gobernador y subdelegado, dos y medio por ciento	7.500
Para el teniente letrado, el ayudante, fiscal protector y escribano, tres por ciento	9.000

Para el colegio y seminario de la Candelaria, tres por ciento	9.000
Para los infortunios de la provincia, tres por ciento	9.000
Para las milicias, uno y medio por ciento	4.500
	39.000

Suman las cinco partidas antecedentes 39.000 pesos, los que deberían invertirse en los empleos y destinos útiles a la provincia, y que juntos con los 141.000 pesos que los pueblos invertirían en lo particular de cada uno suman 180.000 pesos, que en su mayor parte pasaría a manos de los indios, y de las de éstos a las factorías, y con esta circulación se aumentaría el comercio y la aplicación, y crecerían los caudales, así comunes como particulares; todo redundaría en opulencia de la provincia y sus moradores, y se acrecentarían los haberes reales con las alcabalas que adeudaría el vasto comercio; se aumentarían los tributos, recogiéndose todos los indios a sus pueblos, y sobre todo el producto de los tabacos que aquí se fabricarían.

Ya, amigo mío, tengo concluido el plan de mi proyectado reglamento; no sé si habré acertado a delinearlo según conviene, lo que sí sé que todo es acomodado a las circunstancias presentes de esta provincia y sus naturales, y que nada propongo que se oponga ni aun indirectamente a las leyes, antes en la mayor parte conforma con ellas, como podría usted verlo en las Recopiladas de Indias, en todo el libro sexto, particularmente en los títulos 2, 10 y 12, que tratan de la libertad, del tratamiento y servicio personal de los indios.

Si agradase a usted, como lo deseo, ninguna duda me quedará de su utilidad, y desde luego debo suponer podrá tener aceptación en la Superioridad, a la que, si usted lo tiene a bien, podrá comunicar lo que de él le pareciese conveniente para el servicio de Dios y del rey, bien y utilidad de estos pobres indios.

Nuestro señor guarde a usted muchos años. Pueblo de Concepción y septiembre 27 de 1785.

B. S. M. su más atento y seguro servidor

Gonzalo de Doblas

Nuevo plan de fronteras de la provincia de Buenos Aires, proyectado en 1816: con un informe sobre la necesidad de establecer una guardia en los manantiales de Casco, o laguna de Palantelén

Por el coronel don Pedro Andrés García

Proemio al plan de fronteras de García

La memoria que presentamos al público es más bien un programa de colonización que un plan de fronteras, y bajo este punto de vista merece ser consultada, porque los principios en que se funda pertenecen a la escuela moderna, y nada han perdido con el transcurso de los años.

El autor atribuye el atraso de nuestra población al espíritu mercantil que prevalecía entre los que venían a establecerse en el país; porque «el comerciante no conoce más patria que la que aumenta sus caudales, y no se para en especulaciones estériles de poblaciones, si estas no brindan a su codicia con asientos numerosos, o alicientes semejantes».[9]

Cuando esta memoria fue escrita, el Salado marcaba el limbo exterior de la provincia de Buenos Aires, sin que le sirviese de barrera contra los bárbaros, que penetraban hasta los arrabales de la ciudad; y por consiguiente otra causa de este atraso era la inseguridad de la campaña, que el Gobierno no se ocupaba de amparar, por más que se formasen planos de defensa. Los indios aprovechaban esta indolencia, y talaban los campos para suplir a sus necesidades: el pillaje era su industria, y enjambres de salvajes, siempre en asecho al rededor de nuestras estancias, las asaltaban periódicamente, concluyendo con la fortuna y la vida de sus moradores.

La mayor dificultad de salir de estos azares se hallaba en la misma organización de los indios, entre quienes cada familia tiene su jefe, y vive con bastante libertad para hacer lo que más se le antoja. Estos pequeños régulos son electivos, y su poder, más absoluto en tiempo de paz, los constituye en un estado de hostilidad permanente contra sus vecinos. Solo cuando se preparan a la guerra se reúnen las tribus para tratar de los asuntos públicos,

---

9   Pág. 2.

que discuten en grandes parlamentos bajo la dirección de sus Ulménes, o caciques gobernadores.

El año en que fue escrita esta memoria había dos de estos Ulménes, cuya autoridad se extendía desde las costas del Salado hasta la región de los Andes, y con ellos debía entrar en negociación el coronel García, que se disponía a pasar a sus tolderías cuando fue arrestado en Morón. Este incidente trastornó sus planes, pero no le quitó el deseo de realizarlos. Muchos años de meditación y experiencia le habían convencido de la necesidad de trasladar la línea de frontera al Colorado, y de extenderla hasta el Fuerte de San Rafael, en las costas del Diamante, para acercarse a un punto accesible de la Gran Cordillera, y abrir una comunicación más fácil con Chile por el boquete de Antuco.

La idea de avanzar hasta el Colorado no era nueva,[10] pero las ventajas de esta ocupación adquieren en manos del autor tal grado de evidencia, que solo la instabilidad de los gobiernos que se sucedieron desde entonces, puede explicar el olvido a que había sido condenado este proyecto, hasta que se resolvió a llevarlo al cabo el actual gobernador de la Provincia. Falta ahora el dejar expedito el camino del Planchón, y tal vez esté reservado a nuestra generación la gloria de efectuarlo: entonces se valorará toda la importancia de este pensamiento, que el coronel García tiene el mérito de haber acreditado.

En la segunda parte de su memoria presenta este jefe el cuadro de la fundación de los pueblos, empezando por la elección y deslinde del terreno, y dejándolo organizado con sus establecimientos públicos, bajo los auspicios de sus administradores. En este bosquejo se reconoce también el estudio que había hecho el autor de los buenos modelos, y su vivo anhelo de que fuesen imitados. Buscaba en el amor a la propiedad el principio de adhesión de estas nuevas familias, para preservarlas de los conflictos en que suelen caer las que se instalan ex abrupto, sin haber preparado el abrigo y los medios de subsistencia para sus pobladores. A esta falsa rutina debe atribuirse el mal éxito de todos los ensayos de colonización que se han practicado en las jóvenes repúblicas americanas, mientras el sistema contrario ha elevado

---

10   Véase la Representación de Undiano, en el primer tomo de nuestra Colección.

de repente a un estado de prosperidad extraordinaria las colonias en que la Rusia funda ahora su preponderancia política. Este método sería tanto más acertado entre nosotros, cuanto que tenemos que cubrir una inmensa extensión territorial, escaseando los recursos para aumentar los cuadros del ejército, mientras que sobran arbitrios para fundar nuevas poblaciones en los puntos más vulnerables de la campaña, dotándolas con las tierras de propiedad pública. De este modo se convertirían en campos fértiles los vastos desiertos que nos circundan, y se libraría el erario del peso intolerable de las milicias, que desde algunos años gravitan sobre las rentas ordinarias de la provincia a la par de los cuerpos de línea. Volveríamos a la institución de los blandengues, por donde hemos empezado, y que eran precisamente lo que son ahora los soldados-agricultores de las colonias rusas, y los habitantes de los distritos militares (militairgrenze) de Hungría y Transilvania.

Pedro de Angelis
Buenos Aires, 20 de diciembre de 1838.

Nuevo plan de fronteras
Las leyes políticas y económicas son los objetos primarios que hacen florecer los estados. Para ello necesitan de hombres, y estos de medios con que subsistir: su número siempre es relativo a su bienestar, y sus bases son población y las riquezas.

La industria, el comercio y las artes, que contribuyeron en otro tiempo para debilitar la fuerza de los estados, y que hicieron que Alejandro venciese a Ciro, y Escipión a Cartago, han llegado a ser hoy los apoyos más fuertes de la prosperidad del estado. Desde que las naciones comerciantes y agricultoras han colocado su trono sobre las guerreras, no corrompen a los pueblos las riquezas, por no ser ya el fruto de una conquista, sino el premio de un continuo trabajo, y de una vida enteramente ocupada: y las riquezas, con las canales que las pasan de una a otra parte, son el primer interés de las mismas naciones.

Si contraemos estos principios a nuestro estado y población, para observar la marcha de estas máximas, nos asombrará nuestra perezosa inacción y nuestro abandono punible; mucho más remarcable de un siglo a esta parte, por no haber echado una simple ojeada sobre la conducta de las naciones cultas en este mismo hemisferio. Es verdad que en todos los estados, en todos los pueblos y edades, ha habido declamadores contra tales vicios, pero por desgracia han sido los menos, y los más abandonados, y tal vez perseguidos; y mucho más si las medidas de una sana moral y máximas filantrópicas, estaban en razón inversa de los intereses de unos, de la ambición de gloria en otros, y de la grosera y estúpida ignorancia, especialmente de aquellos que creen estar negado a nuestra era todo lo que no alcanzaron sus mayores.

Es igualmente cierto, que las grandes empresas de ordinario han sido atacadas por la ambición de inexpertos, y la envidia de codiciosos, destruyendo a los emprendedores por medios capciosos, y esparciendo opiniones erróneas, sin apoyo que las sostengan. Pero, sin embargo de abundar estos agentes comunes, que enervan, paralizan y retardan semejantes obras, es ciertamente de notar, como en el espacio de casi un siglo de controversias, no ha podido desenrollarse la de nuestro adelantamiento de fronteras, instado viva y tenazmente por el excelentísimo Cabildo, jefes y corporaciones todas de esta capital, en que ninguna ha dejado de tomar parte.

Nada prueba más nuestro menguado interés en el adelanto de la patria, nada nuestra escasez y ignorancia vergonzosa, y nada en fin nuestra indolencia hacia nuestro verdadero interés y subsistencia, que la apatía que acaba de referirse. Cualquiera que, interesado en el bien general, quiera imponerse de la verdad con que se nos pueden apropiar todos aquellos degradantes atributos, se convencerá con solo desenvolver las actas capitulares, representaciones, informes, cédulas expedidas con franqueza del erario, reconocimientos científicos, manifiestos, detalles, fondos aprestados y cuanto se crea necesario: hallará en fin un cúmulo de documentos, que dando principio en el año de 1741 del siglo anterior, continúan el 45, 52, 53, 60, 68, 72, 74, 77, 84, 94, 96, 804, 810, y sin interrupción. Hoy nos hallamos sin duda con menos proporción que nunca para su ejecución, pero al parecer en más disposición de ánimo, según las benéficas miras del Gobierno.

No es fácil atinar en una pérdida de tiempo tan lamentable, en materia de tanta importancia: porque, aunque sea verdad que un pueblo puramente mercantil no se pare en especulaciones estériles de ramos de poblaciones, si estas no brindan a su codicia con asientos numerosos o alicientes semejantes, lo es también, que el comerciante no conoce más patria que aquella que aumenta sus caudales. Sin embargo, hasta ahora nuestros comerciantes han tenido la calidad de arraigados, y no podían desentenderse de que tanto crecen sus raíces cuanto progresa la provincia en sus establecimientos, y no podían mirar con indiferencia su existencia, especialmente desde el año de 1777, en que se amplió a esta parte de América el comercio, y se cortaron las embarazosas ataduras que le tenían ligado a expediciones eventuales de la Península, y en que ya se desplegaron más proporciones para la regeneración de poblaciones, agricultura y industria.

Parece en verdad, que un genio maligno, y destructor de nuestra común felicidad, precede siempre a obstruir los caminos que con tanto ahínco se procura allanar, a fin de no ser precarios de las demás provincias continentales y reinos extraños en toda clase de frutos, y demás riquezas que tenemos en nuestro suelo, y finalmente a privarnos de las que, por medio de las poblaciones que deben hacerse, nos son peculiares; porque la naturaleza así lo dispuso, agraciando al punto de nuestra posición con privilegio a todas las demás del globo conocido.

Es tanto más notable la apatía en el adelantamiento de fronteras, en cuanto no ocupamos hoy más terrenos que aquellos que poseyeron y concertaron con los indios, el adelantado Vera y don Juan de Garay con 60 soldados y 30 familias, al tiempo que restableció esta ciudad de Buenos Aires en el año de 1580, a saber: 35 leguas N S, y en parte menos, que se enumeran del río Paraná al Salado, y 120 E O, hasta entrar en la jurisdicción de Córdoba.

En razón directa de la progresión de aquellos pobladores, manifestó bien presto el tiempo la necesidad de sus ensanches; pero desgraciadamente han sido desatendidos los clamores de hacendados y labradores, que estrechados de la necesidad, se han visto precisados a establecerse entre las mismas tribus de indios, a la parte austral del Salado, para vivir a merced de ellos, muy a su riesgo, y donde a cada momento se ven atacados y robados.

Nuestra subsistencia y abasto de carnes, servicio de bueyes, caballos y mulas, y en fin nuestras labranzas y sementeras, son ramos que en su mayor parte están pendientes de la arbitrariedad de aquellos enemigos, y nuestra defensa a sus devastadoras y continuas incursiones, se hace tan urgente como necesaria, y pone a aquellos enemigos en un respeto imponente.

Cualquiera que por experiencia en el servicio, o porque con ojo observador en las ocurrencias de este suelo, haya visto o tenido noticia, aunque superficial, de las escenas lastimosas que han teñido en sangre estas campañas de víctimas indefensas, sacrificadas por la ferocidad de este enemigo, así en el tiempo llamado de paz como en el de guerra abierta, execrará la indolencia con que nuestros mayores han dejado correr los siglos, sin aplicar remedios oportunos a tan graves males, contentándose con indicarlos solamente, cuando las sangrientas incursiones se repetían; sin que estas indicaciones causasen otros efectos que los cáusticos aplicados al enfermo, que removiendo algún tanto al moribundo aletargado, al fin muere sacrificado del mal y de los cáusticos mismos, por su ineficacia.

El Supremo Gobierno desea hoy poner término a estas desgracias, para no dejar a las futuras generaciones una tan triste memoria, como la que ahora hacemos de los que le han precedido. Busca cuidadoso los medios que puedan hacer efectivas tan interesantes obras; incita a los ciudadanos a que puedan prestar ideas proporcionadas según sus conocimientos; y a la verdad, que estos, a quienes no menos que al señor gobernador interesa la felicidad de la provincia, no pueden sin injusticia negarse a la cooperación de tan benéficas miras. Y por esta razón creo hallarme en el caso de apuntar mis cortos conocimientos, que una contracción asidua a este punto de más de seis años, encargado por el mismo señor gobernador, ha podido ministrarme.

No recordaré las escenas antes referidas, ni épocas de tan crueles invasiones en que vimos enterrar los cadáveres a centenares, por no afligir con su memoria a las viudas y huérfanos, que aun lloran sus miserias por aquellas desgraciadas ocurrencias; y porque creo mejor echar un velo sobre todas, y convencernos por ellas solo de la necesidad en que estamos de reparar las que de nuevo nos amenazan, y de acudir a ponerles un respeto amistoso a los indios, y fin seguro a su animosidad, graduando las operaciones, según surtieren los medios que para ello se tomen, en falta de una fuerza imponente y disponible con que se pudiesen fijar nuestras líneas de un modo inaccesible al enemigo.

Dos extremos (a mi juicio inconciliables), ha visto adoptar generalmente al logro de esta empresa. El primero, el de la fuerza imponente, que destruya y aniquile hasta su exterminio a estos indios, que no es fácil en mucho tiempo: y el segundo, el de una amistad conciliadora de la oposición de animos, por el trato recíproco que les suavice, con el interés de algunos de nuestros artículos de comercio que anhelan demasiado.

El primer medio convengo en que los escarmienta, y contiene por algún tiempo, hasta que se rehacen para acometer con más acaloramiento, asechando las ocasiones más ventajosas de hacerlo. Su carácter feroz y vengativo, hace que jamás perdonen el agravio, y para no olvidarlo, en todas sus concurrencias y parlamentos se refieren aquellos acontecimientos con llantos y renovados duelos, y pasan a sus hijos y descendientes el más serio encargo de sus venganzas, que duran tanto como las familias de agresores agraviados.

El segundo, que es de la amistad, los habilita para que a su retirada a los toldos roben impunemente, como lo hacen con cuanto pueden abarcar sus fuerzas, y sin estrépito nos arrasan diariamente los campos, reduciendo a nuestros ganados y chacras del Salado a una miseria espantosa: sin que por esto dejen de reunirse en diferentes épocas del año varias tribus, para hacer cuantiosos robos, ojeando antes los rodeos que han de asaltar, asociados, o tal vez conducidos de nuestros tránsfugas gauchos desertores. De este modo no solo han arruinado nuestras estancias, sino que tienen miras de hacer desaparecer de entre nosotros toda especie de ganados, sin que para comprobar estos hechos sea necesaria otra observación, que las que presentan las recolecciones de diezmos, ya sea por un quinquenio, o cotejando el último año por el anterior.

Es cosa bien dolorosa ver a muchos de nuestros hacendados desvelarse tres y cuatro años, impendiendo ingentes caudales para establecer un rodeo de 10, 15 o 20 mil cabezas de ganado, y que cuando en la noche de su descanso meditaban recompensar sus fatigas, disponiendo la venta de su hacienda, amanecieron sin una sola res, por habérsela robado los indios. Don Pedro Pérez, don Mariano Veliera, don Agustín García y otros, con casi todos los fronterizos en la línea, pueden testificar de la verdad de estos hechos.

No será exceso asegurar, que en lo que ocupa la línea de frontera exceden los robos anuales de 40.000 cabezas de ganado vacuno, y acaso igual o mayor número de caballos, yeguas y mulas, sin que basten a contenerlos las reconvenciones del Gobierno, y sus reiteradas ofertas de buena amistad; porque siendo sus campos tan dilatados, como sus poblaciones en pequeñas tribus, eluden fácilmente el cargo, asegurando los del S que son los del O, y estos que aquellos. Y a la verdad que guardan una perfecta alternativa en los robos, haciendo de ellos un comercio activo estacional, vendiéndolos y permutándolos en sus importes a los indios Araucanos limítrofes por los Andes, cuya codicia arrasadora apresura nuestra ruina, si no se repara activamente.

Aquellos nuestros compatriotas, familiarizados con ellos por huir del castigo de sus delitos, sirven de guía unas veces, y otras de verdaderos conductores; a los cuales no solo protegen los indios, sino que a viva fuerza defienden sus personas, si algunas veces perseguidos se acogen a sus toldos, como repetidamente se ha visto y yo lo he experimentado.

Seis años de no interrumpido trato con estos infieles, habiendo antes cuidadosamente viajado por sus más interiores terrenos, hasta el centro de su mayor número de tolderías, y aun con este motivo podido atraer a partido y consiguiente amistad a los caciques principales, me han señalado sus localidades, y hecho conocer con menos equivocación lo falaces que son en sus ofertas, el doble y capcioso trato con que se presentan, suponiendo siempre representaciones que no tienen, y ofertas que jamás pueden ni tienen miras de cumplir.

Es pues necesario tener presente, que cada familia forma un patriarcado, y se mira independiente de los demás; y por eso con sus casas volantes o toldos, sus ganados y hijos se transponen de uno a otro punto de este continente, o al occidente de la Cordillera, si por sus excesos temen ser atacados por nosotros o por sus mismos convecinos.

El cacicazgo por lo general, entre esta clase de indios, no es de sangre, como firmemente lo observan sus ascendientes los Araucanos: es por elección, y solo para los casos de guerra y parlamentos, y fuera de esto no le guardan respeto ni miramiento alguno, y en sus riñas salen tan descalabrados los jefes como los demás, si no tienen la suerte de defenderse con destreza, que en tales casos y resultas es cuando se acreditan para ser elevados a caciques. Pero reconocen sin embargo con respetuosa sumisión a los que llaman ulménes, o caciques gobernadores, de cuya clase hay solo dos en el grande espacio de tierras que se halla desde la costa occidental del Río Negro, faldas orientales de la Cordillera de los Andes, fronteras de Cuyo y Córdoba, hasta la nuestra del Salado. Uno de ellos manda en la parte del O, fronteras de Cuyo, Córdoba y montes de su comprensión, desde las sierras hasta el Río Negro, y sobre las costas del mar hasta nuestros establecimientos. He tratado a los dos, el primero en el centro de los terrenos de su gobierno, y el segundo por medio de este, y emisarios que se le remitieron para que ocurriese a un parlamento.

Cuando estos ulménes aparecen en las grandes concurrencias de sus indios y caciques subalternos, van precedidos de varios indios músicos que les tocan unas flautas muy lúgubres, cornetas, y arcos de cuerdas que hieren con otras, a manera de las que usan los negros, y a su retaguardia los esclavos que tienen hechos de todas clases en sus guerras. Todos a proporción salen a festejar a su ulmén, y he visto quitarse las mantas y jergas, quedando desnudos, para regalárselas al gobernador que no se excusa de recibirlas: y este, que regularmente es dotado de buen pulmón, les hace frecuentes arengas dirigidas siempre a infundirles espíritu contra sus enemigos, teniéndolos siempre en menos. Comparecen luego los caciques subalternos a su presencia, confieren cuanto de la última vez que se han visto y reunido ha pasado a sus familias, recomiendan la venganza de sus desgracias, y si en la reunión hay 30 o 40, el que tiene la palabra ha de saludar después del ulmén a todos, refiriéndoles lo mismo; por manera que se repite una misma cosa tantas veces cuantos son los concurrentes, y lo mismo las respuestas; y de este modo, en falta de escritura, transmiten a la posteridad por expresión o noticias las desgracias a los demás, para que siempre vivan en la memoria de las generaciones futuras los acontecimientos, a la manera que refiere el Inca Garcilaso de la Vega, lo hacían sus mayores.

Enterado muy por menor el excelentísimo señor gobernador de las precedentes ocurrencias, y convencido de la nulidad de las ofertas de caciques subalternos, mientras los ulménes no asistiesen a sus propuestas, procuré atraer a estos por medio de emisarios que se le remitieron por mi conducto, y solo pudo conseguirse la comparecencia de aquel del O, que yo había tratado en el centro de su gobierno, el cual se presentó con otros caciques sus subalternos ante el Superior Gobierno, quien desde luego en la conferencia que presencié, no distó de asentir a la solicitud del establecimiento de nuevas poblaciones con bastante llaneza. S. E. dirigió luego la palabra a los demás caciques, y estos respondieron, que a presencia de lo dispuesto por su jefe, nada les restaba más que obedecer. Pero el cacique gobernador añadió, que consideraba oportuno formar un parlamento, a que concurriese el cacique gobernador del sur, asentar en él los capítulos de paz, amistad y poblaciones que hubiesen de establecerse, de cuyo modo se alejarían desconfianzas recíprocas. Para ello se me encargó por la Superioridad procurase medios de hacerles entender los deseos que animaban a S. E. de entablar una amistad más íntima con dicho cacique ulmén, y que a la manera de su compañero se prestase a venir y recibir personalmente las más seguras pruebas de sinceridad de ella.

En efecto, procuré inmediatamente hacérselo entender por medio de los caciques Quinteleu y Quidulef, sus amigos, y que también me habían acreditado ser lo míos: y la respuesta dada por el ulmén, mandando a sus dos hermanos mayores, fue, que se prestaría con igual franqueza; que su ancianidad, además de ciego, no le permitían montar a caballo, pero sin embargo se animaría a hacerlo, y partir el camino conmigo, pues deseaba la amistad del que se la brindaba, haciendo acuerdo de su persona, que hasta entonces tenía la queja de habérsele considerado en muy poco precio.

La Superioridad, que oyó a los enviados hermanos del cacique, sin perder de vista estas ocurrencias, acudió cuanto antes le fue posible, a procurar el remedio de los males que afligían la campaña, procurando un término que conciliase con las escaseces del erario, el preciso auxilio al establecimiento de los primeros puntos de seguridad; para lo cual adoptó el proyecto que le presenté de su orden, en 15 de febrero de 1814, que pudo ordenarse para realizar la marcha en abril de 1815, y dejó de tener efecto por las ocurrencias posteriores, que son notorias y hasta perjudiciales al estado.

El primer paso de esta exposición debía ser, formar el parlamento con los indios, ya indicado, asentando los capítulos de amistad y recíproco trato más solemnes, poniendo término a los robos y devastaciones, tantas veces requeridos, y señalar puntos precisos de entrada y salida a los indios con sus frutos y especies que quisiesen introducir en la capital, escoltándolos. Que las poblaciones no se harían sino en los puntos que conviniesen a ambos contratantes, para lo cual antes deberían reconocerse desde el Río Colorado hasta nuestras fronteras, por temerse en varios parajes de la costa invasión, que a ellos era tanto, o más perjudicial que a nosotros en tales circunstancias: sobre cuyos principios estaba la negociación harto adelantada, reservadamente con los caciques en cambio de su interés.

De manera que, la maña en la relación y la franqueza en el trato facilitaría el reconocimiento, observando de paso, distancias, latitudes y longitudes hasta aquel punto, y los que fuesen proporcionados para las poblaciones, a fin de no aventurarlas, como generalmente sucede, por no anticipar prolijamente exactos reconocimientos o calidades poco aparentes: y también porque en nuestras más avanzadas poblaciones al sur conviene haya una de respeto, que cubra aquellos apreciables campos, y debía desde luego establecerse un fuerte y población al pie de la primera sierra, que sirviendo además de apoyo como primer punto del camino militar, fuese almacén de víveres al siguiente para la continuación de esta obra: y entre tanto completar el número de las cuatro compañías que habían de formar la fuerza detallada, ponerse en disciplina conveniente, y provisión de caballos de sus propiedades, con todo lo demás concerniente a imponer el respeto necesario, y sucesivamente deprimir, si fuese necesario, su animosidad hasta fijarse en la confluencia del Río Colorado.

Formada esta línea militar y de defensa con las cuatro compañías veteranas de a 125 hombres, fuerza suficiente a poner respeto a este enemigo, se conseguiría con seguridad (habiendo vigilancia) situar otras tantas poblaciones, que a favor de la bondad de sus terrenos y de la exportación de sus frutos, que puede hacerse por diferentes puntos, bien presto alternarían con las subalternas de primer orden, y las aventajarían por los ramos particulares a ellas mismas que les harían progresar.

Esta línea sobre el costado izquierdo del cuadro irregular que forman los terrenos, está mirando al O, y tiene muy a sus alcances a los indios de aquel departamento, si cometiesen irrupciones, para cortarles su retirada, y vivirían muy cuidadosos si alguna vez se excediesen.

Fijada la población sobre el Río Colorado, nada es más interesante que el reconocimiento de este río hasta sus nacientes, y examinar si su caudal cuantioso de aguas las recibe del Río Diamante o del Neuquen, como generalmente se presume: y sea de uno de ellos o de ambos, resulta que la línea militar puede extenderse hasta el Fuerte de San Rafael de Mendoza, si es el primero; y siendo el segundo, aunque queda en más proporción para internarse a Penco, puesto que los viajeros luego que se apartan del que llaman Moylin 70 leguas al SO de la Laguna de la Sal, hacen una pequeña travesía al Neuquen, que costean hasta las cumbres de la Cordillera por caminos cómodos.

De este modo es que podremos salir de la oscuridad de nuestra geografía interior; y si un canal que la naturaleza puso en el centro de más de 50.000 leguas cuadradas, nos franquea paso a nuestras embarcaciones planas o de vapor, ¿quien podrá calcular las riquezas que presentará a nuestros nuevos pobladores este descubrimiento? Si fuésemos tan felices que se nos presentase este hallazgo, ya no debíamos dudar por un momento haber arruinado (sin uso de las armas) totalmente al enemigo: porque desde el paso de Moylin hasta nuestras posiciones, quedaban aislados los infieles, y les era forzoso venir a sociedad o repasar el río, dejando vacios los campos que ahora ocupan; y enseguida habrían de repasar la Cordillera, respecto a que sus cumbres deben formar nuestra segunda línea divisoria con Chile, según está adoptado por el Superior Gobierno en la memoria que di a este propósito en 26 de noviembre de 1811, con el plano correspondiente.

Esta obra jefe en su clase, si ha de desempeñarse del modo que corresponde a un siglo ilustrado, al honor de los magistrados que la emprenden, al de los ejecutores de ella, y principalmente al aumento y incalculables ventajas del estado, ya se entrevé que debe ser científica, militar y política, para que las armas contengan el que los indios cometan una perfidia con suceso feliz, para que las poblaciones se formen y establezcan en orden y policía, corrigiendo los vicios que notamos en las que tenemos: y la parte científica, para señalar astronómicamente los puntos más remarcables de alturas, latitudes y longitudes, y que al mismo tiempo que se demarcan y levantan planos de los ríos, se reconozcan las preciosidades que presenten los tres reinos de la naturaleza, que ella recompensará con usura nuestros trabajos y tareas.

Por la altura del polo, latitudes y longitudes conocidas, se aproxima el valor de este cuadro irregular que forman los terrenos, desde nuestra posición hasta la Cordillera, a 50.000 leguas cuadradas: así lo han calculado los mejores geógrafos de nuestro tiempo. Bajo de estas líneas cae el famoso mineral del Cerro del Payen, el del Cerro Nevado, Diamante y otros muy conocidos, y ansiados de los chilenos, que resisten franquear los indios, por no ser inquietados, o despojados de ellos a viva fuerza.

Nuestras nuevas poblaciones, alimentadas en su cuna de la labranza y ganados, con otros ramos, que según sus situaciones les serán privativos, saldrían pronto de su infancia, porque ni están conocidas sus ventajas, ni la facilidad de sus exportaciones, ni tenemos más idea de ellas que la de su feracidad, consiguiente al sano terreno que disfrutan entre el 4.º y 6.º clima, o lo que es lo mismo, lo mejor de la zona templada austral.

Fue muy errada y absurda la política de los primeros pobladores, en pretender hacer conquistas con las bayonetas, privando a los indios de gustar de los placeres de la sociedad, para que se acercasen a ella; y yo me persuado que no lo es menos proponerse un sistema de amistad aparente, con quien solo la conserva en cuanto le es proficua, y se aparta de ella en el momento que puede cometer una perfidia con impunidad, afianzado en la buena fe de su contendor. Este sistema a medias y mal conducido, causa más daños que una viva guerra: de esta se precaven y se apartan recíprocamente los beligerantes con una continua alarma, pero de la paz aparente no puede repararse el que descansa en la buena fe. La experiencia me ha hecho conocer estos asertos, y solo la vigilancia me ha librado más de una vez de sus tramas, para no haber sido víctima de su mala fe.

Nos hallamos en tal situación, que es preciso jugar alternativamente de las dos armas; es decir, que dando un valor que no pueden tener para con los indios a los sagrados nombres de la amistad y de la buena fe, debemos decorarlas con el respeto de las armas, y nunca hacer uso de ellas, sino en los apurados términos de una agresión: cuyo derecho saben bien defender, y no lo desconocen en el caso inverso, sometiéndose a toda fuerza imponente antes de sacrificarse, como lo he visto, siendo testigo de la ocurrencia y castigo que le hizo don José Amigorena en el año 80 y posteriormente en esta campaña.

Una armada, que nos diese decidida y segura ventaja sobre todas las tribus de indios que se hallan en los terrenos expresados, no sería tan difícil reunirla, como imposible mantenerla en aquella campaña el largo tiempo que era necesario para perfeccionar esta obra. Es pues indispensable que por partes se emprenda, dejando siempre asegurada la retaguardia y los víveres que han de servir a los puntos que se avanzan, además de cubiertas las haciendas.

Este orden, que deberá precisamente guardar conformidad con los pactos que se estipulan, alejará las desconfianzas que siempre tienen los indios de ser atacados, y al paso que se afirma la población, se reconoce topográficamente el terreno que se le asigne por jurisdicción; se ubican los que deben repartirse a los propietarios, se observan sus cualidades, feracidades y proporciones, con todos los demás ramos que puedan serles peculiares en su cultivo: y al mismo tiempo que se emplea la policía en el orden, ornato, moralidad y padrón de los pueblos, con lo material de su formación, se levantan los planos geográficos, esféricos y topográficos, y señaladamente el que corresponda del fuerte a la arquitectura militar, con cuyas copias originales debe instruirse al Gobierno Superior, para que a un golpe de vista registre y pueda conocer el adelanto que hubiere: de otro modo obraremos informemente, cometiendo, o aumentando errores a los que tenemos en nuestras poblaciones.

No ha podido darse para la América mayor desgracia, que el olvido y abandono de tan interesantes obras; porque no hay un país en el globo que más lo necesite, por la disposición de sus terrenos y lugares, en que se hallan las fuerzas de los preciosos metales y demás riquezas de la naturaleza, que forma la cadena que enlaza las naciones, para que reunidas formen un pueblo hermano y comerciante. Pero si hasta estos tiempos hemos marchado por sendas, y sin más dirección que la de rudos viajantes, hoy debe apresurarse este gobierno a emplear sus más brillantes talentos en los interesantes objetos que han de formar su conservación, y la alternativa con las demás naciones constituidas, dando económica dirección a sus intereses, para no ser precario de potencias extrañas y provincias continentales. El objeto sin duda será prontamente desempeñado, si se encomienda a genios más fecundos, que mejorando las ideas, corrijan los errores en que abunde cuanto llevo indicado.

El Arroyo de las Flores, los ríos Azul, Tapalquen, Sauce Chico, Guaminí, Sauce Grande y Colorado, son bastante conocidos en la ruta a Patagónica, y aun a muchos de nuestros antiguos hacendados. Lo son igualmente las sierras del Volcán, Tandil, la Ventana y Guaminí. La primera hace su apoyo en la costa del mar, extendiéndose hacia la segunda, y alternativamente se sobreponen en elevación, hasta la de la Ventana, con intermedios de valles, lagunas y cañadas: y la de Guaminí, más baja, se prolonga al SO, hasta que sus faldas entran en la superficie común en los 37° de latitud, en el paralelo de la Laguna de los Patos, según observé, reconocí y vi en 15 de noviembre de 1811, de orden del Superior Gobierno.

Las sierras, valles y ríos hacen más apetecibles las poblaciones, por la constancia de sus aguas y pastos, y porque proporcionan más segura defensa. Los ríos que vierten al mar (que son los menos), acaso darán cauce a las exportaciones: pero el Colorado en su embocadura tiene la famosa Bahía de Noé, donde pueden anclar miles de buques de todas partes. Omito referir la ansiedad de los extranjeros por este puerto, que hoy no frecuentan recelosos de ser invadidos de indios, pero que tienen interés conocido de ocuparlo por sus producciones, y que al fin arrostrarán allanando los obstáculos, y doblemente se esforzarán a ello si emprenden su interior reconocimiento.

Es una quimera el pretender fijarse, como algunos quieren, en solos y determinados pasos de los ríos Colorado y Negro, para persuadir que ocupados estos, no habrá salida de robos, ni introducción de los indios del S llamados Huilliches a nuestros campos. Son varios los pasos conocidos. En los años de 1804 y 805, don Luis Cruz y don Justo Molina pasaron el río por diferentes puntos, saliendo a la guardia de Melinqué. Los negociantes con los indios de Penco, llevan el camino de Salinas al Cerro de Huaracalen, y desde allí al Moylin (que es el Colorado, de barrancas muy altas de greda colorada con que se pintan los rostros los indios), hasta topar con las orillas de Neuquen; y además es conocido otro paso de este río en la ruta a Patagones, ocho leguas más arriba de su confluencia en el mar.

Del Río Negro se dice lo mismo, por el paso que llaman de Chuelechel, pero los que le han navegado con Villarino, (que aun existe alguno) dicen lo contrario, a saber: que después de navegadas a sus nacientes como 80 leguas, franquea repetidos pasos; y por lo tanto, debemos fijarnos, a virtud de los reconocimientos, en la certeza que corresponde, y esto se hace fácil, habiendo protección constante del Gobierno y actividad en el jefe comisionado.

Los planos geográficos de nuestra costa hasta el Río Negro; el que de este río y viaje levantó el piloto de la Armada don Basilio Villarino; el viaje y observaciones hechas por los facultativos de la expedición del Marques de Malaspina, en Valparaíso, Santiago de Chile, Mendoza, y el que yo hice de estas fronteras hasta la Laguna de Salinas, nos fijan unos puntos cardinales con que cotejar, corregir y enmendar los que deban levantarse de los terrenos interiores.

De este modo es que aparecerán nuestras obras a luz pública, haciendo honor al Gobierno que las dispone, a los encargados de su ejecución, y a la provincia que las ha promovido: y el estado reconocerá las incalculables ventajas que le presentarán estas nuevas poblaciones, y riquezas de sus cultivos.

Ajustadas las paces con los Ulménes, conservados los capítulos de recíproca observancia, y hecho el reconocimiento más prolijo del punto de la primera población, nada debe detener al jefe comisionado en establecer la primera villa o ciudad, cubriéndola con la fortaleza proporcionada a su defensa, luego que haya delineado facultativamente y sin mezquindad uno y otro. Asegurará provisionalmente su tropa, atrincherándola, y con ella, y el auxilio de operarios facultativos, hará de fábrica firme, si le es dable, todo, para no ser accesible a la fuerza del enemigo, ni a los fuegos de que hace tanto uso, cuando los edificios son de paja, o solo madera, de que tenemos tristes experiencias.

Poblaciones.

La formación de estas poblaciones debe ser, previendo en su origen todos los inconvenientes que el descuido, las intemperies y el transcurso de los tiempos, hacen tocar en sus progresos las más veces sin remedio, por los daños que se infieren a las posesiones de buena fe, y a que dan ocasión la ignorancia o inexactitud de los delineamientos en su origen, fijándose muchas veces en puntos que desaparecen, o que la malicia destruye por intereses particulares.

Reconocido el terreno más a propósito, de extensión suficiente en su planicie para llenar el objeto de la población, debe esta delinearse como para 400 vecinos, y un fuerte espacioso que la cubra de enemigos en caso de invasión. Enseguida se señala ejido suficiente para pastos comunes, y aguadas de la bestias de servidumbre a la población, cuyos marcos o mojones serán unas columnas firmes, gruesas, de cuatro varas de alto, de cal y canto, o ladrillo y cal. Y la ordenanza que se forme de policía para el régimen del mismo pueblo, deberá contener un artículo que demande su reconocimiento y visita anual por el primer magistrado, para refaccionarse si fuere necesario: porque estas columnas si fueren establecidas a distancia de media legua, a los rumbos cardinales en que esté situado el pueblo, deberán ser la mojonera común, de donde arranquen las mensuras de las chacras o terrenos de pan llevar, y en el término de estas también deberán fijarse otras con las mismas circunstancias y ornamento, para dividir los terrenos de cultivo en todos los ramos de él, que han de tener apartadamente para crías de toda especie de ganados.

Estas deben correr NO a SE, para impedir las humedades que ocasionan en los edificios los rumbos N a S, por la franqueza con que cuando está el Sol en nuestro hemisferio, baña los cuatro frentes. Deben tener de ancho de 20 a 24 varas, si es posible, por la mayor luz, sanidad y desahogo. Cada cuadra o manzana contendrá 100 varas, que se dividirán en 8 solares, o más si conviniere. El frente de la población será de 4 cuadras, formando un cuadrilongo, y en su centro una plaza, a cuyo frente se destinará una manzana para casas consistoriales y cárcel pública, otra para la iglesia y escuelas públicas. La población formará un cuadrilongo, con las manzanas de fondo que sean precisas. En los puntos más a propósito y sano o ventilado, se destinará una cuadra para hospital, otra la más apartada para cementerio o enterratorio general. Además se destinarán tres o más cuadras, para repartir a los indios que quieran venir a sociedad, y lo mismo terrenos para chacras, que estoy cierto se poblarán presto, porque ha sido petición que me han hecho algunos para cuando llegase este caso; a la manera del cacique Llatí situado en Chascomus, y otros que tenemos en las fronteras; y protegiéndolos con esmero en sus propiedades, y auxiliándolos para sus labranzas, harán esos mismos más conversiones que los misioneros de Propaganda, sin que por esto se entienda que debe minorar el celo del jefe para precaverse de todos.

Formadas las tropas que han de sostener y llevar a cabo esta empresa; situadas provisionalmente en las trincheras necesarias a su seguridad y defensa, se procede con ellas a los trabajos que se hayan delineado para la formación de casa fuerte, y construcción de la población que ha de quedar a cubierto de las armas de la frontera. Como desde luego consta de un pie de fuerza de 500 hombres, son suficientes para acudir al punto de defensa, y a los demás trabajos consiguientes, sabiéndolos distribuir.

Construidos hornos de cal y ladrillo, proveerán lo necesario a nuestro intento. El Monte Grande nos dará para la primera población maderas, que se harán conducir con boyadas al destino, y se levantarán las 125 casas de los soldados y oficiales de dotación, trabajando en común, y más 75 para familias indigentes, que hayan de conducirse allí por pobladores, a quienes se les hará un bien en hacerlos propietarios de casas y chacras que ahora no tienen, y sirven de pesada carga a la sociedad.

De este modo se borrará la inhumana memoria que aun conservan, del modo con que se arrastró y arrojó en los campos a aquellos que se llevaron violentamente a poblar las antiguas guardias: porque además de haberles faltado en darles terrenos en propiedad para sus labranzas, fueron sacrificados muchos a manos de los infieles, y los que aun se conservan, si no son feudales o reconocen pensión, son arrojados con sus familias y haciendas de los terrenos, que han bañado con su sangre para defenderlos: hecho que desgraciadamente he experimentado y examinado a virtud de una comisión de desalojo que se me encomendó y suspendí, dando cuenta con informe y demostración topográfica del terreno, del que se pretendía arrojar más de 400 personas allí arraigadas.

La misma desgraciada suerte han corrido los soldados blandengues, que fueron destinados a aquellas guardias, porque es cosa demasiado cierta y averiguada, que en falta de las propiedades que arraigan a los hombres y familias, en cuanto termina la ocupación que les da su subsistencia, vagan por las campañas con la misma facilidad que lo hacen los Árabes o los Pampas. Esta experiencia tiene menguada sobremanera nuestra campaña, y es la razón porque el soldado debe ser al mismo tiempo vecino y propietario, con documento fehaciente, para que pueda él y sus descendientes quedar a cubierto de la codicia de los pudientes.

Cuando la población se halle en estado de recibir a los que han de habitarla, se convida a los que voluntariamente quieran establecerse en ella: que estoy seguro lo solicitarán más que habitaciones tenga, por el interés de la propiedad, y lo feraz del terreno, con otros alicientes que el jefe ya podrá presentarles de acuerdo con el Superior Gobierno.

En estos tiempos de ilustración, en que los hombres han conocido sus derechos, y la liberalidad conduce las acciones humanas, debe desaparecer de entre nosotros el odioso feudalismo en que sucumben las naciones bárbaras: y que por un modo indirecto desgraciadamente, se halla de asiento en nuestras campañas, con demasiada preponderancia, y es causa de que, hallándose dispersas nuestras gentes, sin pueblos, sin civilización ni trato, no disten grados y se resientan de la misma barbaridad y costumbres de nuestros limítrofes del sur. Me es forzoso repetir, lo que en mi memoria de 26 de noviembre de 1811 expuse a este propósito, a saber:

—«Que el hombre aislado y reducido a sí mismo, se hace salvaje y feroz, huye de todo trabajo que no sea el que necesita para buscar su sustento, y no acostumbrado a obedecer ni a sufrir dependencia, prefiere siempre los medios de violencia a los de suavidad y dulzura cuando pretende: así más presto roba que pide. Se hace duro y insensible, y como está concentrado en si, no es capaz de espíritu público, ni los resortes de la política pueden obrar sobre él. Es preciso, pues, que el Gobierno ponga los principios de adhesión que estas partes separadas necesitan, para formar una masa sólida y capaz de resistencia. ¿Y como podrá hacerlo, sino acercando los hombres unos a otros, y acostumbrándolos a ocurrir mutuamente a sus necesidades, poniendo en movimiento los deseos de gozar y de sobresalir, de que inmediatamente precede la emulación y la aplicación que hacen florecer la agricultura, la industria y las costumbres?»

«Si las poblaciones facilitan estas ventajas, el comercio adquiere por ellas muchos grados de velocidad en sus cambios, cuya repetición y utilidades refluyen también en los progresos de aquellos. La combinación de estos principios elementales de la felicidad pública, acercará el tiempo en que se vean ocupadas las tierras por tantos propietarios, cuantos ellas admitan. ¿Entonces podrá alguno calcular el grado de poder y fuerza verdadera, que tendrá el Estado?»

«Orgullosos notablemente los propietarios, como independientes en su propiedad, de la que sacan su subsistencia y su fortuna, serán los verdaderos ciudadanos, que no necesiten mendigar su mantenimiento del Estado, ni venderse bajamente, a todo el que pueda darles un empleo, o proporcionarles una renta; porque sus tierras, su hogar y su pueblo, serán los ídolos del labrador y ganadero: en ellos verá la herencia de sus padres, la tumba de sus mayores, y la cuna de sus hijos. Amarán siempre las leyes y el gobierno, que les conserven objetos tan queridos: el nombre de patria se los recordará, y al primer riesgo serán sus defensores, tan vacilantes como incorruptibles: en una palabra, formar poblaciones, y fomentar en la agricultura e industria, es formar patria a hombres que no la tienen. Y esto manifiesta bien, si está esencialmente la existencia del Estado al establecimiento, pueblos y promulgaciones de leyes agrarias, que son indispensables para su prosperidad.»

El jefe a cuya perspicacia y conocimientos ya no se ocultarán los que le hayan ministrado los reconocimientos de la jurisdicción detallada, las bondades de sus terrenos, ríos, sierras, puertos, aguadas y montes, y cuanto pueda hacer feliz aquella población que le está encomendada, calculará los ramos de comercio que le puedan ser peculiares, no solo para promoverlos, sino también para evitar en las ordenanzas que forme la obstrucción de ellos por ambición, u otros fines particulares que no pueden preverse en sus principios. Los artículos de piedra de cal, conchilla, piedra sillar, sal u otras especies de comercio que puedan hacer exclusivamente la felicidad común, no deben entenderse inclusos en la propiedad del terreno.

El pueblo debe establecerse en el orden de sus edificios uniformemente, y para ello al que quiera hacer edificio de construcción costosa, se le dará planta y plano de arquitectura civil moderna, con las dimensiones proporcionadas.

A todo vecino se obligará a que tenga un huerto provisto de hortaliza, y también a que anualmente plante un número de árboles frutales, y de utilidad pública para edificios; además del que el pueblo haga en común, una vez al año, en el paraje que se designe.

Como ninguna cosa es más interesante a la salud pública, que las honestas ocupaciones de las familias para desterrar la ociosidad, en nada debe ponerse más cuidado, que en darles ocupación respectiva a sus facultades y sexos, auxiliándolas.

Para que puedan perseguirse los vagos y delincuentes, que se refugian de la otra parte del Salado en sus montes, costas y islas, siendo a cargo del jefe el mando de aquel departamento, como se dispuso a consecuencia de mi informe citado de 15 de febrero de 814, será una de las primeras atenciones su persecución, si voluntariamente no quieren tomar partido; y los que fueren aprendidos, se destinarán a las obras públicas, para evitar los daños que ocasionarían a las nuevas poblaciones, gentes tan perjudiciales, debiendo ser tan activa y vigilante esta disposición que imponga respeto, y a virtud de ella, vivan seguros todos los ganaderos y hacendados del departamento, que puedan entregarse sin recelo a sus respectivas labores.

Levantados los planos, hecha la población, y destinados los pobladores, se forma el padrón de su vecindario en un libro maestro, que deberá estar firmando por el jefe y su segundo: en él ya constará la delineación del pueblo, nombres de sus calles, número de casas, y la que a cada poblador cupo y ocupa; teniendo agregado un plano topográfico a su fin, para la más exacta inteligencia. Encabezando este libro el jefe comisionado, de orden del señor gobernador, y el título de villa o ciudad que antes haya tenido orden de ponerle: cuyo libro, planos, y demás que convengan remitir a la Superioridad para su aprobación, deberán dirigírsele originales, como también las ordenanzas de policía que se crean convenientes para su modificación o ampliación, según pareciere a la Superioridad.

Entretanto habrá solo un capellán castrense, que administre los sacramentos a los fieles con la dotación correspondiente, cuyo nombramiento convendrá recaiga en persona de respeto, y disposición proporcionada a las necesidades que presenta una nueva población, cuya doctrina y ejemplo, modere la pravedad de unas familias escasas de civilidad y trato de gentes; y que, si es posible, sea de genio creador.

Cuando ya esta población haya desenvuelto sus principios de agricultura, y que de ella saque su subsistencia y sea capaz de suministrarla a la siguiente en línea, procurará el jefe emprenderla, comunicando antes con el Gobierno las medidas de su disposición, manifestádole el estado de aquella primera, por si conviniere darle una nueva forma de gobierno político, o hacerla reconocer por comisionados de su satisfacción, que impuestos de las localidades y progresos de que fuese susceptible, le informen sin equivocación la verdad de lo obrado.

La compañía de su dotación, y oficiales de ella, quedarán igualmente señalados, y aunque según convenga, deberá marchar la demás fuerza, esto deberá entenderse provisionalmente; pero que su fija residencia habrá de ser en aquella fortaleza, así por el resguardo en la defensa de enemigos, como por el orden y persecución de vagos, y igualmente para estar más a la vista y cuidado de sus familias y labores, que teniendo, como deben, la cualidad de vecinos y arraigados, defenderán más ahincadamente sus hogares y propiedades, y serán las mejores centinelas contra toda clase de personas que se introduzcan en su jurisdicción, y puedan ser sospechosas: que por tales se tendrán las que se encuentren sin recaudos para su tránsito, y siendo inflexibles en esta medida política, bien presto desaparecerán los mal entretenidos y ociosos, y se establecerá la sana moral, virtud, orden político y civil en la primera nueva población.

Entre tanto se establecen fondos del común para dotación de escuelas, no podrán estar sin ellas, y será uno de los primeros cuidados del que les instruya en las primeras letras y doctrina cristiana, les incline al cultivo y labranza de las tierras por vía de entretenimiento. Para ello se señalará un terreno con el nombre de vivero, en donde siembren y cultiven de todas legumbres y flores, y principalmente de árboles frutales de conocida utilidad. Estos ensayos, que al mismo tiempo que hacen la diversión de los niños desde sus primeros años, los dejan instruidos y aficionados, para ejecutarlo con aprovechamiento en su mayor edad.

Debe darse solar y tierras al que quiera avecindarse en dicha población dentro del primer año de su fundación, si es casado, y no se le dará al soltero si no fuere artesano: pero a unos y otros con la precisa condición de residir diez años, y antes no podrá vender ni enajenar su propiedad, y lo que en ella hubiere adelantado, y en caso de retirarse perderán todo lo obrado, y quedará en favor de la comunidad.

Desde el día en que se publicare solemnemente la aprobación del padrón, repartimientos y propiedades asignadas, con el nombre y titular de ciudad o villa, deberán correrles diez años a sus pobladores, libres de todos derechos, en los frutos de sus cosechas, ramos de su industria, diezmos y primicias, y lo mismo de todos los efectos y frutos que necesite extraer de la capital para su consumo, atendiendo a los muchos costos que unos y otros deben tenerles en sus conducciones.

Debiendo ser un nuevo departamento militar y político del Salado al S, a cargo de este jefe comisionado, es uno de los puntos más importantes de su comisión levantar el plano topográfico de aquellos terrenos, para que se distribuyan en justicia a los pobladores con preferencia, y sin perjuicio de los hacendados ya establecidos: porque siempre debe tenerse muy en consideración a su trabajo impendido, a sus fondos puestos en ellos, y a su disposición y facultades, porque esta medida precautiva de enormes posesiones, y de evitar los simulados patrimonios feudales, no es ni puede entenderse para destruir ni arrancar; al contrario, es para edificar y plantar. Podrán ser, y en efecto son necesarias, establecer varias poblaciones subalternas, desde el Salado a la población capital, y estas no se verificarán si se enajenan campañas inmensas que lo embaracen.

La falta de este orden tiene sembradas nuestras campañas de 20 familias incultas, que como los hijos de Noé se han dilatado en un mundo desierto, y hoy llaman toda la atención del Gobierno para poderlas establecer civilmente. La falta de propiedad, aunque una posesión inmemorial se la haya dado, hace que anden errantes, porque se apareció un propietario por una reciente denuncia, que o los desaloja o hace feudales. De este desgraciado principio nacen las despoblaciones, la ruina del Estado, y la muchedumbre de males y enormes excesos que se cometen: con los cuales están tan avenidos y familiarizados, que parece peligra la verdad si no los viésemos casi desnudos, endurecidos con las intemperies, e insensibles a sus males.

Este género de vida, adoptada por la clase de gentes referida, y perpetuada como herencia de padres a hijos, hace que la repetición de actos hostiles se haya hecho en ellos un habito de robar y matar, y que siempre huyendo de la población sin respeto y autoridad, se entreguen a una vida feroz y salvaje.

Este remedio indicado para el arreglo de estas campañas, y que solo quedó en los primeros pasos de su desenrolle, debe llevarse a debido efecto: pero mientras esto sucede, no debe permitirse se inficionen y contaminen las nuevas poblaciones y sus jurisdicciones, si el estado ha de recibir todo el incremento y riqueza que le presentarán unos brazos ahora inútiles por falta de dirección.

El armamento, municiones y útiles, y subsistencia de esta expedición estaban detallados, y cuando ya no existan unos, y otros no puedan realizarse de los fondos de la municipalidad en que estaban consignados, puede ser difícil arbitrar otros, hasta que las mismas nuevas poblaciones presenten uno exclusivo para sus adelantos, que tampoco lo creo inaccesible.

Cuando las observaciones que dejo hechas no se estimen oportunas al fin que me he propuesto, al menos espero que se reciban como unos sentimientos de sinceridad, y deseos del bien general de la provincia y estado, cuya felicidad he procurado siempre con el mayor anhelo, y por todos los medios posibles.

Una estrepitosa mutación de gobierno, que de ordinario arrastra la efervescencia popular, y da ansa a la emulación para que ejercite sus pasiones innobles, ha podido acaso ejercitar sobre mí la tropelía y prisión injusta que sufrió mi persona el 16 de abril próximo pasado, y que, conducido después de uno a otro calabozo, me separase por fin a un confinamiento, y desde allí al presente, sin dárseme otra causa que el imperio de las circunstancias. Yo, bien cierto de mi inocencia, he guardado obediencia y respeto a las autoridades y un silencio profundo, porque entendí que el imperio de las circunstancias que me indicó la Superioridad en su oficio de 30 del mismo mes, era lo mismo que señalarme que los efectos de la revolución no permitían otras discusiones. Pero convencido yo de la necesidad de buscar ensanches a nuestras fronteras, y que sin retardo debería verificarse, no he podido dejar de manifestar por medio de los apuntamientos que quedan hechos, cuanto me ha parecido oportuno al logro de aquella interesante obra, sea quien fuese el ejecutor de ella, pues sobre la experiencia y conocimientos que me han marcado las sendas que parece deben seguirse, será fácil determinar las operaciones ulteriores que aseguren el propuesto fin, quedándome la satisfacción, de que en medio del confinamiento, no he podido mirar con indiferencia todo lo que es en beneficio común, y en honor del Superior Gobierno a quien dirijo esta memoria, desde este pueblo de Morón, a 8 de marzo de 1816.

Pedro Andrés García

Informe sobre la necesidad de establecer una guardia en los Manantiales de Casco, o Laguna Palantelén
Excelentísimo señor delegado directorial.
En las memorias de 26 de noviembre de 1811, de 15 de febrero de 814, y de 8 de marzo de 816, no me contraje a exponer la necesidad que había de formar una guardia y población en los Manantiales de Casco o Laguna de Palantelén, por hallarse acordada esta determinación desde el año de 1810, a virtud de informe que hice a la Superioridad desde aquel destino, cuya resolución se me comunicó oficialmente, y su tenor es como sigue: «Enterada esta Junta del oficio de V. S. de 26 de octubre último, en que propone se establezca guardia y población en la Laguna de Palantelén en que se hallaba, ha resuelto se encargue a V. S. que proceda a su formación oportunamente, tomando las medidas conducentes al efecto, lo que ejecuto de acuerdo de ella, para que realice V. S. esta determinación.»
Dios guarde a V. S. muchos años. Buenos Aires, 3 de noviembre de 1810. Cornelio de Saavedra.

Doctor Mariano Moreno, secretario.
Las ventajas de esta guardia y población en los Manantiales de Casco no pueden calcularse sin conocer su situación, y las que tienen las Guardias de Luján, Fortín de Areco, Salto y Rojas.
Esta laguna está situada en 35° 12' de latitud, y a distancia austral de la Guardia de Luján 22 leguas, de 18 y 20 de Areco y Salto, y poco más de la de Rojas, y al S del Río Salado.
Los campos intermediarios de las citadas guardias hasta aquel punto, son los que mantienen las boyadas que llaman de invernada, y los que contie-

nen las mejores estancias, por sus abundantes y fuertes pastos: pero con la desgracia de estar francos al enemigo, y donde ejercitan sus incursiones libremente como de ordinario las experimentan, sin arbitrio para repararlas, por la distancia a que quedan al N dichas guardias, y, lo que es más, sin fuerzas para impedir a los indios tales hostilidades.

Aquel punto, bien guarnecido y poblado, pone a cubierto los pueblos y haciendas referidas, por hallarse casi a igual distancia de todos; y sus partidas de descubierta, por derecha e izquierda, embarazarían siempre toda agresión que meditase hacer el enemigo.

Siguiendo la misma línea austral, y al O de Palantelén saldrían las guardias de Rojas y Mercedes sobre las lagunas del Tigre y del Milagro, quedando reparadas con sus fuertes de las invasiones que ahora sufren, y que no son por su nulidad defendibles.

De este modo se aseguraría el camino que hoy llaman de afuera, que sirve a los carruajes comunes, y aun a la posta: mejoraría el Fuerte de Mercedes, y saldría de su situación tan calamitosa, que no permite pastos y aguas, y está reducido para existir, a que cada 6 u 8 días le socorran con bastimentos.

La nulidad absoluta de las que llamamos guardias, es tan notoria a todos, que nadie deja de conocer, que ya no les ha quedado más que el nombre de que lo fueron, pues ellas no tienen dotación de tropa, armas ni trincheras.

Las poblaciones ruinosas que aun se conservan, podrían adelantar, cuando las haciendas y labranzas de sus vecinos quedasen aseguradas con los nuevos fuertes, dando a aquellos fuertes mejor forma y policía, en razón de ser de tránsito a las provincias interiores, cuya circunstancia se recomienda mucho para que progresen.

El Fuerte de Mercedes avanzado al S al punto que queda explicado, forma la línea limítrofe con la provincia de San Fe, descendiendo desde la Laguna de Milagro a la Cañada de Cardoso, que con las vertientes de esta recibe las primeras aguas el arroyo, que llaman del Medio, que con su cauce sirve de demarcación, y señala las respectivas jurisdicciones en su curso, hasta hacer su confluencia en el gran Paraná.

Entonces este mismo fuerte, más avanzado al S que Melinqué, amparaba a los viajeros, y asegurándoles el tránsito hasta el Saladillo de Ruiz Díaz, aventajando el camino de Mendoza como 20 leguas, retardaba estas mismas por ahora el del Perú: pero cuando (como es de esperar) volviesen las cosas a su antiguo curso, se verían las mejoras de esta operación. El estado, poblaciones y provincias, tocarían un progreso hasta ahora no solo desconocido, sino que era considerado entre las cosas difíciles y de remota esperanza.

Los terrenos que median desde Melinqué y India Muerta, hasta el Río Cuarto, son feracísimos de pastos y no muy escasos de aguas; pero que nunca los hacendados se han atrevido a cultivarlos, por estar indefensos al enemigo de quien siempre han sido combatidos, y no se han considerado seguros los mismos viajeros de posta.

Adoptada esta disposición, se consultan infinitos bienes en favor de la humanidad, de los pueblos territoriales, de la provincia de Santa Fe, Córdoba y Cuyo. Se asegura el tránsito del comercio con el Perú y Chile, y toma la de Buenos Aires la parte que le toca en su suelo; quedando la gloria al Superior Gobierno de las Provincias Unidas, haber sacado, en el término de mayor premura a que ha querido reducirle el genio de la discordia, los frutos más ventajosos de sus meditaciones, y una felicidad pública, que no ha podido estar a los alcances ni del enemigo infiel, ni de los que lo son del orden y prosperidad común.

Estos últimos presentan en su terquedad una observación al parecer necesaria, sobre poner coto, o término a su avanzada temeridad y hostil procedimiento. Ellos, con una conducta inmoral y devastadora, han arrasado sus haciendas y poblaciones, tratan a viva fuerza de destruir nuestros campos y vecinos, y de poner en ellos su ferocidad y barbarie, auxiliándose de los mismos bárbaros infieles.

Han obligado al Superior Gobierno a poner en movimiento y dirección hacia ellos, los ejércitos destinados a más altos fines y nobles objetos; pero como el desenlace de estas ocurrencias puede ser de más costo y tiempo, que el que podría invertirse en una línea de fortificación en la de sus límites, pudiera ser oportuno formar pequeños reductos en la casa de construcción que hay en dicha línea, y formar algunos de nuevo si fuese necesario, reconociendo antes las localidades y distancias facultativamente, para calcular sobre ellas la fuerza y gastos necesarios.

Yo me ofrezco a hacer este servicio de reconocimiento de línea, y, por las distancias que resulten, manifestar facultativamente en un plano sus localidades con las demás noticias, que sin equivocación envíen idea más cierta a la Superioridad para las ulteriores determinaciones que tenga a bien tomar, dándoseme para todo los auxilios de un facultativo y demás necesario a este propósito.

He procurado en este último punto, como en todos los demás, no omitir diligencia ni circunstancias relativas a la comisión de campaña que ha estado a mi cargo, con las reflexiones que me han parecido oportunas al intento; para que de todo pueda hacer uso esta Delegación Directorial de la misma campaña, o de lo que crea conveniente en uso de sus facultades.

Dios guarde a V. E. muchos años. Villa de Luján y julio 15 de 1819.

Excelentísimo señor Delegado Directorial.

Pedro Andrés GARCIA.

Excelentísimo señor Delegado Directorial de campaña, don Cornelio de Saavedra.

Proyecto de traslación de las fronteras de Buenos Aires al Río Negro y Colorado

Por Sebastián Undiano y Gastelu
Al que se agrega el itinerario de un camino, desde Buenos Aires hasta Talca, por José Santiago Cerro y Zamudio.

Advertencia del editor

El proyecto que publicamos sobre la extensión de que es susceptible nuestra frontera, es debido al celo ilustrado de un español, que pasó gran parte de su vida en este país. Residió en Mendoza, donde se enlazó con una familia respetable, y tuvo relaciones íntimas con el comandante Amigorena, a cuyo lado empezó a recorrer el vasto territorio que se despliega al este de los Andes.

La idea de ocupar la isla de Choelechel es la que domina en este proyecto; y todas las ventajas que pueden sacarse de esta ocupación están tan claramente indicadas, que el que prescindiese de la fecha, creería que esta memoria fuese un comentario apologético de la última campaña del señor general ROSAS.

Undiano permaneció en este país hasta el año de 1827, en cuya época por un disgusto doméstico regresó a Europa, y falleció poco después en Pamplona, su patria.

Proyecto de traslación de las fronteras de Buenos Aires, etc. Representación al rey

Señor:
Don Sebastián de Undiano y Gastelu, capitán del regimiento de voluntarios de caballería de milicias disciplinadas de la ciudad de Mendoza, virreinato de Buenos Aires, deseoso del mayor bien del Estado, me atrevo a proponer a V. M. la conquista pacífica de diez y siete mil leguas cuadradas de tierra, situadas en el mejor suelo del universo, y en una de las orillas de su extendidísimo imperio: —conquista para la cual no hay que chocar con ninguna potencia extranjera, porque toda ha de hacerse en un país que pertenece

a la corona de Castilla. Tampoco ha de derramarse sangre, porque algunas pequeñas tribus de indios errantes, que discurren por él sin asiento fijo, al modo que andaban antes los gitanos por esa península, ni querrán, ni podrán oponerse al proyecto que en ninguna manera les perjudica. Ellos, desde el año de 1784, poco o nada han dado que hacer, y si ahora no cometen hostilidades, con ser que tienen una retirada segura, es de creer continúen en la misma buena armonía al verse cercados de los establecimientos que voy a proponer. Tampoco han de ocasionarse erogaciones a la hacienda pública, porque con lo que produce el ramo de guerra que se administra en esta capital, y se destinó a la seguridad y población de estos campos, comprendo que habrá suficiente dinero para ocurrir a los gastos que se han de impender; ni menos ha de necesitarse sacar tropas del Viejo Mundo para las guarniciones de los fuertes que se han de fundar; porque trasladando a ellos la que hay en los que actualmente tenemos en estas fronteras me parece que quedará bien defendida la nueva línea, si se atiende a que esta ha de formarse de la natural defensa que proporcionan los dos caudalosos ríos, Negro y Diamante, y hasta los cuales deberán avanzarse nuestras fronteras, desde esta capital hasta Mendoza, que es a lo que se reduce todo el proyecto. Los terrenos de que trato son los comprendidos entre el río Negro del sur, y las fronteras de Buenos Aires, Santa Fe, Córdoba, San Luis y Mendoza. Ellos forman una figura de cuatro lados desiguales, que aunque no son en todo rigor rectilíneos, por las inflexiones de las costas y de los ríos que se ven por sus extremidades, puede muy bien, si se mira el todo, y hablando en términos geométricos, llamarse un trapecio.

En sus dos ángulos agudos viene a caer la boca del Río de la Plata y Mendoza, y a los de los obtusos corresponde la confluencia del río Diamante con el Negro, y la desembocadura de este en el Océano Atlántico austral. Su mayor lado es el del norte, y lo forman las fronteras dichas, tomadas en toda su extensión este-oeste, desde Buenos Aires hasta Mendoza, el cual he corrido muchas veces. Síguese por el ancho el lado del oeste, que se extiende desde los 32 grados 56 minutos de latitud sur, en que está Mendoza, hasta los 39 grados escasos, en que el piloto don Basilio Villarino colocó la confluencia del Negro con el Diamante. Este lado lo forma este último río, que corre desde la jurisdicción de Mendoza, y el camino que desde aquella ciudad se dirige hasta la unión del Diamante con el actual, el cual también he reconocido en dos expediciones hechas por aquel lado contra los indios del sur; habiéndonos internado en la del año 84, hasta los toldos de los Manantiales, no muy lejos de la junta del Diamante con el Negro. El tercer lado, que por su extensión debe seguirse a los dos precedentes, es el del este, que lo compone la costa de Patagones, desde el Río de la Plata hasta la desembocadura del Negro, y que han recorrido muchos por mar, y aun atravesado por tierra.

El 4.º último y menor lado, es el del sur, que forma la caja del río Negro, desde su confluencia con el Diamante hasta el Océano. Este lo anduvo Villarino: resultando de aquí, que están vistos los cuatro ángulos y los cuatro lados de tan extendido trapecio, que comprende no menos que diez y siete mil leguas de superficie. No puede dudarse de la optima cualidad de todos los terrenos que encierran aquellas dilatadas extremidades, que han sido casi todas atravesadas y recorridas, ya desde Buenos Aires y Santa Fe, ya desde Córdoba, San Luis y Mendoza, en las varias expediciones hechas, desde sus respectivas fronteras, contra los indios pampas cuando las invadían: y se ha visto que se componen de unas muy pastosas y grandísimas planicies, llamadas pampas, interrumpidas de lomas y cañadas, y de medianas y frondosas serranías, con muchos bosques de buenas maderas a trechos, en especial hacia el oeste, entre los meridianos de Córdoba y Mendoza. Ellos están situados entre el 4.º y 6.º clima, en el mejor de la zona templada meridional, y por su situación geográfica, deben ser los parajes que no se han visitado de la misma ventajosa cualidad que los ya vistos o acaso mejores, mayormente no habiendo cordilleras que alteren su benigno temperamento. Podrá decirse que tan grande país tiene pocos ríos: es verdad que no tiene más que el Negro, Colorado, Diamante, Tunuyan o Bebedero, y otros más pequeños, que caen luego a la costa, o al de la Plata, y todos distantes del centro; pero lo que importa es, que se pueblen las riberas del Negro y del Diamante, fijándose en ellos y no en otra frontera, que no tardaría muchos años en irse poblando todo lo demás, sin que quedase nada yermo. ¿No tenemos pobladas de muchos y grandes pueblos las secas llanuras de la Mancha? Pues ¿por qué no estas, mucho más frescas que aquellas? ¿Estas, donde el agua se halla tan cerca, que nadie dudó encontrarla de cuantos se han establecido y establecen, sin más agua que la de sus pozos de balde, en estas fronteras de Buenos Aires y en las de Santa Fe y Córdoba? La sierra de la Ventana, la del Volcán, las cañadas que siguen, llenas de manantiales, desde donde se pierde el Río Quinto hasta las cabeceras del río Colorado:— los parajes de las Víboras, Mamilmapu, y otros muchos, donde los indios hallan el agua sin más trabajo que el de cavar unos pequeños pozos con sus cuchillos o machetes:—las muchas y grandes lagunas que hay repartidas por todas esas pampas, inducen a creer muy prudentemente que en todo el país, contenido entre los linderos expresados, no hay lugar alguno que no pueda habitar el hombre. ¿Qué no debe esperarse, pues, de una tierra como esta, si aprovechándose de sus inmensas llanuras de las aguas de los caudalosos ríos Atuel y Diamante, y de la elevación de su origen, se acudiese a la hidrometría, y se cruzase todo él de canales de riego y de navegación? ¿Y qué, si reduciéndose a cajas más estrechas y sólidas las aguas de los ríos Tunuyan, río Quinto y Cuarto, se dirigiesen al sur con el mismo objeto? Ni se diga que estos dos últimos son de poco caudal, porque mucho más pobre es el Manzanares, y en él se ve de cuanto es capaz el hombre, cuando sabe usar de este elemento con acierto.

Poblaríase, pues, este país, comenzando por la traslación de los fuertes de esta frontera de Buenos Aires a la orilla izquierda o septentrional del río Negro: ellos son seis, y seis los fortines, y con el que ya hay en la desembocadura de aquel río Colorado, en sitios convenientes, serían suficientes a cubrir la distancia que hay desde ella hasta la junta del Diamante: teniendo el cuidado de peinar bien las barrancas, dejando el menor número de pasos que sea posible, y quedando estos precisamente dominados de nuestro cañón. De este modo, aprovechándose de la natural defensa que presta este río caudaloso y navegable, quedaría enteramente a cubierto nuestra línea por la parte del sur, estableciendo los principales fuertes en los pasos, y colocando en los intermedios atalayas, fortines y telégrafos, por cuyo medio corriesen en pocos minutos los avisos por toda ella.

En la confluencia del Diamante, con el Negro sería bien poner la mayor fuerza, ya por ser este el punto más remoto de nuestras fronteras actuales, ya también por oponer la mayor resistencia a las avenidas de los indios Ranqueles y Guilliches, que en caso de atacarnos habrá de ser más bien por aquel punto que por otro: por allí ha sido y es el paso de los indios serranos que se dirigen a las pampas del sur (que hoy lo hacen por Choelechel), dando la vuelta al oeste, buscando el paso del Negro frente al Payen, y cayendo luego al dicho del Diamante para lograr su ingreso al país vedado. Por tanto digo, que la defensa de este punto exige la mayor atención. La ribera del Diamante, que he corrido algunas veces, y que desde el ángulo que forma donde recibe el Atuel, compone el lado del oeste del trapecio, debe también asegurarse con mucho cuidado; porque de no, de poco serviría fortificar el lado o línea del sur por el río Negro, y dejar este indefenso en la larga distancia desde la una a la otra junta. El Diamante no es río tan grande como aquel, y por le mismo es más fácil hallarle paso, aunque siempre a nado: en muchas partes son pantanosas sus orillas, y esta es la mejor defensa. Sus aguas son buenas, y corren desde la jurisdicción de Mendoza, siempre por terrenos llanos. Para defenderse sería acertado escarpar todas sus barrancas, y empantanar toda la ribera opuesta en cuantas partes fuese posible, de modo que no quedasen más pasos que los dominados por nuestros fuertes. Estos podrían establecerse después de un maduro examen y reconocimiento en los parajes más propios, trasladando para ello, a la izquierda de este río, todos los que hay en las fronteras de Córdoba, San Luis y Mendoza.

Al río Diamante, y poco más arriba de su junta con el Atuel, que distará de Mendoza 65 leguas al sur, podría trasladarse el fuerte y villa de San Carlos, que fundó en aquella frontera nuestro marqués de Sobremonte, siendo gobernador Intendente de Córdoba. Apenas se hallará sitio de mejores proporciones para una gran ciudad. Dos ríos caudalosos, de buena agua, bellísimo temperamento, muchos pastos, leña en abundancia, terreno llano, muy extendido y de la mejor calidad, con despejados horizontes por N. S. E. con el Atuel y Diamante, en la mejor disposición para sangrarlos y regar cuanto se quiera. Buenas muestras de ricos minerales en la sierra inmediata del oeste, y unas salinas inagotables de excelente sal en sus inmediaciones, es lo que ofrece ese bello paraje a la vista de un observador. Mas desde esta junta es navegable el Diamante por el caudal de aguas que lleva, su poca corriente, y no tener salto alguno; por lo cual, del establecimiento que aquí se fundase podrían conducirse por agua todos sus frutos y producciones hasta el mar, con mucho ahorro de fletes y seguridad, y también dirigirse los auxilios y las órdenes por toda nuestra línea, y los socorros en caso de asedio de algunos de los fuertes, que no es de esperar.

Con las tropas que hoy hay en las fronteras dichas, me parece sería suficiente para establecernos sólidamente en los puntos principales de la nueva línea; es a saber, por lo que mira al río Negro, en Choelechel y isla inmediata más arriba de este paso; y por lo que toca al Diamante, en él que se ve más abajo de los Manantiales. En él de la esquina de San José, en el de los Algarrobos, y en la confluencia dicha del Diamante y el Atuel, y en algunos otros de que se haría un reconocimiento prolijo, si se tuviere por conveniente asegurarlos.

Para este reconocimiento deberían partir dos expediciones: una desde nuestro establecimiento del río Negro, a la manera de la de Villarino, que podría dirigirse con dos chalupas hasta la unión de este río con el Diamante; y otra, que marchando desde Mendoza, fuese por la derecha de este río último hasta encontrarse con la del Negro, volviendo a la retirada de una y otra a rectificar las observaciones hechas en la entrada. Bien que la de Mendoza sería muy conveniente que hiciese su viaje de vuelta por la izquierda, para reconocer la unión del Tunuyan con el Diamante, que yo no pude ver el año de 1784, que anduve por allí, a causa de las grandes crecientes de aquel año, que hicieron salir de madre dicho río, inundando a mucha distancia los campos inmediatos, y estorbando el acercarse debidamente a reconocer este punto geográfico: por lo cual sería también muy bueno que la expedición de Mendoza llevase dos canoas o botes por el río; y una y otra confiadas al mando de sujetos que diesen una descripción completa de los dos ríos, levantando planos exactos de ellos, y designando los sitios para el establecimiento de los nuevos fuertes.

Todas las poblaciones nuevas necesitan auxilios: los que pueden darse a las proyectadas gravitarían sobre el ramo de guerra; y se indemnizarían luego con el aumento de cueros. Porque, ¿quien duda, que poblados de fuertes y de villas estos dos ríos, se abriría un comercio grande de unos artículos tan precisos como el cuero, el sebo y carne salada para Europa, de mulas para el Perú y Chile, y que a proporción habían de recrecer los derechos? Dos clases de hombres son los que pueblan las fronteras actuales; esto es, soldados que llaman blandengues, y paisanos que viven bajo el cañón de los fuertes, no apeando de ochocientos a mil los que hay de estos últimos en cada uno de los fuertes de la línea de frontera de esta capital. A unos y otros sería bien repartirles los terrenos en toda propiedad y debalde, con lo cual se les vería edificar, cultivar y mejorar las posesiones, siendo esta una cadena que fija a los hombres por los siglos de los siglos. A cada blandengue sería bueno anticiparle ochenta pesos, para que hiciese su casita; porque al cabo ellos son los que defenderían y asegurarían la nueva línea, como pobladores natos y seguros, y unos verdaderos agrónomos. Militares, y con el dinero de sus sueldos, fomentarían y vivificarían al paisano que quisiera ser poblador. A estos sería conveniente anticiparles la misma cantidad sin calidad de devolución, y además un real diario por familia el primer año, procurando que unos y otros sean casados, y asignándoles plazo para que lo hagan los que fuesen solteros.

Yo no puedo entrar en mayores detalles sobre el particular, porque, para hablar con fundamento, es necesario esperar las resultas de los dos expedientes dichos, y me limito solo a decir que miro muy factible y fácil establecernos, como llevo insinuado, en toda la línea referida: pues aunque quedarían algunos bárbaros en los países intermedios, no habría motivo para temerlos, ni es bien que esto se diga entre españoles acostumbrados a vencer naciones mucho más numerosas y valientes. Además que, no se atreverían a insultarnos, viéndose cortados; sino más bien se reducirían a vida social, pena de ser exterminados o expulsados al otro lado del Negro o del Diamante, en caso de arrostrarse o cometer la menor hostilidad.

Pues, supongamos que se viesen pobladas y llenas de fuertes y poblaciones las riberas de estos dos ríos caudalosos. ¡Cuan prodigiosa sería la multiplicación de los ganados, en unos campos tan pastosos y propios para este objeto! ¡Y en unas estancias tan seguras como habría en su izquierda, con los pasos cortados de estos ríos, para que ni una cabeza se extraviase al sur, ni al oeste! Entonces se verían las numerosas tropas de mulas, vacas y caballos, caminar de fuerte a fuerte, y de Chile a los mercados: unas por el camino del Planchón en la Cordillera, que cae poco más al sur del paralelo de la junta de los ríos Diamante y Atuel, y sale a Curicó, y otras por el de la Cruz de Piedras, que entra por los Papagayos, y sale por el río Maipó a Santiago. Entonces se verían nuestros bastimentos llegar a las ahora desiertas costas patagónicas, en busca de cueros, de sebo y de las lanas que produciría con asombro el nuevo trapecio, y surtir la Europa toda de estos renglones tan importantes; y entonces, por último, desde el establecimiento de la junta de los ríos Negro y Diamante, podrían reconocer las riquezas del próximo y famoso cerro de Payen, y hacerse excursiones muy útiles a la historia natural y a la geografía de las antiguas tierras magallánicas, de cuyas interioridades nada sabemos. Y viniendo ahora de las extremidades al centro, ¿quien ha de dudar, que poco a poco se habían de poblar los bellos países que encierran tan extendidos y seguros confines? Primeramente se dilatarían nuestras estancias, saliendo del estrecho y vergonzoso recinto en que las fijó Garay en 1580, y en que hasta ahora subsisten: después se irían abriendo caminos desde las viejas hasta las nuevas fronteras, haciéndoles pasar por las mejores aguadas, y ocupando estas y las Salinas con establecimientos fijos; y después progresivamente todo lo demás de tan inmensos terrenos, donde, por decirlo así, no hay desecho.

En tiempos anteriores se pensó en asegurar la embocadura del río Negro; la entrada desde Mendoza por el Diamante está llana; y las utilidades que han de seguirse de ello son incalculables. Todo, pues, incita a continuar: pero la conquista ha de ser pacifica; al menos así lo he llegado a creer, después de haber tenido conmigo solo muchas consultas y meditaciones.

Itinerario de un nuevo camino descubierto por el capitán retirado don José Santiago Cerro y Zamudio, desde la ciudad de Buenos Aires hasta la de San Agustín de Talca, capital de la provincia de Maule, en Chile.[11][12][13]

Leguas.

enero 12 De la ciudad de Buenos Aires, comimos en el Monte de Castro.   2.

---

11 C. y D. son iniciales de comimos y dormimos.
12 En este punto se concluye la jurisdicción de la capital, y comienza la de Córdoba. Advirtiendo que, como llegué tarde, no pude observar la latitud, ni tampoco la pude verificar de noche, por hallase el cielo nublado: por cuyo motivo no pude descubrir estrella conocida.
13 Desde este paraje nos volvimos al fuerte de San José, para proseguir nuestra marcha por otro camino.

"	Del citado monte, fuimos a dormir al Puente de Márquez.	3.
13	De dicho puente, pasamos a comer a la cañada de Escobar.	6
"	De esta cañada a la estancia de Rodrigo, en la que dormimos.	2
14	De esta estancia, a comer al fuerte de Luján.	5
15	De este fuerte, a una chacra que no tiene nombre.	3
"	De esta chacra a la estancia de don Pedro Flores: D.	3
16	De esta estancia, a una chacra cerca del fortín de Areco: C.	3.
"	De este fortín, a la estancia de don Pedro Fernández: D.	5
17	De esta estancia, al fuerte del Salto, (nos paramos dos días).	4
20	De este fuerte, a la Laguna de la Salada: C.	6
"	De este paraje, al fuerte de Roxas: D.	4
21	De este fuerte, a las Toscas: C.	3
"	De las Toscas, a la Laguna de la Cabeza del Tigre: D.	6
22	De la Laguna de la Cabeza del Tigre, al fortín de Mercedes: C.	4
"	Del fortín de Mercedes a los Chañaritos: D.	4
——		64.

23	De los Chañaritos, al fortín de Melincué: C. D.	4
24	Del fortín de Melincué a la Laguna Larga: C.	
"	De dicha laguna, a otra más chica, que no tiene nombre, y a corta distancia de ella: D.	2
25	De esta laguna chica (con el mismo rumbo), a otra que tampoco tenía nombre: C.	2.
"	De este paraje, a un descampado que no se sabe el nombre, pero siempre siguiendo el camino real de las Tunas; en el cual había una laguna, unas vizcacheras, y cinco chañaris; y a la cual le puse por nombre, la Laguna del comandante Hernández.	4.
26	De la Laguna del comandante Hernández, al monte de Llorente, y a una legua de dicho, hay una lagunita, y pasamos a ella para descansar.	4
"	De este paraje, a la guardia de las Tunas, (en la que se concluyó la travesía peligrosa).	5
27	De esta guardia, a la laguna de la Totora.	4.
"	De la laguna de la Totora, al fortín de Loboy.	5.
28	Del fortín de Loboy, al rancho de don José Lagos.	4
"	De dicho rancho, nos paramos cerca de otro, en el mismo camino real, después de haber caminado.	1.
29	De dicho paraje, a la villa de la Carlota.	3

31	De la citada villa, caminamos aguas arriba del Río Cuarto, cuyo paraje no tiene nombre.	3
"	De dicho paraje, y con la misma dirección caminamos.	1.
febrero 1	De dicho paraje, al fortín de San Carlos, que por otro nombre llaman las Terneras; el cual se halla a la orilla del Río Cuarto.	5.
"	Del fortín de San Carlos, a unas lagunas grandes y largas.	2

——

121

2	De dichas lagunas, al fuerte de Santa Catalina, advirtiendo, que primero se halla a la legua un montecito, que llaman del cacique Bravo; y después se halla otro, que llaman el Monte Crin.	6
4	Del fuerte de Santa Catalina, al montecito de la Ensenada, en la que hay unos pocitos. Allí pasamos la noche.	4
5	Del montecito de la Ensenada, al médano o cerrillo de Orcobi.	3
"	Del cerrillo de Orcobi, a la estancia de don Pedro Guerra.	1.
"	De esta estancia, a la laguna del Corral de la Barranca: C.	1.
"	De la laguna del Corral de la Barranca, al fuerte de San Fernando, el cual está a la falda de un cerrito, que llaman Sampacho, y cerca de una laguna.	3
7	Del fuerte de San Fernando, a la estancia de Chajan, que pertenece a don Gerónimo Quiroga, la cual está a la orilla de un arroyito, que lleva el mismo nombre y está en el medio de otros dos también poblados y permanentes.	8
8	De la estancia de Chajan a los Quebrachos, pasando por medio de dos cerritos, que llaman Blanco y Negro.	2
9	De los Quebrachos, a las Vizcacheras, en donde hay unos pocitos de agua muy abundante y buena: C.	4
"	De las Vizcacheras, a la orilla del monte, que se cría en las márgenes del Río Quinto	1.
"	De dicho monte al fuerte de San Lorenzo (jurisdicción de la punta de la ciudad de San Luis) pasando el Río Quinto, que es muy explayado, y de poca agua.	2.
12	Del fuerte de San Lorenzo (aguas arriba del Río Quinto), al paso de dicho río: C.	4
"	De dicho río (aguas arriba siempre del mismo), a la Barranca Grande del Río, adonde había un rancho destruido y corral, y donde se debía volver a pasar.	1.
"	De dicho segundo paso, a la estancia de don Pedro Gutiérrez.	

——

13	De la estancia de don Pedro Gutiérrez, al Oratorio de San Antonio, que está a orilla de dicho río.	4
"	De dicho Oratorio, adonde nos paramos en medio del monte, y a la distancia de un cuarto de legua del río.	2
14	De dicho paraje, siempre aguas arriba del citado río, adonde paramos que era una barranca de piedra.	5
"	De dicho paraje, al paso de las Carretas, por el Tala.	2.
15	Del paso nuevo de las Carretas, en el Río Quinto, que pasa adonde está poblado el capitán don Silvestre Gutiérrez, y el cabo Rufino Cabrera, a la Cruz: C.	5
"	De la Cruz, a la laguna del Pozo Pampa.	4
"	De la laguna del Pozo Pampa, a las Pampitas, que por otro nombre llaman las Encrucijadas: D.	5
16	De las Pampitas o Encrucijadas, a la orilla del Bebedero, adonde hay cuatro ranchos, y en uno de ellos vive el baqueano Xijón.	4
17	De dichos Ranchos, aguas arriba de dicho río, al paso de las carretas que van para Buenos Aires.	1.
"	Del citado paso, al fuerte de San José.	1.
27	Del fuerte de San José, aguas arriba del río que llaman del Desaguadero, al Salto: C.	3.
"	Del Salto, a las cercanías de la orilla del mismo río, y en un paraje que no tiene nombre.	3
28	Del citado paraje, a Agua Dulce, que es donde hay un rancho y estancia del conde que está casado en la Punta de San Luis.	3.
marzo 1	De Agua Dulce, aguas abajo siempre del citado río, a una abra que está a la orilla de dicho río.	2.
2	De dicho paraje, al otro en que se volcó el carretón.	1
4	Del fuerte de San José, al paso viejo del río, aguas abajo, que llaman de las Carretas.	

211.

4	De dicho paso (después de haberlo pasado), nos paramos para dar descanso a las cabalgaduras en medio de un montecito ralo, que por tener muchos nombres no lo pongo, hasta saber el verdadero.	5
"	De dicho paraje, (atravesando el campo) al paso de las carretas del río del Desaguadero.	5.

6	Del paso de las Carretas ya citado, al Corral de Cuero.	6
7	Del Corral de Cuero a la Capilla de Corocorto.	7
"	De la Capilla de Corocorto, a la posta que está a la orilla del río Tunuyan.	2
8	De la orilla y paraje, venimos a dormir en la misma orilla del río Tunuyan, que llaman la Dormida del Negro.	6
9	De la Dormida del Negro, al paraje que llaman de la posta de don Patricio Gil, que está a la orilla del río Tunuyan: C.	6.
"	De dicho paraje o posta, adonde se quebró el otro eje.	3.
10	De dicho paraje, a la Ramada.	1.
13	De la Ramada, al Corral de Moyano: C.	5
"	Del corral de Moyano a las Barrancas.	3
14	De las Barrancas, a una vista de la Reducción.	4
"	De dicha Reducción, después de muchas vueltas y rodeo, a los corrales de don Francisco Varela.	5
15	De dicha estancia o corrales a la Cañada Blanca o río Seco.	4.
"	De la Cañada Blanca, al Ojo de Agua, que llaman del Durazno, el cual está a la distancia de doscientas varas de la orilla del río Tunuyan.	4.
"	Del Ojo de Agua del Durazno, al río Tunuyan.	4
"	Del río Tunuyan al Río Viejo, el cual es más caudaloso que el primero: C.	1.
"	Del río Viejo, al fuerte y villa de San Carlos.	2.
23	Del fuerte y villa de San Carlos, a la orilla del Papagay, adonde está el puestito de Peralta: C.	3
"	De la orilla del Papagay, a la ciénaga de Aguanda.	2
24	De la Ciénaga de Aguanda, al fuerte de San Juan, Nepomuceno, y de allí hasta Colmani.	3.
"	Del fuerte de San Juan de Colmani, al Arroyo de las Peñas.	5.
25	Del Arroyo de San Juan de las Peñas, al ranchito del Carrizalito.	3
"	Del Ranchito, al Carrizalito.	2
26	Del Carrizalito, a la cumbre del cerro en que se divisa toda la circunferencia y barranca del Diamante.	4
"	De dicha cumbre, al campamento del Diamante.	3
abril 5	Del campamento, (en que está el paso de Romero) pasamos el paso de Romero, en el río Diamante, y nos paramos en el bajo del Portezuelo Colorado: C.	4
"	Del bajo del Portezuelo Colorado, a la cumbre de un cerrillo, que llaman la aguada de la Casa Pintada.	2
"	De dicha aguada, a las tolderías del cacique: creo que ahora no están; pero siempre están a la orilla del Tigre.	.

6	De la orilla del Arroyo del Tigre, a la Aguada, que llaman de Ajajueles (porque no hay otra aguada hasta el río Atué), cuyo paraje es trabajoso.	5
"	De dicha laguna de Ajajueles, a las Salinas, que dan el abasto de sal a las ciudades de Santiago de Chile y Mendoza, y a una legua corta de ellas.	3
7	De dicho paraje a la Laguna Seca, (que es a donde los naturales y viajeros cuando van y vienen para las Salinas, toman la agua que necesitan) en la que cavamos como una media vara en varias partes, y en, todos los pocitos sacamos agua buena y abundante.	6
"	De la Laguna Seca, al manantial del río Atué que es adonde pasa el invierno la cacica doña Josefa.	2.
9	De los manantiales del río Atué, que es el boquete primero por donde se pasa para el valle de las Ánimas; al otro boquete que está en el arroyo que llaman del Saladillo (agua buena superior), y es el que solicitamos: por cuyo motivo le puse por nombre el Boquete del marqués de Sobremonte.	2
"	De dicho boquete (aguas arriba), hasta la orilla del Saladillo, adonde lo pasamos: C.	1
"	De dicho pasa (siempre aguas arriba) atravesando dos cañaditas, al valle de las Ánimas: C.	2
"	Del valle de las Ánimas, a los toldos de la cacica María Josefa: D.	3
11	De los toldos ya citados, a los dos cerrillos, que llaman de los Morritos, que se pasa por medio de ellos.	2
"	De los dos cerrillos Morros, al arroyo del Portezuelo, que entra en el Saladillo.	.
"	De la boca del Portezuelo, aguas arriba de él, que también llaman de las Amarillas, (porque se halla en aquel paraje una leña larga, delgada y amarilla), a la Pascana, o pradecito del Portezuelo del obispo (que es el nombre que le dan los españoles) y los naturales solamente de las Amarillas.	.
12	Del Portezuelo de las Amarillas o del obispo, aguas arriba del arroyo del Portezuelo, al valle que llaman Hermoso, porque lo forma un plan delicioso, ameno y abundante en agua, pastos, aves y leña, con dos buenas lagunas muy espaciosas: C.	4
"	De dicho Valle Hermoso, se atraviesa el arroyo que corre en él; el cual pasa por una angostura, y al sur, precipitándose en el río Codileufú (que llaman los españoles el río Colorado), subiendo por una ladera algo empinada, en cuya falda corre un arroyo que llaman de las Cargas, y bajando después dicha ladera del otro lado, atravesando dicho arroyo, pasamos la noche a la falda de un cerrillo que es escaso de leña y el vallecito se llama, el Vallecito de las Cargas.	2

352.

13		De dicho Vallecito de las Cargas (dejando un camino algo empinado, por el que transitan los indios para ahorrar camino, aunque mucho más corto) al Valle de las Cuevas, en que hay unas cuevas de piedra en dicho plan.	3
"		Del valle de las Cuevas, que es un plan hermoso, dejando el camino real, porque hay en el medio una piedra muy grande: y porque un chileno que venía con nosotros, llamado Miguel Cornejo, sabía otro camino, o persuadirnos que era mejor que el conocido, mandamos al ayudante al reconocimiento, mientras que nosotros caminábamos aguas arriba, por una ladera escabrosa y algo empinada; y atravesamos dicho arroyo a la...	1
"		De dicho paso, subimos el cerro, y dormimos en los altos y llanadas del Valle Grande, para poder el día siguiente caer en la cordillera del Planchón.	3
14		De los altos y llanadas del Valle Grande, a la orilla de un arroyo que le llaman Colorado adonde caminamos.	3
"		De la orilla del arroyo Colorado, siguiendo varias laderas y vallecitos, fui a dormir en el camino que descubrimos, y al frente de unos cipreses.	2
15		De dicho paraje continuamos nuestro viaje por el citado río, y por las faldas y laderas de aquellos cerros, y comimos en el Carrizal.	3
"		Del Carrizal, que es el puesto de don José María Maturana, siguiendo las laderas, y veredas que siguen la dirección del río, vinimos a dormir al puesto de don Manuel Vergara, que llaman la Quecera.	4
16		De la Quecera, a la estancia de don Manuel Vergara (Río Claro).	5
17		De la estancia de don Manuel Vergara, a la orilla del Río Claro; y comimos, en la estancia de don Miguel Vergara.	7

383.

" De dicha estancia, a la ciudad de San Agustín de Talca, en el reino de Chile.   5

388.

Excelentísimo señor virrey

Señor:

Muy venerado señor: tengo el honor de remitir a V. E. el itinerario que he formado de la derrota que he seguido desde la capital de Buenos Aires, dirigiéndome por las poblaciones de todas las fronteras, hasta la orilla y márgenes del río Diamante, en el paso antiguo que llaman de Romero, que es en donde se han abierto los cimientos del nuevo fuerte, llamado de San Rafael. De allí, pasando por los cerritos de la Casa Pintada, por las Salinas que abastecen las ciudades de Santiago de Chile y Mendoza, y a la distancia media de los dos cerros grandes, que es el Diamante al norte, y el Nevado al sur, llegué en un boquete de la Cordillera Grande, que llaman los Manantiales del río Atué, que es adonde pasa el invierno la cacica doña María Josefa: y aunque con dicha entrada podía haberme trasportado al Valle Hermoso, me pareció, por las noticias que había adquirido, me sería más fácil hacer mi entrada por el otro boquete porque la dirección para mi regreso debía de ser más directa. Por la que pasé la noche y el día siguiente en dicho boquete para instruirme y observar la latitud: pero como hubiese llovido, me vi precisado a salir de dichos manantiales, el día once, dirigiéndome para el otro boquete, que lo forma un arroyo llamado el Saladillo, agua muy superior, el que con los manantiales forma el río Atué. Y come dicha entrada fuese la mejor que pudiéramos desear para los dignos objetos de V. E., me tomé la libertad de ponerle su nombre. De allí me dirigí aguas arriba de dicho arroyo, hasta llegar a las tolderías del cacique y cacica que nos acompañaban.

En esta primera jornada, aunque buena, se halla en tropiezo de una ladera algo escabrosa, la que se puede componer con mucha facilidad, pues que es de tierra, y una piedrecitas que pueden servir para empedrar el camino; porque no hay ríos, precipicios, bajadas ni subidas peligrosas, que puedan impedir el carruaje.

De los toldos de dichos naturales, hasta llegar al potrero de don José María Maturana, las subidas y bajadas, sin peligro ni precipicios, son las mismas que las antecedentes: bien que se deben gastar algunas cantidades, no muy crecidas, para componer el camino, a fin de que puedan transitar toda especie de carruaje, porque toda aquella distancia, digo de los citados toldas, hasta la mesita del Planchón, no es más que un vergel que ha formado la naturaleza.

La citada Cordillera la dividió la naturaleza de tal modo, que en el paraje que llaman del Planchón, en donde debía de ser lo más peligroso, Dios le ha colocado un terreno tan llano, como los Pampas de Buenos Aires, y a proporción de su longitud y latitud, y con un bueno y hermoso arroyo, el cual está muy abundante de todas especies de aves silvestres y cuadrúpedos, conducentes a la situación del terreno; como también pastos y bastante leña para el abasto de cualquiera tropa que puedan ofrecerse pasar. Porque en toda la extensión del boquete ya descubierto, todo abunda para los fines de un viajero económico, y sin asomo de peligro, pues que jamás hemos pensado en descargar una de las diez cargas que traímos para nuestras urgencias, ni menos el apearnos temerosos de algún quebranto.

Pasado el citado Planchón, y dejando el camino que lleva para la villa de Curicó (el que es casi intransitable, por las muchas nieves y barrancos que se manifiestan a la primera vista), y el que conduce aguas abajo para el Valle Grande, se baja la citada Cordillera con une suavidad inexplicable como cuatro leguas; y de allí bajamos, y pasamos dicho río, el que dista del otro, como cuatrocientas varas, que es el que viene caracoleando desde el Valle Grande: y de dicho paso bajando siempre como una legua, se halla el Volcancito en que hay dos sitios buenos, hermosos y cómodos para tomar baños. En este corto trecho hay una bajada muy corta pero muy mala, cuyo terreno es de tierra y piedrecitas, de fácil composición, y de un regular gasto; respecto de que dichos arroyos, jamás podrán impedir el tránsito del carruaje, porque la confluencia de los citados arroyos no tienen peligro alguno, y el curso de los dos con una regular corriente.

De esta confluencia, hasta el puesto de don José María Maturana, y también hasta el paraje que llaman de la Quesera, el camino es malo, pero también de fácil composición, pues que el terreno es igual a los antecedentes con corta diferencia. Es verdad que en todo este trecho no hay ladera, vereda, ni camino abierto; pero como hemos seguido la orilla de dicho río, no costará una suma y regular, por la mucha facilidad de la obra: es verdad que esta maniobra la debe dirigir un facultativo instruido en el arte, y más bien práctico que teórico: y cuando no sea ingeniero de primer orden, a lo menos que sea de segunda, para poderse manejar, y conducirla con mucha economía y prudencia.

De la Quesera hasta la ciudad de San Agustín de Talca, tampoco hay embarazo alguno, aunque la distancia es casi de veinte leguas, pues que el camino es mejor que el que se transita desde la ciudad de Buenos Aires para la villa de Luján; y que hay dos pequeños ríos y un arroyo que atravesar. Pero con la circunstancia, que en todo el citado camino se hallan poblaciones con un vecindario en general muy humano y caritativo; pues lo manifestaron, no solamente con nosotros, sino con toda la tropa y demás que venían agregados.

Esto es cuanto por ahora debo manifestar a V. E., remitiéndome a mi diario; y como debo regresar por el mismo camino, suplico a V. E. se digne dispensar mi demora, prometiendo dar un exacto cumplimiento a la confianza en que me hallo obligado. San Agustín de Talca, mayo 16 de 1805.

José Sourryere de Sovillac.

Reconocimiento del Fuerte del Carmen del Río Negro, y de los puntos adyacentes de la Costa Patagónica
Por el coronel don Ambrosio Cramer

Reconocimiento del Río Negro
Buenos Aires, y abril 15 de 1822.
Excelentísimo señor:
Conforme a las órdenes de V. E., me embarqué el día 17 de octubre del año próximo pasado, a bordo del bergantín Exeter, para pasar al Río Negro, a fin de reconocer varios puntos de la costa patagónica. El día 2 de noviembre fondeamos en frente del establecimiento.

Mi primera operación fue levantar un plan circunstanciado de la población y contornos.

El fuerte está edificado encima de una loma, que tiene bajada hacia el río, con barrancas en ciertas partes. El piso es una arena suelta, que el viento amontona en todas direcciones.

Los primeros pobladores vivieron en cuevas, cavadas en la barranca; pero poco a poco fueron edificando casas, generalmente dispuestas sin orden: todas son chicas y con poca comodidad, pero sanas; las paredes son de adobe, y los techos de teja.

La nueva población es un cuadro de casas iguales, edificadas como a dos cuadras y media al E del fuerte; tres costados no más se acabaron. El lado del S quedaba para construir el cabildo, pero nunca se hizo; y como los vientos los más violentos reinan para esa parte, las arenas se han ido amontonando en medio del cuadro, de modo que las casas del lado opuesto están algo tapadas. Muy pocos son los vecinos que viven en la nueva población: la mayor parte de las casas están abandonadas y algunas arruinadas.

El fuerte es un cuadro imperfecto con tres pequeños bastiones solamente, porque un lado está sin acabar. Toda su defensa consiste en una pared de tres y media varas de alto, sobre cerca de vara y media de ancho, construida de adobes, y en algunas partes de tosca: toda esa fortificación está generalmente en muy mal estado, y no sufre otra reparación que la que está haciendo actualmente el comandante de aquel punto, cual es reforzar la pared por la parte de adentro, con una banqueta de tres pies de alto sobre tres de ancho. Cualquiera otra reparación sería inútil, pues las obras que existen no son capaces de sostener nuevos materiales.

La población dicha del S se compone de una docena de casas, situadas al otro lado del río, y precisamente al S de la primera. Parece que este sitio es el que se había elegido para formar el establecimiento cuando llegaron las primeras familias: pero, espantadas por las mareas vivas, que algunas veces alcanzan a cubrir toda la superficie de aquel terreno, se pasaron al N, y se fijaron en la loma donde está el fuerte. Los pocos que quedaron están expuestos anualmente a dos o tres de estas inundaciones, y tienen entonces que refugiarse en las casas las más elevadas, o a sus botes.

En fin, se puede decir que la posición de una y otra población es bastante mala, y en el reconocimiento que después hice del río, he tenido ocasión de ver muchos parajes más a propósito, para formar el establecimiento.

La boca del Río Negro hasta San Javier, por ser desconocida su barra, ofrece algunas dificultades, que desaparecerían con buenos prácticos, y proveyendo la boca de todo lo necesario para socorro de los barcos que se presentasen para entrar.

Hay varias canales para pagar la barra: las más conocidas son las del S, del medio, del SE, y del N.

La canal del S es la más fácil, pero hay poca agua; y los buques que calen más de ocho a nueve pies, no deben seguirla.

La canal del medio tiene dos brazas de agua, en la pleamar, cuando los vientos reinan de la parte del S; y en las mareas vivas se suelen encontrar cerca de tres brazas. Esta canal es algo estrecha, lo que hace que la salida es más fácil que la entrada, porque desde afuera no se descubre el punto a donde deben dirigirse los buques.

La canal del SE es la más segura y la más ancha: en las mareas vivas se encuentran más de tres brazas de agua. Si se pudieran establecer dos o tres boyas en esa canal, la navegación del Río Negro presentaría menos dificultades.

La canal del N era muy frecuentada hace cuatro o cinco años; pero con el tiempo se ha ido estrechando, y en el medio se ha formado un pequeño banco que la hace de difícil acceso. A más de esto las corrientes llevan con fuerza hacia a la costa, de modo que esa canal no se puede seguir sino con embarcaciones menores.

El río es navegable en todos tiempos hasta la población: más arriba ofrece algunas dificultades, principalmente cuando las avenidas de las aguas empiezan a disminuirse.

La costa del S es generalmente baja: la del N al contrario está bordada de lomas más o menos altas, y cortadas a pique en ciertas partes.

Los moradores hasta ahora han sembrado solamente algunos llanos de la costa del río, que las mareas fertilizan, y no se han atrevido a apartarse de la población de más de tres o cuatro leguas, por miedo de los indios.

La parte del S es un llano, que se extiende desde la boca hasta ocho leguas más arriba de San Javier: una gran parte de la costa del río está sembrada; pero todavía no han llegado a aprovechar los campos de San Javier, y ese punto es el que ofrece más ventaja a los labradores.

En otros tiempos hubo una guardia en aquel destino, pero no queda más que los rastros de ella.

Para poblar esos llanos sería preciso poner una fuerza respetable en la Angostura, que se halla ocho leguas de San Javier, y es un paso casi preciso para los indios. Los vecinos podrían entonces sacar el fruto de sus tareas, sin temor de ver los indios acabar en un día con el trabajo de muchos años.

A fines de diciembre pasé a la Bahía de Todos Santos, y recorrí la costa hasta la Bahía de Brettman.

La Bahía de Todos Santos es el fondeadero habitual de los buques de pesca: de allí reparten sus embarcaciones menores en todas direcciones, para traer la grasa de los elefantes que matan.

Toda la bahía no es igualmente buena para fondear, porque los vientos del SO levantan mucha marejada. El fondeadero más seguro es el que se halla entre la Isla Rasa y la de Gamas: pero no tiene arriba de diez pies en bajamar.

La Isla Rasa es un banco de arena que nunca cubre. La de Gamas, aunque muy estéril, tiene regulares pastos en algunas partes, y un pozo de agua cerca del fondeadero.

Las aguas de la mar suben por el Arroyo del Indio, y forman la Isla de San Blas, en la cual se encuentran dos aguadas, la una cerca de los ranchos, y la otra media legua más al N. Esta última es la mejor: los terrenos del N de la isla parecen muy buenos, y están cubiertos de un hermoso pasto. El arroyo al bajamar queda en seco por la parte del S; al N se encuentran hasta tres o cuatro brazas de agua a la entrada, pero hay un bajo que no deja penetrar adentro, hasta que suba la marea. Más arriba hay partes de mucha agua, y con la misma creciente alcancé a remontar cerca de tres leguas: es a decir, que llegué en frente de unas salinas, que pocos días antes reconocí por tierra, las que podrán quedar a dos leguas y media del arroyo.

Haciendo un reconocimiento formal del camino que conduce del arroyo a las Salinas, estoy persuadido que la sal podría cargarse por la bahía, lo que ofrecería muchas ventajas: pues ya sabemos que, por causa de la barra del Río Negro, los buques destinados a ese comercio no deben calar arriba de diez a doce pies, mientras que en la bahía podrían cargar buques de todo porte.

De la Bahía de Todos Santos pasé a la de la Unión. Las canales que conducen de una y otra tienen poco fondo: las chalupas no más pueden atravesar. Reconocí al pasar la Isla Larga, y la de Borda, pero una y otra ofrecen muy pocos recursos.

La Bahía de la Unión, a más de prometer las mismas ventajas que la de Todos Santos para la pesca, tiene también mejores fondeaderos: la canal para entrar es bastante ancha, con cinco brazas de agua en bajamar.

El Río Colorado desemboca en esta bahía por dos canales: la una canal chica y la otra canal grande. A la pleamar las chalupas pueden pasar por la canal chica. La grande tiene tres brazas de agua, casi en toda su extensión: de modo que los buques pueden fondear en este brazo del Colorado con la mayor seguridad.

Creo que en toda la costa no hay un punto que ofrezca las ventajas de esta bahía: porque, a más de ser bastante bien abrigada, a pesar de su grande extensión, ese puerto también es el único paso para pasar al Colorado; porque las bocas de afuera de este río están casi siempre impracticables, aun para las chalupas más chicas.

Entré en el Colorado por la canal chica: este río se divide en una porción de brazos, que forman otras tantas islas, pero todas anegadizas y pantanosas. La corriente baja con mucha fuerza, y trae arena que se tapan las canales. Al salir del río, para seguir la costa hacia al N, encontramos tan poca agua, que varamos con una canoa chica.

Como a nueve leguas del Colorado encontré la Bahía de Brettman: para entrar hay una sola canal que corre SE y NO. Ella es regularmente ancha, y tiene dos brazas de agua al bajamar, en el punto más bajo. Adentro hay varios fondeaderos muy buenos, pero el mejor se halla en la parte del S. Esta bahía es navegable hasta cinco o seis leguas adentro: más arriba hay poca agua y muchos pantanos.

Los terrenos parecen buenos a la entrada, pero hacia adentro hay montes muy espesos de chañales y espinillos. A la costa del S vi algunos caballos marcados.

El 15 de febrero salí del Río Negro, en una goleta de 18 toneladas, con destino a San José. El 18 llegué a la bahía del mismo nombre. La entrada tiene cerca de una legua de ancho: continuamente hay una marejada más fuerte, que podría hacer creer que la canal está llena de bajos, pero en todas partes se encuentran más de 50 a 60 brazas de aguas. La rapidez de la corriente es causa de tanta marejada.

En doblando las dos puntas que forman la entrada, la corriente disminuye sensiblemente, y más adentro hay muy poca o ninguna.

Toda la bahía tiene generalmente mucho fondo: en algunas partes se hallan 18 a 20 brazas de agua, hasta muy cerca de la costa.

En toda la extensión de la bahía se puede fondear, porque hay buen fondo; pero las ensenadas de la parte del S ofrecen más abrigo contra los vientos del SE, que son muy violentos.

Bajé en tierra en varias partes, y anduve en cada dirección legua y media a dos leguas, al fin de descubrir la mayor parte de la península: subí también en las lomas más elevadas, y todo sin ver una cabeza de ganado. A la verdad vi muchos rastros, pero parecen de algún tiempo, lo que me ha hecho creer que los ganados que se han visto en San José, aparecen solamente en ciertas estaciones del año, en tiempo de lluvias, o que los indios los habrán llevado más al S.

Estuve en la población que los indios arruinaron: no queda más señales de ella, que un horno medio caído; y por cierto no me puedo figurar cuales fueron los motivos que dieron lugar a la formación de aquel establecimiento;

pues toda la península presenta el aspecto de la mayor esterilidad, a lo menos en lo que se ve cerca de la costa. La agua también es muy escasa, de modo que la pesca es la única razón que puede hacer apreciar esta bahía.

El 23 salí para ir al Saco de San Antonio, pero en la noche sobrevino un temporal furioso. Tuvimos la felicidad de apartarnos de la costa, y quedamos tres días en la situación la más apurada. En fin, el día 26 pudimos entrar en la boca del Río Negro, donde encontramos los restos de la embarcación de don Antonio Leloir, que pereció el primer día del huracán, con cinco hombres de tripulación.

El reconocimiento de San José fue mi última operación. Ignoro si he llenado las órdenes que recibí; si no lo he hecho, V. E. puede estar seguro de que no habrá sido por falta de deseos de cumplir con las intenciones del Gobierno.

Ambrosio Cramer
A S. E. el señor ministro de Guerra y Marina.

Libros a la carta

A la carta es un servicio especializado para empresas,
librerías,
bibliotecas,
editoriales
y centros de enseñanza;
y permite confeccionar libros que, por su formato y concepción, sirven a los propósitos más específicos de estas instituciones.

Las empresas nos encargan ediciones personalizadas para marketing editorial o para regalos institucionales. Y los interesados solicitan, a título personal, ediciones antiguas, o no disponibles en el mercado; y las acompañan con notas y comentarios críticos.

Las ediciones tienen como apoyo un libro de estilo con todo tipo de referencias sobre los criterios de tratamiento tipográfico aplicados a nuestros libros que puede ser consultado en Linkgua-ediciones.com.

Linkgua edita por encargo diferentes versiones de una misma obra con distintos tratamientos ortotipográficos (actualizaciones de carácter divulgativo de un clásico, o versiones estrictamente fieles a la edición original de referencia).

Este servicio de ediciones a la carta le permitirá, si usted se dedica a la enseñanza, tener una forma de hacer pública su interpretación de un texto y, sobre una versión digitalizada «base», usted podrá introducir interpretaciones del texto fuente. Es un tópico que los profesores denuncien en clase los desmanes de una edición, o vayan comentando errores de interpretación de un texto y esta es una solución útil a esa necesidad del mundo académico.

Asimismo publicamos de manera sistemática, en un mismo catálogo, tesis doctorales y actas de congresos académicos, que son distribuidas a través de nuestra Web.

El servicio de «libros a la carta» funciona de dos formas.

1. Tenemos un fondo de libros digitalizados que usted puede personalizar en tiradas de al menos cinco ejemplares. Estas personalizaciones pueden ser de todo tipo: añadir notas de clase para uso de un grupo de estudiantes, introducir logos corporativos para uso con fines de marketing empresarial, etc. etc.

2. Buscamos libros descatalogados de otras editoriales y los reeditamos en tiradas cortas a petición de un cliente.

www.ingramcontent.com/pod-product-compliance
Lightning Source LLC
LaVergne TN
LVHW041332080426
835512LV00006B/415